带着文化游名城——

老杭州记忆

桑广书 编著

当代世界出版社
THE CONTEMPORARY WORLD PRESS

图书在版编目（CIP）数据

老杭州记忆 / 桑广书著 . -- 北京：当代世界出版社，2016.11
（带着文化游名城）
ISBN 978-7-5090-1172-0

Ⅰ . ①老… Ⅱ . ①桑… Ⅲ . ①文化史—杭州—通俗读物 Ⅳ . ① K295.51-49

中国版本图书馆 CIP 数据核字（2016）第 289836 号

老杭州记忆

作　　者：	桑广书
出版发行：	当代世界出版社
地　　址：	北京市复兴路 4 号（100860）
网　　址：	http://www.worldpress.org.cn
编务电话：	（010）83908456
发行电话：	（010）83908410（传真）
	（010）83908408
	（010）83908409
	（010）83908423（邮购）
经　　销：	新华书店
印　　刷：	北京时捷印刷有限公司
开　　本：	710mm×1000mm　1/16
印　　张：	16.5
字　　数：	230 千字
版　　次：	2017 年 3 月第 1 版
印　　次：	2017 年 3 月第 1 次
书　　号：	ISBN 978-7-5090-1172-0
定　　价：	39.80 元

如发现印装质量问题，请与承印厂联系调换。
版权所有，翻印必究；未经许可，不得转载！

前　言

俗话说"上有天堂，下有苏杭"，其中"杭"指的便是杭州。杭州不仅是一座美丽的城市，也是一座古老的城市。这里有"浓妆淡抹总相宜"的西湖，有"怒声汹汹势悠悠"的钱塘江，还有代表了杭州悠久历史的萧山跨湖桥遗址和余杭良渚文化。人们来到这里，既可以感受锦绣江南的温润细腻，又可以感受厚重历史的文化底蕴，真可谓一举两得。

上古时期，夏禹治水，天下分九州，长江以南的区域被称为扬州。周朝之前，杭州便在扬州的区域之内。到了春秋战国时期，杭州就像一个漂亮的玩具，令各国间互相争抢，从而导致杭州数次易主，先属越，后属吴，再属越，最后归楚国。之后，秦统一六国，杭州被称为钱塘，这也是历史上第一次出现"钱塘"之名。这个时候，西湖还处于萌芽阶段，并没有真正形成。

汉朝时期，钱塘的名称在新莽时被改为泉亭县，除此之外，一直沿用"钱塘"。与秦朝不同的是，这个时候杭州的农田水利兴起，西湖也逐渐形成。从三国到南北朝时期，佛教文化兴盛，杭州也出现了很多寺庙，灵隐寺便是在这个时候建造的。连同许多古老的丛林建筑，本书中都有描述。

隋唐时期，"杭州"这个名字第一次出现在世人面前。在此期间，江南运河的凿通，促进了杭州经济文化的迅速发展。杭州以其优美景色，吸引了许多文人雅士来此观光，如李白、杜甫、白居易等。其中，白居易曾在杭州任职，期间修建了著名的西湖白堤。到了五代十国时期，杭州已经成为中国的"富人"之所，经济繁荣、文化荟萃，著名文学家、政治家欧阳修曾经在其著作中对这个时期的杭州赞叹有加。

宋朝时期，杭州成为江南人口众多的州郡之一，农业手工业迅速发展起来。更值得一提的是，当时在杭州任职的官员，对于西湖的整治都十分重视，苏东坡便是其中的一位。那么，您知道苏东坡和西湖三堤中的苏堤有何关联吗？您知道西湖十景中的苏堤春晓、六桥烟柳吗？这些内容我们也都会在本书中为您详细介绍。

清朝时期，杭州人口持续增加，西湖经过数次疏浚，就这样有条不紊地发展着，直到清光绪二十一年（公元1895年），中日《马关条约》的签订，使杭州的拱宸桥一带成为了日本租界。由于资本主义的入驻，再加上洋务运动的开始，近现代工业在杭州也迅速发展起来。

发展至今，杭州已经成为浙江省第一大城市，是全国的一线旅游城市，深受人们的喜爱。特别是2016年9月在这里举办的"二十国集团领导人杭州峰会"（G20），以"构建创新、活力、联动、包容的世界经济"为主题，切实推动全球新合作，获得国际社会高度评价。那美仑美奂的《最忆是杭州》文艺演出，更衬托出它梦一样的迷人景色。

这就是杭州，一个充满故事的城市，您想要深入地了解它吗？《带着文化游名城——老杭州记忆》可以带着您充分领略它的风光。本书共分为七大章节，分别为"历史上的杭州与城门楼""杭州的街桥与名人故居""杭州的山水园林""杭州的庙宇祠堂""杭州的民俗特色""杭州的美食特产""杭州的人文景观和民间趣闻"。而这些章节还会细分为很多小节，其中不乏有趣的典故、传说，如"西湖长桥曾是梁祝相送之桥吗？""断桥真的是《白蛇传》中白素贞和许仙邂逅的地方吗？""苏小小死后为何会葬于西泠桥畔？""济公是在净慈寺出家的吗？""杭州大理寺真的是当年关押岳飞的地方？"等，通过这些趣味性的章节，让您充分了解这座美丽的城市——杭州。

《带着文化游名城——老杭州记忆》是您旅行中的指南针，更是您旅行中的朋友，为您指明方向，照亮前往这座城市的路！

目 录

开 篇

出行前的准备   2
    杭州的历史   2
    杭州独有的特色   3
    杭州最佳的旅游季节   5
    来杭州需要了解的方言   6

历史上的杭州与城门楼

杭州的历史文化   8
    杭州最早为何会被称为"禹杭"   8
    杭州茶文化的起源   9
    杭州的良渚文化是什么   9
    杭州的丝绸文化有何历史   10
    杭州的宗教文化中有几种宗教   11
    杭州的运河文化   11
    西湖何以躲过填湖造城的厄运   12
    唐朝时期为何要将"钱唐"改为"钱塘"   13

杭州的城门楼   14

    清波门是《白蛇传》中白娘子与小青修炼的地方吗   14
    《水浒传》里的张顺真的死在涌金门吗   14
    杭州谚语所说的"钱塘门外香袋儿"是什么   15
    "武林门"一名的由来是被讹传出来的吗   16
    《水浒传》中宋江征方腊时真的攻打过武林门吗   17
    艮山门是杭州的"丝绸之路"吗   18
    清泰门外如何查验私盐   19
    庆春门为何会与"污秽"一词有关系   19
    "钱镠射潮"的典故与候潮门有何关系   20
    "凤山门外跑马儿"说的是什么   21
    凤山门外的双门"政变"   21

杭州的街桥与名人故居

杭州的街桥地名   24

    "泥马渡康王"的传说发生在白马庙吗   24
    清水潭巷里"接待鸣钟"的传说   25
    草营巷曾是南宋时期的娱乐场所所在地吗   26
    梅花碑与焦旗杆有何传奇故事   26
    大井巷的井水故事   28
    孩儿巷里流传着什么故事   29
    牛羊司巷到底是不是宋代牛羊司所在地   30
    "留下镇"一名的由来与宋高宗有何关系   30
    钱塘江大桥是谁设计的   31
    历史上的钱塘江大桥为何刚建成就要被炸毁   32
    钱塘江大桥为何是炸不掉的大桥   33
    塘栖广济桥真是由一位僧人修建的吗   34
    南宋御街为何被称为"天街"   34
    龙门古镇是东吴大帝孙权的故里吗   35
    河坊街是古代老杭州的"皇城根"吗   36
    塘栖古镇是"江南十大名镇"之首吗   37

韩世忠是在德胜桥斩杀叛将苗傅、刘正彦的吗	38
大关桥的命名经过了几次更迭	39
潮王桥的得名与潮王有关吗	40
拱宸桥有何象征意义	41
康熙、乾隆皇帝下江南时真的是从江涨桥登陆的吗	42
"豆腐桥"的建造与秦桧有关吗	43
望仙桥是因铁拐李而得名的吗	44

杭州的名人故居 46

胡雪岩为何被称为红顶商人	46
于谦故居的影壁上刻有《石灰吟》吗	47
章太炎故居的第一进房是为赈济灾民用的吗	48
龚自珍纪念馆为何又叫做"小米园"	48
夏衍故居是夏衍青少年时期的住所吗	49
黄宾虹曾在杭州故居作出多幅西湖山水画吗	50
"蒋庄"是马一浮纪念馆的前身吗	51
陈毅将军曾在马一浮故居"马门立雨"吗	52
陆游的《临安春雨初霁》是在杭州故居作出的吗	52
沙孟海故居为何又被称为"若榴花屋"	53
俞曲园纪念馆被誉为"西湖第一楼"吗	54
司徒雷登故居是杭州最古老的传教士住宅吗	55
郁达夫故居中挂有鲁迅的诗吗	56
盖叫天故居为何又被称为"燕南寄庐"	57
句山樵舍的出名是因为陈句山吗	58
王文韶故居曾是清代"宰相"的府邸吗	59
秋水山庄因谁而得名	60
林风眠故居中有林风眠各个时期的代表作吗	61

杭州的山水园林

杭州的名山胜水 64

杭州鼓楼因何而设	64
吴山天风是何美景	65

宝石山上的葛岭有何来源	65
玉皇山的八卦田有何独特之处	66
飞来峰上的佛洞有多少佛像	67
西天目山"古、大、高、稀、多、美"六绝具体指什么	68
西天目山与佛教有何渊源	69
西天目山与道教有何渊源	70
您听过凤凰山上的传奇故事吗	71
城隍山的由来与明朝大臣周新有何关系	72
南高峰为何又叫巽峰	73
将台山上有座迷你石窟吗	73
万松书院前身是报恩寺吗	74
万松书院里的梁祝传说	75
湘湖被称为西湖的"姐妹湖"吗	76

杭州的公园　　77

湖滨公园中的淞沪抗战阵亡将士纪念碑是谁所建	77
李泌曾解决了杭州人的饮水问题吗	78
太子湾公园是因两位太子葬于此地而得名的吗	79
杭州植物园种有多个国家标志性植物吗	80
杭州植物园中的玉泉有着怎样的传说	81
玉泉为何还叫做"抚掌泉"	82
西溪国家湿地公园也有十景吗	83
八卦田原本是由宋高祖赵构耕种的吗	84
江洋畈生态公园的前身是西湖淤泥疏浚的堆积场吗	86
满陇桂雨花园曾是国共高峰会谈的场所吗	87
半山公园中真的有一块远古时期的岩石吗	87

杭州西湖　　89

西湖为何被称为西子湖	89
杭州西湖是由白玉变成的吗	90
西湖十景为何有新旧之分	90
孤山是如何命名的	91
孤山都有哪些名人古迹	92
北宋林逋曾经隐居在西湖孤山吗	93
白娘子真的被镇压在雷峰塔里吗	94

西湖长桥曾是梁祝当年相送之桥吗	95
断桥为何以前叫段家桥	96
断桥是《白蛇传》中白素贞与许仙邂逅的地方吗	97
苏堤是为了纪念苏轼而得名的吗	98
苏堤六桥指的是哪六桥	99
虎跑泉真的是老虎刨出来的吗	99
人民币一元钱的背面印的是三潭印月吗	100
关于三潭印月有着怎样的传说	101
苏小小死后为何会葬于西泠桥畔	102
西湖白堤的命名与白居易有何关系	104

杭州的庙宇祠堂

杭州的古寺 106

灵顺寺都留下了哪些名人的足迹	106
灵隐寺有什么神奇的传说	107
灵隐寺的修建怎么会与一只老鹰有关	107
灵隐寺中为何挂有"云林禅寺"的牌子	108
永福寺是印度僧人所建吗	110
永福寺的东皋心越禅师有何传奇	110
慧因高丽寺是由高丽人修建的吗	111
云栖寺莲池大师订规制	112
为何说日本的茶道文化起源于径山寺	114
济公是在净慈寺出家的吗	115
天竺寺是一座单独的寺庙吗	116
韬光寺佛教寺院里为何建有吕纯阳殿	117
杭州大理寺真的是当年关押岳飞的地方吗	118
香积寺是被宋真宗赐名的吗	118
昙翼法师是法华寺的开山祖师吗	119
法华寺开山祖师曾经受过菩萨的考验吗	120
理安寺的命名和宋理宗有关吗	121
冠山寺原本是唐朝镇东军刑葬囚犯之地吗	122

杭州仙林寺的山门为何建在海宁　　　123

杭州的祠堂　　　126
于谦祠堂里的于谦生前有何功绩　　　126
洪氏宗祠中的"三洪"是谁？　　　127
钱王祠里供奉的是哪个钱王　　　128
白苏二公祠中"二公"指的是谁　　　128
张苍水的墓碑上为何曾刻"王先生墓"　　　129

杭州的民俗特色

老杭州人的节日习俗　　　132
老杭州腊月初八烧八寺香的习俗与腊八粥有何关系　　　132
"十碗头"说的是什么　　　132
何为"朝岁""挂喜神"　　　133
老杭州人是如何过除夕的　　　134
老杭州人大年初一拜年时为何要手持名片　　　135
老杭州人过年时大致有哪些娱乐活动　　　135
老杭州人过春节为何要放爆竹　　　136
老杭州人过春节为何必去城隍山和梅花碑　　　137
老杭州人拜年时手中拎的三角包内装的都是什么　　　138
何为老杭州人"正日子"上坟　　　139
清明节上坟时为何不能只带清明团子和水果　　　139
清明节前一天为何要将杨柳插在门上或头上　　　140
老杭州端午节都有哪些习俗　　　140
观潮是老杭州人过哪个节日时的习俗　　　141
老杭州人逢年过节都会去赶吴山庙会吗　　　142

老杭州人的休闲娱乐　　　144
越剧何时被正名为"越剧"　　　144
越剧的剧目来源于哪些戏曲　　　145
越剧流派有哪些　　　145
越剧的妆容与服饰有何特点　　　146

杭剧又被称为"武林调"吗	147
睦剧为何又被称为"三脚戏"	148
睦剧为何被称为正宗的杭州戏剧	149
杭州评话为何又叫"说话"	150
清代的杭州评话为何被艺人视为"木铎遗风"	151
杭州评话有哪些经典剧目	151
小热昏为何又被称为"卖梨膏糖的"	152
小热昏在宋元时期就已经存在了吗	153
"淳安竹马"的得名和朱元璋的战马有关吗	154
老杭州人曾经用余杭滚灯来"吓唬"海盗吗	155
翻九楼的得名和孟姜女哭长城有关吗	156
跳仙鹤的得名和徐世楹有关吗	157

杭州的方言俚语 158

为何杭州方言在吴语中具有特殊性	158
南宋迁都临安对杭州话影响大吗	158
老杭州有哪些歇后语	160

杭州的美食特产

杭州的美食 162

你知道"东坡肉"的来历吗	162
叫花鸡有何来历	163
榴莲酥的具体做法是怎样的	163
麻球王怎么个吃法	164
木瓜酥怎么做的	164
片儿川面的名字是怎么得来的	165
南宋定胜糕有何来历	166
油条的由来和秦桧有关吗	166
西湖醋鱼为何又叫"叔嫂传珍"	168
乾隆鱼头的由来和乾隆有关吗	169

杭州的特产 171

乾隆曾购买过张小泉剪刀吗	171

张小泉剪刀的由来与乌蛇有关吗	172
张小泉剪刀有何特点	173
杭州丝绸曾被白居易赞叹过吗	174
西泠印泥被誉为"艺林珍品"吗	175
西湖天竺筷被誉为"杭州四宝"之一吗	175
青溪龙砚的传世与海瑞有关吗	176
鲁班的妹妹是西湖绸伞创始人吗	177
王星记扇子曾是杭州进贡朝廷的主要贡品吗	178
西湖藕粉产自西湖吗	179
"望梅止渴"这个成语出自超山吗	179
小林黄姜濒临绝种了吗	180
乾隆每到杭州都必点"西湖莼菜"吗	181
萧山萝卜干原料为何被称为"一刀种"	182
萧山杨梅是因杨贵妃而得名的吗	182
西湖龙井因何而得名	183
猕猴桃是因猕猴喜食而得名的吗	185
塘栖枇杷为何被历代文人称为"枇杷晓翠"	185
雪水云绿是被卢心寄先生命名的吗	186
建德苞茶曾有几个称谓	187

杭州的人文景观和民间趣闻

杭州的博物馆   190

浙江省博物馆藏有《富春山居图》吗	190
杭州西湖博物馆是中国第一座湖泊类专题博物馆吗	191
浙江自然博物馆曾是浙江博物馆的一部分吗	192
杭州历史博物馆是杭州市唯一一座反映杭州历史的博物馆吗	193
南宋官窑博物馆是中国第一座陶瓷专题博物馆吗	194
中国茶叶博物馆为何不设围墙	195
乔石曾为中国京杭大运河博物馆题名吗	196
都锦生织锦博物馆中藏有斯大林的丝织像吗	196
良渚文化在江南水乡文化博物馆中体现出来了吗	197

中国印学博物馆是由西泠印社筹建的吗	198
杭州革命烈士纪念馆曾是为蔡永祥专门建立的吗	199
潘天寿纪念馆中留有弘一法师的赠言吗	200
杭州为何会有一座苏东坡纪念馆	201
良渚博物馆为何被称为"收藏珍宝的盒子"	202
毛主席曾到小营巷视察过吗	203
胡庆余堂为何被称为"江南药王"	204

杭州的民间趣闻 205

状元楼的名字有何来历	205
净慈寺曾被"火神"烧过吗	206
慧开禅师曾在黄龙洞后凿石成像吗	207
石人岭有着怎样的传说	208
曲院风荷的得名是否与马远有关	210
平湖秋月的得名与徐文长有关吗	211
西湖岳坟前跪有秦桧的铁铸人像吗	213
钱塘江潮曾经是没有声音的吗	214
呼猿洞中真的有猿猴吗	215
月宫中的桂子曾落到月桂峰吗	217
西湖为何还被叫做金牛湖	218
飞来峰是从四川峨眉山上飞来的吗	219
苏东坡曾用画扇判案吗	220
六和塔是为镇钱塘江潮而建造的吗	222
西湖女神的传说	224
太平军曾在馒头山蒸馒头吗	225
九溪十八涧的乌龙传说	226
风波亭是岳飞的冤死之地吗	228

杭州的陵墓 229

章太炎是被国民政府国葬的吗	229
秋瑾是怎样一位传奇女侠	230
苏曼殊跟国民革命有何关系	231
冯小青有何悲惨的人生经历	232
史量才是报业大王吗	233
卫匡国是意大利人吗	234

丁鹤年是"鹤年堂"的创始人吗 235
葛云飞有何英勇事迹 236
吴昌硕是何许人也 237
"武松打虎"故事的原型是什么 238

附 录

名胜古迹TOP10 242
名山胜水TOP10 245
美食特产TOP10 248

开 篇

出行前的准备

有时候，旅行是对心情的释放，如同在封闭的空间待得太久，需要到另一个空间，去感受一下那里的新气息，这样，我们就可以深呼一口气，在那个陌生的空间放松自己，不必伪装，不必彷徨。但是，在旅行前夕，我们需要做些准备。我们所定位的那个城市，它的历史，它的特色，它的最佳旅游季节，它的禁忌，它的方言等，都是我们需要了解的。因为，我们只有了解它的历史，才能感受到它的文化底蕴；我们只有了解它的特色，才能找到它最具有代表性的内容；我们只有了解它的最佳旅游季节，才能知道何时去那里才能欣赏最美的景色；我们只有了解它的禁忌，才能在那里与当地人进行愉快的交际；我们只有了解它的方言，才能真正品读这个城市。

杭州的历史

杭州，位于浙江省北部、京杭大运河南端，中国最为著名的旅游城市之一，素有"人间天堂"的称号。

作为中国七大古都之一，杭州有着深厚的历史底蕴。余杭良渚文化被誉为"中华文明的曙光",距今已有5000年的历史,而萧山跨湖桥遗址的发掘又将其历史往前推进了3000年,证明8000年前就已经有人类在这里活动。

从秦朝开始在此设县到现在,杭州已有超过2200年的建城史。在历史的长河中,杭州备受当权者的青睐,五代吴越国和南宋都将这里定为都城,而这也是促进杭州经济发展的重要原因之一。杭州是美丽的,元朝时期一位意大利旅行家马可·波罗把她称为"世界上最美丽华贵之城"。

历史上的杭州文风鼎盛,名人辈出。它以其独特魅力,吸引了无数文人骚客前来。他们不仅为后人留下了许多著名的诗篇,也为杭州的历史增添了几分色彩。白居易、苏轼二人都曾在杭州为官,分别为杭州的百姓解决了用水问题和西湖疏浚问题,西湖的白堤和苏堤便是他们二人功绩的见证。清朝康熙、乾隆皇帝屡下江南,杭州成为他们的必到之地,这也从另一方面体现了杭州强大的吸引力。除此之外,杭州历史上还有很多名人,如岳飞、于谦、龚自珍、胡雪岩、茅以升、徐志摩等,他们都为杭州的经济和文化添上了浓重的一笔。

杭州独有的特色

现在,人们常说,希望来一趟说走就走的旅行。是啊,很潇洒,旅行的艺术在很大程度上都在这句话中得到了体现。但是,潇洒并不等于盲目。在我们潇洒地奔往那个城市的时候,需要知道的是那个城市最具有代表性的内容,诸如这个城市最具有代表性的景点、美食等。我们只有了解这些内容,才能让旅行变得更加精彩,更加愉快!

"上有天堂,下有苏杭",众所周知,杭州是一座美丽的城市,那么,您知道这座迷人的城市有什么特色吗?

西湖

西湖是杭州的标志性景点，是人们杭州之旅的首选之地。在悠久的历史长河中，西湖流传了很多美丽的传说，如"许仙和白娘子""梁山伯与祝英台"等，都给西湖渲染了圣洁的爱情色彩。悠悠岁月，西湖带给人们的是诗意，是浪漫，是美丽，更是一种情系天下众生的自然风光。

西湖指示灯

历史上，杭州曾三次评选出西湖十景。这些景色美丽怡人，连称谓也极具诗意。

南宋时期的西湖十景是：苏堤春晓、曲院风荷、平湖秋月、断桥残雪、柳浪闻莺、花港观鱼、雷峰夕照、双峰插云、南屏晚钟、三潭印月。

1985年评选的西湖十景是：云栖竹径、满陇桂雨、虎跑梦泉、龙井问茶、九溪烟树、吴山天风、阮墩环碧、黄龙吐翠、玉皇飞云、宝石流霞。

2007年评选的西湖十景是：灵隐禅踪、六和听涛、岳墓栖霞、湖滨晴雨、钱祠表忠、万松书院、杨堤景行、三台云水、梅坞春早、北街梦寻。

美食

旅行，不仅仅是让人们领略当地的自然风光，也让人们感受当地的美味。我们也可以称其为"美食旅游"。在旅行的过程中感受舌尖上的美味，何尝不是人生一大乐事。清爽别致的杭州菜将会满足您的这种需求。杭州比较有名的美食有蟹黄小汤包、贵妃松花饼、腊味煲仔饭、西湖醋鱼、片儿川面等。

美食指示灯

杭州有几条较为有名的美食街，现在为您一一陈列。

保俶路美食街：这里有很多极具特色的餐馆，如刘家香辣馆，它的特色菜为香辣小龙虾、片儿川面、酸菜鱼等。

竞舟路美食街

在竞舟路美食街上，有很多小饭馆，店里的装修别具特色，美食上也风味独特，如柴火食坊，特色菜有酸豆角辣子鸡、五香牛蹄等。

河坊街

这条不长的街道上有很多传统小吃摊，如定胜糕、葱包桧、臭豆腐、油酥饼等，都是极佳的美味。除了小吃之外，这里还有很多饭店，美味实惠，如江南红楼，特色菜有酱鸭、酱肉等。

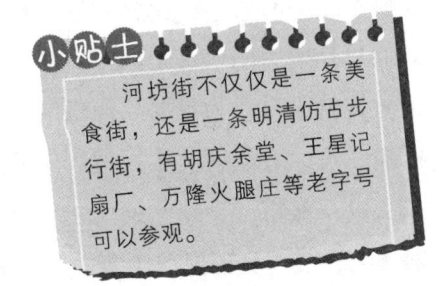

小贴士 河坊街不仅仅是一条美食街，还是一条明清仿古步行街，有胡庆余堂、王星记扇厂、万隆火腿庄等老字号可以参观。

高银巷美食街

高银巷美食街在杭州非常有名，到了饭点时间，街道的两旁会停满私家车，热闹非凡。推荐：皇饭儿酒楼，特色菜有乾隆鱼头、西湖鲤鱼等。

小贴士 皇饭儿酒楼因为极具盛名，在吃饭高峰时会有很多人，真所谓"一座难求"！

河东路美食街

这里也有很多美食店，基本上包罗了所有浙江的美食，应有尽有。

小贴士 温州海鲜最为突出。

杭州最佳的旅游季节

杭州的气候属亚热带季风性气候，温暖湿润，四季分明，光照充足，雨量丰沛，形成春多雨、夏湿热、秋气爽、冬干冷的气候特点。

游杭州四季皆宜，9月到11月是最佳季节，4月到5月次之。杭州美，美在西湖，伏旱期到西湖游览，别有风味。冬季前往应带棉衣，夏天要多关注天气预报。

来杭州需要了解的方言

旅行的意义在哪里？它或许是放松，或许是快乐，或许是重新燃起我们对生活的热情。不同的人，对此或许有不同的见解。在旅行之中，人们总是期望融入这个城市，想深层次地了解它。这时，懂得这个城市的方言就显得尤为重要。懂得当地的方言，可以拉近我们与这个城市的距离，可以方便解决旅行过程中遇到的小问题，更重要的是可以将自身带入这个城市，领略它的文化，感受它的人文气息。杭州话是吴语的一种方言，具有吴语保留较多古汉语用字用语的特征。

现在就为大家列举一些杭州的日常用语。

和时间有关的杭州方言：早上、早半日——上午；日里——白天；日中——中午；晚快边儿——傍晚；夜里头、晚上头——晚上；头毛——刚才；葛毛——现在；老底子——原来。

亲人间的称谓：阿爸——父亲；姆妈——母亲；爹爹——祖父；奶奶——祖母。而兄弟姐妹间都在前面加个"阿"字，如阿哥——兄；阿弟——弟；阿姐——姐；阿妹——妹。还有其他亲人的称谓，如娘舅——舅父；舅姆——舅母；丈人——岳父；丈母娘——岳母；小伯伯——叔父；婶娘——叔母。

对各种食物的称谓：菜蔬——指下饭的菜；菜馒头——菜包子；肉馒头——肉包子；烧酒——白酒；老酒——黄酒；温暾水——温水；六谷——玉米粒；黄豆——大豆；洋番薯——马铃薯、土豆。

其他的日常用语：戏文——戏剧；做事体——干活儿；吃酒——喝酒；吃烟——抽烟；吃茶——喝茶；洗浴、汰浴——洗澡；靠会儿——约会；困觉——睡觉；吃力——休息；煞子儿——玩儿；晓得——知道；有数——懂；啥时光——什么时候；一卯、两卯——一次、两次；则撒——做什么。

历史上的杭州与城门楼

当我们置身杭州，看着四周的车水马龙，脑海里便浮现时光隧道中的杭州。千百年前，杭州是什么模样？最早时，它的名字是什么？它的茶文化、良渚文化、丝绸文化、宗教文化、运河文化等，这些文化时时刻刻提醒着人们，这是一座有着深厚文化底蕴的城市。当人们了解它的历史文化后，才能在文化氛围中感受它，这是更高级别的旅行。杭州作为一个历史名城，其城门楼代表的就是这座城市的历史底蕴。沧海桑田，曾经宏伟的城门楼变成现在这般模样，它到底经历了什么，它们又给历史留下了多少故事？

杭州的历史文化

杭州最早为何会被称为"禹杭"

杭州位于中国东南沿海北部,浙江省北部,东临杭州湾,与绍兴相接,西南与衢州相接,北与湖州、嘉兴两市毗邻,西南与安徽省黄山市交界。地处长江三角洲南沿和钱塘江流域,世界上最长的人工运河——京杭大运河和以潮涌出名的钱塘江穿城而过,水域很广,湖汊交错,是典型的江南水乡。

杭州在周朝以前,属"扬州之域"。据说在夏禹治水时,华夏分为九州,所谓九州大地,就是从此处来。长江以南的广阔地域均称扬州。后来发了洪水,夏禹南巡,会诸侯于会稽,曾乘舟航行经过这里,并"舍其余杭"于此,故名"余杭"。杭者,舟也。也有人说,禹在此造舟以渡,越人称此地为"禹杭",其后,口语相传,讹"禹"为"余",乃名"余杭"。

至今在杭州仍有"余杭"这个地名。清朝最著名的冤案"杨乃武与小白菜"的故事就发生在这里。

余杭小白菜文化园

杭州茶文化的起源

杭州的茶文化可以追溯到宋代。北宋末年，因为北方少数民族的入侵，宋王朝抵挡不住，为保政权，宋室南迁，建都临安。在迁徙的过程中，茶文化被宋王朝的贵族们带到了江南。茶文化到了南方之后，很快风行。据宋吴自牧《梦粱录》记载："临安巷陌街坊，自有提壶拎水者沿门点茶。或朔月望日者，如遇凶吉一事，点杯邻里茶水。"宋《咸淳临安志》中记有"岁贡茶叶"，可见当时杭州的茶叶已被列为贡品。

其实早在唐朝，就有关于杭州茶叶的记载。唐代茶圣陆羽在《茶经》中提到"钱塘天竺、灵隐两寺产茶"。作为名茶之乡的杭州，自古茶肆林立。《梦粱录》这样描述："茶馆插四时花，挂名人画，装点门面。四时卖奇茶异汤，冬月添卖雪泡梅花酒，或缩脾饮暑药。夜市于大街有车担浮铺者，点茶汤以便游观之人。茶起之时，需奏乐鸣鼓，非同寻常。"明《西湖游览志》称："老龙井产茶，为两山绝品。郡志称宝云、香林、白云诸茶，未若龙井茶之清馥隽永也。"据说，清乾隆下江南时，曾到龙井胡公庙品茶，之后赞不绝口，封胡公庙前18棵龙井茶树为御茶。龙井茶叶由此声名大振。

杭州的良渚文化是什么

良渚文化是一支分布在我国长江下游太湖流域的新石器文化，1936年当时25岁在西湖博物馆工作的施昕更先生主持了对余杭市良渚遗址的考古发掘，此成果1959年被命名为"良渚文化"。

良渚文化的诞生距今约5300—4000

良渚遗址

年。经过半个多世纪的考古调查，初步查明良渚遗址在余杭市良渚、安溪、瓶窑三个镇地域内，分布着50余处，它们以莫角山遗址为核心，有村落、墓地、祭坛等各种遗存，内涵丰富，范围广阔。20世纪80年代以来，反山、瑶山、汇观山等高台土冢与祭坛遗址相符合，发现了大量以殉葬精美玉礼器为特征的显贵者专用墓地。莫角山大型建筑基址的发现，证实了良渚是中华五千多年文明史上最具规模和水平的古文化地区之一，将成为东方文明圣地。

杭州的丝绸文化有何历史

杭州素有"丝绸之府"美称。从出土的四千七百年前的良渚丝织物，就可知道杭州丝绸的历史之悠久。唐代大诗人白居易有诗句称赞道："丝袖织绫夸柿蒂，青旗沽酒趁梨花。"从诗中可看出当时杭州丝绸制作水准就已经很高了。

杭州丝绸

"千里迢迢来杭州，半为西湖半为绸"。从古时文人画家的诗句画作里可以看到杭州丝绸之盛，旧时清河坊鳞次栉比的绸庄更是见证了丝绸经济的繁荣。虽然旧时代过去了，但杭州的丝绸业并未随着时间的流逝而衰落，反而更加繁荣。特别是如今的杭州中国丝绸城，已经成为全国最大的丝绸专业集散地。现已发展到绸、缎、绫、罗、锦、纺、绒、绉、绢等十几类品种。

从出土于良渚文化遗址中的一块灰褐颜色、薄如蝉翼的丝织品看，早在5000年前，杭州地区已有丝绸存在，因此足以证明杭州是中国最古老的丝绸出产地之一。

杭州的宗教文化中有几种宗教

　　杭州自古有"东南佛国"之称，最早的佛寺出现在东晋时期。道教遗迹更可追溯到三国时期。佛寺、道观加上大量民间俗神祠庙，丰富了杭州的文化内涵，形成了独特的宗教文化。

　　东晋咸和元年，印度高僧慧理在西湖北高峰与飞来峰之间创建了灵隐寺，成为西湖佛教的开山之祖。南北朝时期，佛教发展迅速，西湖孤山、玉泉等地出现了大量的寺庙。隋朝时期，灵隐寺附近新建了上天竺寺和中天竺寺。到唐朝，佛寺在杭州更加兴盛。建寺造塔为杭州带来了中世纪的佛教文明，西湖不再仅仅以湖光山色著称，同时又有了深邃的人文内涵。

　　除佛寺外，杭州还曾有过很多道教宫观和民间俗神祠庙。在南宋前期道观一度超过佛寺，而民间俗神祠庙自南宋以后一直在西湖山水之间占有一席之地，并在明清时期达到鼎盛，尤以吴山一带最为集中。

杭州的运河文化

　　中国的京杭大运河，举世闻名，与万里长城一样，被列为世界最宏伟的四大古代工程之一。它是我国古代劳动人民和一大批水利专家用他们的智慧和心血改造的一项伟大工程，也是世界上开凿时间最早、流程最长的一条人工运河。

　　京杭大运河始创于春秋时期。公元前486年，即周敬王三十四年，吴王夫差下令开凿从今扬州到淮安的南北水道——邗沟，成为京

京杭大运河风景

杭运河的最初模型。从此以后不断对其开凿整修，直至公元1293年，即元世祖至元三十年，才完成了一条由杭州直达北京纵贯南北的人工大运河。大运河全长1794公里，跨越北京、天津、河北、山东、江苏、浙江四省二市，沟通了钱塘江、长江、淮河、黄河、海河五大水系，比巴拿马运河长21倍，比苏伊士运河长10倍，比这两条运河开凿的时间早两千多年。

大运河的开凿与贯通，极大地方便了南粮北运，促进了商业经济的发展，便利了人们的生活。

西湖何以躲过填湖造城的厄运

五代十国，是中国历史上非常纷乱的年代。军阀割据，相互征伐，百姓苦不堪言。整个神州大地，都处在战火之中。唯独杭州，在吴越王钱镠的保护下，百姓安居乐业，不受战火灼烧之苦。

当时的西湖还没有今天这种美丽气象，只是一大片水域。农民们辟田种稻，靠着湖水灌溉，但是常常遭到水灾的侵袭。那时候，钱王雄霸一方，中央政府为了笼络他，就封他为王，给了他很多特权，准许他造王府。钱镠请风水先生在杭州踏勘一番后认为，在西湖之上造王府的王气最盛，因此建议钱镠填湖造府，那样可以享受千年江山。钱镠听了坚决不同意，说："百姓靠着湖水生活，我把湖填了，他们没法生活，就会离开。无水就无民，我还要王气干什么？"因此他不仅没有填湖，还在此设置了7000名"撩浅军"，专门从事西湖的疏浚工作，后人有"留得西湖翠浪翻"的诗句赞

西湖美景

扬他。

这段故事是有出处的。明末清初文学家、史学家张岱的《西湖梦寻·钱王祠》里写道："时将筑宫殿，望气者言：'因故府大之，不过百年；填西湖之半，可得千年。'武肃笑曰：'焉有千年而其中不出真主者乎？奈何困吾民为！'"这话令人感佩不已。若没有一心为民的钱王，我们就看不到今天美丽的西湖了。因此后人为纪念钱王，就在西湖边上建起了钱王祠，并撰文书碑来歌颂他。

唐朝时期为何要将"钱唐"改为"钱塘"

"钱唐"作为县名，从秦朝一直延用到隋朝，直到唐朝时才改为"钱塘"。所以，"钱唐"与"钱塘"是不同历史时期县名的不同写法。我们可以根据这点来判断古籍和文物的年代。例如清代人在西湖西泠桥造"钱塘苏小小墓"，苏小小是南朝人，那时只有钱唐县，没有钱塘县，因此，我们就可以知道那是后人伪造的了。

钱塘江风景

汉代的时候，人们创造了"塘"字，并且首次有了"海塘"一词。据南朝刘宋时期钱唐县令刘道真的《钱唐记》记载，钱唐县衙在灵隐山下时，县中大户敛钱雇人建筑土塘于山前，因此称为"钱塘"。后来会稽郡议曹华信发动百姓建筑新的捍海堤塘，他因时制宜，以挑土得钱的办法鼓动百姓参与筑塘，因此筑成的海塘也被称为"钱塘"。这是钱唐县历史上曾经有过二条与金钱有关而叫"钱塘"的海塘。

因此，唐朝以前"钱唐"是县名，"钱塘"是海塘的名称，不能混为一谈。唐朝以后，县名与海塘名才合二为一，都叫"钱塘"了。

杭州的城门楼

清波门是《白蛇传》中白娘子与小青修炼的地方吗

清波门是南宋杭城十三城门之一,俗称暗门。吴越时称涵水门,宋代改名清波门。清波门外有绿地人称柳州,南宋时在此建有御园——聚景园。西湖十景之一"柳浪闻莺"就出于此地。

著名民间神话传说《白蛇传》里,白娘子跟小青就是在此修炼的。当时她们尚未被法海拆穿,白娘子和许仙就在此居住,非常恩爱。后来有一天,许仙去庙里上香,庙里的法海和尚看到他脸上有妖气,就把许仙留在寺庙,逼迫白娘子现身。白娘子为了救夫,动用法力,水漫金山。法海就用一个钵盂把白娘子罩在下面,后来在上面建了一座塔来镇压白娘子,塔名叫"镇妖塔",这就是后来的"雷峰塔",是西湖十景之一。

古清波门

《水浒传》里的张顺真的死在涌金门吗

涌金门,位于杭州市旧杭城正西。杭城十大城门,九座城门都有重城,而涌金城门却没有。因为它依附西湖作为外势,可御可守。不似其他城门,以守为主。所以,《水浒传》里宋江领诏征讨方腊,攻涌金门的一路兵马就只能屯兵湖对面的北山上。

因为有湖水做屏障，宋江大军半个月都毫无进展。水军将领张顺立功心切，潜泅西湖，想从涌金水门暗入城去，按以前的老办法，到敌人后方去纵一把火，使城内自乱，然后里应外合，招城外的军队伺机攻入。他打定主意之后，不等李俊上报宋江，就下了湖，横穿到了涌金门边。

张顺的绰号是"浪里白条"，水性极好，可以在水底潜伏几天几夜。他沿湖底潜行到了城门边之后，露出水面，只听得更鼓正打一更四点，城墙上无一人巡逻。他便潜入涌金水门，上下一摸，水门全是铁栅栏，里面有水帘护定，上面系有绳索，绑着一串铜铃。张顺伸手去扯水帘，一下子扯到绳索，绳动铃响。城上的兵勇们闻声下来，以为是条大鱼。张顺赶紧退后，在水中又伏到三更。再潜向城边，爬上岸，摸一土块掷了上去。守城的兵勇又被惊动，出来看了，说：怪了，定是个鬼。不管他，我们只管去睡。但这人着实奸诈，一边声张去睡觉，一边暗中吩咐众人埋伏在城墙的雉堞后面。张顺听到他们说去睡觉，又把土石抛掷上去，不见动静，便扒着城墙的石缝往上爬。爬到一半，只听一声梆子响，城上兵勇们喊起来，强弩硬弓、苦竹箭、鹅卵石一齐射打下来。张顺赶紧往水里面跳，可惜已经来不及了，像刺猬一样中了一身的弩箭飞石，被射死在河里。可怜这位玩了一世水的好汉，就这么死在了水中。

涌金门

杭州谚语所说的"钱塘门外香袋儿"是什么

杭州有一句老谚语，叫钱塘门外香袋儿。钱塘门外香袋儿指的是钱塘门外的香市。杭州有很多香市，光是一个观世音菩萨的诞辰，就有三次香会：第一次二月十九；第二次六月十九；第三次九月十九。还有三月三是玄天上帝的诞辰，七月初一到十六是东狱大帝的朝圣。七月十五

是中元节。

这些日子里，城里的人都要从陆路出去，走钱塘门；城外的香客进城采买，也要走钱塘门。一座城门整日川流不息。杭州城里的三百六十行，每年都盼着这几个香市，指望靠它坐吃一年。那时候香市规定，每个行当的摊位，不能超过十家。虽然只有十家，但三百六十行，使得松木场水岸往昭庆寺的路上，各类商品琳琅满目。只见灯笼雨伞、香烛土产、经佛珠磬、素食糕点，比比皆是。

古钱塘门

据《杭俗遗风》中记载，西湖的香市，从钱塘门到昭庆寺，再到灵隐、天竺，从早到晚，道路一直堵塞。当时的香客们拿着大蜡烛从人群中挤过，到了天竺寺庙，一点燃，马上就吹灭。吹熄的蜡烛带回家去，在晚上照蚕，据说能保佑蚕茧无灾无难，壮实饱厚。所以，光是这大蜡烛的一进一出，就使得这条街热闹不凡。"借光借光！""小心揩油！"的声音此起彼伏。此外，松木场往西溪路走，从道古桥的地藏殿到小和山，沿途共有十八处灵宫殿，处处也有香市。这一路的香客，也是摩肩接踵，"不下数十万"人。

"武林门"一名的由来是被讹传出来的吗

武林门，最早为"北关门"。南宋高宗建都杭州，将它改为"余杭门"，作为北城的唯一旱门（另外还有"天宗""余杭"两座水门以通舟楫）。其后，杭州城城门虽屡有兴废，但此城门始终未变。明代，改余杭门为武林门。辛亥革命后城门被拆除。

武林门，始建于隋朝。吴越国王钱镠修建杭州城垣时命名为"北关门"。因为在吴语里面，"北关"同"百官"发音相近，因此民间俗称为"百官门"。因为旧时杭州城门外有山，叫虎林山，因此杭州旧称

"虎林"。据明代田汝成的《西湖游览志》记载："土阜陂陀，高可三丈，广不满百步……弄虎出焉，故名虎林。吴音承讹，转虎为武耳"，可知此门也称为"虎林门"，不过后来被讹传为"武林门"了。

武林门外一路，黄土铺地，清水遍洒，极其洁净。因为"朝廷恩泽自北而来"，康熙、乾隆下江南，都是由此门入的杭城。为此，凡是不吉利的和污秽的东西，就绝对禁止进出了，尤其是"居人之椟"。"椟"是棺木，强调"居人之椟"，估计寿材还是可以的。元朝后期，虽然天下大乱，但这个规矩仍无人敢破。至正年间，有一个京城的高官，"死而返其乡"，要从武林门进棺材，杭城的最高长官也只能"姑曲从之"，这事轰动了整个杭州城，西大街一时观者如云，人们都说从这个门进棺材真是破了天荒。

古武林门遗址

《水浒传》中宋江征方腊时真的攻打过武林门吗

据《水浒传》第114回，宋江受朝廷诏令，率领梁山众好汉镇压方腊农民起义军。当时的杭州，属于方腊占领的城市。宋江大军到了杭州地界，派好汉李俊、张顺、阮小二、阮小五等人，率马、步、水三军，分作三队进发，直取武林门。

是日，宋江等部率领大队人马，直近北关门城下勒战。城上鼓响锣鸣，大开城门，放下吊桥，敌军将领石宝首先出马来战。宋军阵上，急先锋索超生平性急，挥起大斧，也不打话，便飞奔出来，径取石宝。二人相斗未及十合，石宝卖个破绽，回马便走。索超在后面紧追，宋江阵上关胜急叫休去时，石宝回头一锤，打在索超脸上，将索超打下马去。邓飞赶忙去救，石宝的马又到，邓飞措手不及，又被石宝一刀砍做两段。城中的宝光国师见挑战胜利，就引了数员猛将，冲杀出来，宋兵丢兵卸甲，大败而逃。幸好花荣、秦明等斜刺里杀出，冲退南军，援救及时，救得宋江回寨。

宋江等回到大寨歇下，升帐而坐，眼见杭州城久攻不下，今又折了索超、邓飞二将，心中很是苦闷。军师吴用谏道"城中有此猛将，只宜智取，不可对敌。"于是众好汉劫持富阳县袁评事解粮船携带子母炮潜入城中，在吴山顶上放炮，并在城内四处放火，内外夹击，这才一举攻破了杭州城。

艮山门是杭州的"丝绸之路"吗

艮山门位于杭州旧城的正北偏东。宋元以来，这道门在屡次战事中，都不是兵家必争的战略要地，而是丝绸业集中之地。由此发展而兴的杭州工业，大都出于此地。

艮山门外丝篮儿，说的是丝绸制作工序中挽着竹篮去河港漂洗丝绸的女人。此外，也说投售土丝的蚕农。他们的竹篮，不是挽，而是挑，那竹篮的直径有两尺多。东街的丝行每年正月十六开张，四月的小满一过，才是东街真正的黄金日子，投售土丝的蚕农纷至沓来。近到笕桥、乔司，远到南浔、湖州。蚕农们一般是上午看货作价，交割结账，中午吃八菜一壶黄酒的招待餐，下午返回。一时走不掉的，丝行也会提供一宿两餐。多住几天的蚕农，吃住一般就在船上了。东街上最风光的要数银号送款的伙计，挑两只装了银圆的细篾竹篓，在大街上走得两脚生风。竹篓的外面贴两张封条：某某银号，大洋壹仟，送某某丝行。这一天，要是某某丝行的解款在东街上反复出现，这丝行的上上下下，脸上就像涂足了油彩，是忙，也是兴奋。资金少的丝行，就只能高挂"告满"的牌了。

东街的土丝收购价一高，德清、海宁的蚕农就摇船赶来了。这一赶，就赶到了七月。也就间隔了几天，艮山门外的夏蚕，又开始上市。

古艮山门遗址

东街的丝行，从骆驼桥到宝善桥，每年要忙到秋风起时。有的丝行，本身就是织坊。生意非常兴旺，日进斗金。当时有儿歌吟唱这种盛景：唱唱唱，洋机响，洋机开了五百张；角子铜板不算账，大洋钞票来进账。

清泰门外如何查验私盐

挑盐担挑出丰功伟绩的，有吴越王钱镠。胡兰成在《今生今世》中提到民国初期浙西的私盐贩子，一根扁担，两头是溜尖的乌铁，一旦与官兵遭遇，常有万夫不挡之枭雄出来。但清泰门外盐担儿，说的是官府对盐的统购统销，并不是私盐。在古代，盐行业严禁私人插手，全是政府统管。宋朝以前，杭州的"盐权"在盐桥旁；元、明时期，称为盐业批验所。盐商盐贩，都要到此得了官府的确认，才能"称挈放行""分行各地"。所以，清泰门外的盐民，往往挑了白花花的晶盐，就要行走在城墙的外面，从庆春门进城，以待官府稽核。

清时，杭州府辖下的盐场，在清泰门外有"三保"。"三保"设有灶保三名，役使四名，属于杭州府的"干部"编制，负责盐场的"稽煎缉私"。盐的整个制作流程，全在这些稽缉人员的眼皮下进行。盐场的产出，除了配给仁和、钱塘、余杭三县的挑夫每人一百斤外，剩下的盐全由官府收买。

古清泰门遗址

不过，清时还有一条贩盐的规定还算人性化，这就是杭州府另拨仁和、钱塘两县的老年人贩盐名额三百个，凭"筹"每日"止许负盐三十斤"，使无依无靠的老人能够糊口。

庆春门为何会与"污秽"一词有关系

杭州谚语里有一句：庆春门外粪担儿。那么这句话从何而来呢？

原来满清入关后，兵分八旗。杭州的十座城门，从顺治年起，九座

城门的钥匙均由八旗的门卒掌管，汉人的巡抚都不能节制。钱塘门由正黄旗掌管；武林门由镶黄旗掌管；凤山门由正红旗掌管；望江门由镶红旗掌管；候潮门由正蓝旗掌管；涌金门由镶蓝旗掌管；清泰门由正白旗掌管；清波门由镶白旗掌管，艮山门由旗人专管。唯独庆春门由汉兵把守，因为这城门洞内进出的，多是粪担，属"污秽之门"。

《清史稿·年羹尧》里说年羹尧遭雍正皇帝猜忌，被剥夺军权，调任"杭州将军"，后罢职授"闲散章京"。"章京"是满语的读音，相当于高级别的文秘，本来也是高官，不过因为前面加了一个"闲散"的定语，也就无权了。民间野史里说年羹尧被调任杭州之后，开始守的就是"污秽之门"庆春门。后来才改守涌金门和钱塘门。

六十年前，"污秽"一词，简直就是庆春门的标签。据老人们回忆，当年的庆春门内有三多：死伢儿多、蛇虫八脚（蜈蚣）多、清水茅坑多。城东的人家死了婴儿，往往到城墙脚边一扔了事。荒草丛生，阴潮凛人，城墙脚边到处都是蛇虫八脚。城墙外面出了名的络麻地蟋蟀，叫得也是嘤嘤的森人。钻出城墙的破口，城河里的虾清晰可掬，水却凉得逼人。不过对于今天高楼林立的庆春门来说，那些都只是记忆中的事了。

庆春门

"钱镠射潮"的典故与候潮门有何关系

白居易有诗云："杭州老去被潮催"。候潮门，旧杭城东南的第一座城门，它所表现的正是一个在潮水中"老"去的杭州。"不是前人功德远，沧桑几度事模糊"。说起功德，倒让人想起来海龙王钱镠了。

钱镠是私盐贩子出身，后来从军，逐步高升，渐成一方霸主，后被封为钱王，主政杭州地带。唐昭宗景福二年（公元893年），钱镠扩建杭州城，将城墙扩到了中河的东面。这一扩，东南一角就紧邻钱塘江了。潮水无情，城墙屡建屡毁，钱镠大怒。他说，既然朝廷封我为杭州之主，那我不光是上马管军，下马管民，连这一方的鬼神也得听我的。潮水怎么敢如此无礼，屡次破坏我的善政，这未免太藐视我这个钱王了。于是他调集了一万名身强力壮的兵士，各持强弓劲弩，面对潮头一字儿排开。时辰一到，浊浪排空，钱塘江潮自远而近，吞天没日而来。钱镠鸣炮三通，一阵锣响，兵士万箭齐发。羽箭嗖嗖出去，箭箭射在潮头之上，一万箭过去，又是一万箭，于是恶浪瞬间退去，军民欢声雷同。然后运来巨石，盛在竹笼（竹车）里，沉落江底，再打入木桩捍卫，城墙的基础就这么巩固了下来。城门建起，称"竹车门"。

到了公元1158年，宋高宗赵构筑杭州城，在竹车门的旧基上重建城门，此门才取名为"候潮门"。

"凤山门外跑马儿"说的是什么

北宋，有一个不取功名的高士徐复隐居在杭州双门的南面，这便是"高士坊"地名的由来。现在，有"直高士坊巷"和"横高士坊巷"之分。清时，这里是清军骑兵的营房。旁边是养马的棚舍。那时，厂内骠马成群，四蹄乱腾，风啸马嘶。民国初期，这里也养马，不过养的是私人的马。养马的有官府颁发的执照，马匹供出租骑游，有马保儿相陪，东去凤凰山，西去清波门。后来日本人来了，骑兵占了马厂。马多了，范围大了，从现在的烟厂到南面轧米厂旧址，当年全是日军养马遛马的地盘。"凤山门外跑马儿"，尘土起处，狼奔豕突，烟尘四起。

凤山门外的双门"政变"

宋高宗赵构没来杭州之前，现在的凤山门外，是州治。再早，这州治是吴越钱王的都城，现在的凤山门方位，就是都城的北门，称"双门"。公元1129年二月，赵构来此避难，进了双门，只见稀稀拉拉几间

房舍，扈从叶梦得说："这几间屋宇，怎么安置得了后宫？"此时的赵构，由于前方战事吃紧，危在旦夕，倒也不太在意住所的精致与否，只是嫌太潮了。战事一消停，就开始讲究了，下雨了，新建的主殿没有瓦，马上要；宫内设宴，红桌三百张，限期一日；火炬三千，当晚要用。刚升了知府的赵从善，天天忙得团团转。但是也有他算计不到的，皇城内发号施令的太监康履，想看潮水，要求知府用篾席将双门到海塘的道全都遮挡

古凤山门遗址

了。正是仲秋，篾席落市，无处可觅。康履大发淫威，终于酿成激变。士兵哗变了，为首的叫苗傅，另一个叫刘正彦，俩人共有一万两千兵士，在三月初五那天，先斩了御营都统制王渊，然后就开始杀太监，双门一带没有胡子的汉子被误杀了一百多。

　　苗刘军队挑了王渊的首级，簇拥在双门前，要求朝廷交出康履。赵构在宰相的陪同下登了双门城楼，一看下面群情激愤，就温言软语地安抚道："苗、刘两位爱卿，今日之事，你等也是以社稷为重，为朕清侧。为表彰你等精忠，苗爱卿加封为承宣使兼御营都统制；刘爱卿加封为观察使兼副都统制，望两位速速退兵。"

　　苗傅说："退兵可以，请将康履交出。"

　　苗、刘一再逼迫，赵构只得让康履出城。双门轰隆打开，康履战战兢兢出来，没等他站定，苗傅放马上前，大刀一挥，将康履拦腰砍成了两截。赵构不敢看，说："这下两位爱将该退兵了吧。"不料苗傅又威逼赵构退位，由其子赵旉继位，隆祐太后垂帘听政。赵构无奈，只得宣告退位，让赵旉当了皇帝，国号"明受"。

　　一个月后，抗金前线的韩世忠等部赶到杭州，苗、刘二人仓皇出逃，赵构才得以复位。

杭州的街桥与名人故居

随着城市的变迁，老杭州的街桥地名有的也随之消失，而那些与之相关的历史掌故、人文传奇也随之湮灭在历史的长河中。所以，当人们来到这座美丽的城市时，鲜有人将目光转向这一方面，这是极其遗憾的。那么，现在就让我们将目光转向杭州城的街桥地名，细细品味历史带给它的故事。如牛羊司巷到底是不是宋代牛羊司所在地？那么，问题来了，牛羊司为何物？再比如，康熙、乾隆皇帝下江南时真的是从江涨桥登陆的吗？问题又来了，这两位历史上赫赫有名的皇帝来到杭州为何要从江涨桥登陆，毕竟杭州有很多桥梁。

除了街桥地名之外，杭州的名人故居也值得留恋，如晚清红顶商人胡雪岩的故居、明代民族英雄于谦故居、民初著名学者章太炎故居等。在之前一段漫长的岁月里，这些历史名人都一直在此居住，那后来他们在这里又发生了什么故事呢？当时光流转，他们的身影仿佛再次出现。

杭州的街桥地名

"泥马渡康王"的传说发生在白马庙吗

"泥马渡康王"是一个民间流传已久的故事。北宋末年,时为康王的赵构赴金营为人质,金兵押送他一路北上。途中赵构偷偷跑掉,逃到了黄河边上的磁州,夜宿在崔府君庙里。突然有神人向他托梦,说金兵将至,要他快逃。赵构惊醒,见庙外已备有马匹,遂乘马狂奔。这匹马居然载着赵构渡过黄河,更令人惊讶的是,马刚渡过黄河,就停下不动了,变成了一匹泥塑之马。

据史籍记载,赵构赴金营为人质,历史上确有其事。靖康元年(公元1126年)正月,金兵兵临开封城下,宋廷向金求和,金兵要求以亲王或宰相为人质,方可退兵。于是宋钦宗命令康王赵构前往金营。接下来的事情就与传说完全迥异了。赵构在金营被软禁了20余天后,金人不知出于什么原因,怀疑赵构不是亲王,将其遣返,而不是像故事中所传,押着赵构北上,所以赵构根本无需逃跑。这是赵构后来当皇帝故作的神话,并修建了白马庙,来祭祀这匹"白马",以荧惑人心,好让人们以为他就是真命天子,有神明

白马庙巷

守护。结果宋钦宗只好命肃王赵枢代替赵构赴金营为人质。在宋钦宗答应割地、赔款等要求后，金人暂时撤军，但却没有放走肃王，而是把他掳至北方，致使他最后惨死在苦寒的北方。

清水潭巷里"接待鸣钟"的传说

据《杭州市拱墅区地名新志》记载："清水潭又名碧沼，始名于宋。清水潭邻运河，水极清洌。"清水潭巷子里有"接待鸣钟"的传说。话说从前这里住着一个铸钟师傅，他精心铸造了两口钟，一口进贡给皇帝，挂在金銮殿外，一口就给了杭州湖墅的接待寺。谁知，这两口钟有灵气，寺里的是雄钟，京城的是雌钟。寺中钟声一响，千里之外皇宫里的钟，不撞也响，遥相呼应。皇上知道后龙颜大怒，命杭州知府把钟运到京城放到一起。

知府接旨后准备船只，打算在清水潭装钟，从水路运往北京。谁知，还没搬上船，钟就滚到清水潭里去了。河水很清，钟在水里看得一清二楚，可偏生了根一样，怎么也捞不上来。知府吓得脸色煞白，寺里住持说，只有一个办法可以试试：一母所生的十兄弟，一起下水，或许可捞。知府贴出告示，如有十兄弟能捞起大钟，赏银万两。一天，果然来了十兄弟，他们在水里围着铜钟边搬边喊"大哥用力""小弟用力"，铜钟真的被慢慢抬出了水面。这时候，岸上看热闹的人都为他们喝彩。可哪里晓得，十兄弟中一人脚底一滑，眼看着要掼跤了，最小的兄弟脱口喊了声"姐夫当心"，这喊声刚出口，那刚刚抬出水面的大钟又"轰隆"一声沉入水底。原来，十兄弟里有半个儿子（指女婿），算不得真正的一母十子。

此后，小船经过清水潭，有时一竹篙撑下去，偶然会碰到这只大钟，发出"当"的声音。

草营巷曾是南宋时期的娱乐场所所在地吗

草营巷位于拱墅区，北靠信义坊特色商业街，东起湖墅南路，西至莫干山路，全长520米。草营巷一带在古时草很多，有半人高，曾经驻扎在这里的兵营用这里的草喂马，故由此而得名。草营巷里曾经有过一座庵、一座法云寺和一座元帅庙，香火很旺。

据说，法云寺在清朝年间建成，来烧香的人很多，当时的名气和香积寺一样大。法云寺的左边是元帅庙，据民间传说，历史上草营巷内居住着一位姓温的元帅，他英勇善战，深爱士兵，爱民如子，对贫苦百姓乐善好施。他去世后，草营巷百姓为纪念他，在巷内修建了一座温元帅庙，平时香火十分旺盛。每逢农历五月十八，都要举办一次温元帅庙会，场面十分热闹。20世纪50年代初，草营巷是一条铺着石板的小巷，巷口窄，巷尾宽。解放前肖大隆剪刀店开在巷的左边，房子有高高的风火墙。景福百货店开在巷口的右边。巷子中间有几座筑着高高风火墙的二层砖木结构老屋，依河而建。

梅花碑与焦旗杆有何传奇故事

早年间，杭州有心灵手巧的老石匠，在杭、嘉、湖三府出了名。这老石匠凿了一辈子石头，雕了一辈子石头，胡须头发都白了，除了落下一身好手艺，别的什么也没有。

老石匠年纪大了，背驼了，眼也花了，但他仍旧天天上山。有一天，老石匠在南山脚下发现一块白花花的石头，那石头仿佛映着一株梅花的影子，老石匠疑心自己眼花，揉揉眼睛又仔细看了看，可不是！石头上面清清楚楚地映着一株梅花影子，就像长在石头上一般。老石匠伸手在石头上摸了摸，平平的，光光的，那石头好比姑娘媳妇刺绣的白绫，才描上花样儿还没动手绣呢。老石匠越看越喜爱，越看越舍不得离开，便使出全身力气，把那块石头挖起，一步一踉跄地背回家来。

老石匠对着石头看了三个月，摸了三个月，又想了三个月，才动手在石头上雕刻起来。这石头好坚硬呀！一凿下去只崩起一点粉末，一锤下去只冒出几颗火星。但老石匠不灰心，没气馁，只管一锤一凿地雕下去。锤呀凿呀，十日雕个瓣，百日刻朵花，过了一月又一月，过了一年又一年，老石匠一天不停地雕，白日黑夜地刻，终于把那株梅花雕在石头上了。

梅花雕成了。多美的梅花啊，迎着春风，向着朝霞，白玉似地开满一树。这时老石匠却死在梅花边上。

老石匠没有儿女，也没有产业，大家都敬重他，便把他埋在一块公地里，将他最后雕成的这块梅花碑竖在坟顶。

梅石园

时间久了，奇怪的事情也就出现啦！石碑上的梅花变得会开会谢了，每年春天，别的树上梅花才含苞，石碑上的梅花却已经盛开；夏天，别的树儿刚青，石碑上梅树早已一片葱郁；秋天，别的树上叶儿落得一片不剩的时候，石碑上的梅树才开始落叶；冬天，西北风把别的梅树刮得七歪八斜，只有石碑上的梅树挺立在那里一动不动。

这块石碑还能预报天气：天要晴时，石碑上明晃晃、亮光光的；天将阴时，石碑上雾蒙蒙、潮卤卤的；天快要下雨时，石碑上阴沉沉、湿漉漉的。人们从这块石碑上就可以知道时令节气，天晴落雨。有了这块石碑，农家犁地下种就不会错时节；出门人该歇该行心里也有安排。大家都很喜爱这块石碑，把它当做宝贝。

有一年春天，杭州来了一个大官。大官早听说过这块奇妙的石碑。刚到杭州不久，便带着一群手下人，来到了老石匠的坟地，一看，雕在石碑上的梅花果然盛开着。他高兴极啦，回去和狗头师爷一商量，就在

老石匠坟地旁边造了一座衙门，筑起一堵围墙，把那块石碑围进后花园里，还堂而皇之地贴出布告说：这是一块公地，公地官有，庶民不得进入。

　　说来也奇怪，这块石碑被围进大官的花园里，不到两天，碑上的梅花就隐谢了。以后，不论天晴落雨，石碑上始终是阴沉沉、湿漉漉的。慢慢地，石碑上爬满了青苔，不但没有一丝光彩，而且变得难看极了。为了这事，大官郁闷得吃不下，愁得睡不着，整天在石碑前后打转。狗头师爷见了，便过来献计："老爷，我看这是地气潮湿的缘故，如果在石碑脚下架起火来烘一烘，烘干潮气便会好了。"大官听完觉得有道理，急忙叫人搬来干柴木炭，在老石匠的坟顶上烧了起来。

　　火苗一舔到石碑，轰地一声，便爆裂开来，熊熊的火焰喷射得好远好远；一霎工夫，衙门和花园都烧了起来。大官和师爷想逃也逃不及，烧死在里面。大火烧了三天三夜，把衙门烧成一片瓦砾，只在大门前面剩下半截焦烂的旗杆。

　　这块奇妙的石碑就是这样被毁掉的！如今，在杭州东城还留下两处地名：一处叫"梅花碑"，另一处叫"焦旗杆"。

大井巷的井水故事

　　大井巷位于吴山之下，是老杭州的一个标志。这条长仅有两百余米的老巷里有着名声在外的钱塘第一井、医药界著名的胡庆余堂和传得神乎其神的朱养心膏药店。当然，对于老巷名字的由来，还要说到一口井。

　　大井巷出名，多半是因为巷内有一口大井，被人们一直称为钱塘第一井。这口井，谁也说不清楚它是什么

大井巷中的古井

时候开凿的，总之，住在大井巷的居民，从住进来就一直喝这口井的井水过日子。人们都说，这口井从未干过，纵使碰到大旱天也不会干涸。井水越用越清澈。但是前一段时间，井水忽然变臭了。这倒是史无前例的。据留守在大井巷的本地居民解释说："大井是有灵气的，最热闹的时候，井水边挤满拎水和洗衣服的人，迟来的人都只能在门口排长队，水从来没有臭过，如今搬迁后，人少了，井水也没人用了，水就自己变臭了"。

孩儿巷里流传着什么故事

孩儿巷位于杭州市中心，两头连着武林路和中山北路，在杭州小巷中知名度很高。宋朝时称"保和坊砖街巷"，因为住在巷子里的人许多都做泥孩儿，所以又名"泥孩儿巷"。南宋时，这里就变成了专门卖小孩子物品的地方。于是就把"泥"字省略了，改名为"孩儿巷"。巷西原建有经略华夷坊，俗称西牌楼。南宋著名大

孩儿巷街头

诗人陆游62岁时任朝奉医生，来杭住在孩儿巷内的南楼，曾于春雨不眠之夜，写下了著名的《临安春雨初霁》：世味年来薄似纱，谁令骑马客京华？小楼一夜听春雨，深巷明朝卖杏花。矮纸斜行闲作草，晴窗细乳戏分茶。素衣莫刮风尘叹，犹及晴朗可抵家。

说起孩儿巷，还有另一个故事传说。很久以前，巷子里住着一对孤儿寡母，母子二人相依为命。有一天，隔壁店门前晒着一排受潮的白鲞，这家小孩子乘人不备，捡着一片白鲞，藏在身后带回了家。母亲见此夸儿子小小年纪就知道顾家，今后一定大有出息。小儿受到鼓励之后，变本加厉，如法炮制，多次盗窃成功，终于演变成一名大盗。有一

次犯下严重的盗窃案被官府抓获，行刑前，儿子要再吃一口娘的奶。其母撩开衣襟，儿子一用力，将母亲的奶头咬下。儿子伏法，其母也悬梁自尽……后来，人们就把故事里的小巷称为"害儿巷"。因杭州话里"害儿"与"孩儿"读音相近，因此小巷也就成了"孩儿巷"。

牛羊司巷到底是不是宋代牛羊司所在地

《元宝街：杭州唯一石板古巷》一文中说，"牛羊司巷，相传南宋时有牛羊司在此，牛羊成群"，这一说法不准确。据《咸淳临安志》载，太常寺下的牛羊司是掌管御膳祭礼之牲的机构，牛羊司另有"涤宫"在赤山，是圈养祭祀用的牲口的地方。

另外，该文说元宝街1号是源丰祥茶号旧址，"据说昔日曾为皇帝晒制御茶，据考证，此处还曾住过一户朱姓大户人家。最早一代一位叫朱智的，据朱智还在世的曾孙回忆……"这也欠确切，理由如下：

一、这里一直是朱宅，据《枢垣记略》载：朱智，钱塘人，咸丰辛亥年（公元1851年）中举进京后，（咸丰）八年七月由工部主事入直。朱智在京城任职期间，太平军攻入杭城时，朱宅部分被焚。

二、元宝街1号的朱宅厅堂是在抗战前期租给源丰祥茶号的。

"留下镇"一名的由来与宋高宗有何关系

杭州的留下镇是一座千年古镇，接余杭，多山林，是一个典型的山乡集镇。留下镇原名西溪，据清光绪《钱塘县志》记载："宋建炎三年七月，高宗南渡，幸西溪，初

留下镇风景

欲建都于此，后得凤凰山，乃云：西溪且留下。故名'留下镇'。"

留下镇的"西溪秋色"曾是古代西湖组景之一，西溪梅区曾被清代著名文学家龚自珍推为全国三大梅区之一，与江宁蟠龙、苏州邓尉齐名。历史上的留下镇曾相当繁华，有西溪"三井"、梅花泉、花坞、东岳庙等，由于久经沧桑变迁，很多景点都不复存在。桃源岭下有卫匡国墓，为意籍传教士之墓；汉学家马丁诺·马丁尼病逝杭州之后，也葬于此。

晚清"八千卷楼"的主人丁申、丁丙两兄弟，曾在留下镇暂住。如果不是他们在留下镇上发现包食品的纸居然都是《四库全书》的散页，就不会有后来的"文澜阁"《四库全书》了。

钱塘江大桥是谁设计的

钱塘江大桥位于杭州西湖之南的六和塔附近的钱塘江上，是由我国著名桥梁专家茅以升主持设计建造的国内第一座双层铁路、公路两用桥，横贯钱塘南北，是连接沪杭甬铁路、浙赣铁路的交通要道。大桥于1934年8月8日开始动工，1937年9月26日竣工，历时三年零一个月时间，总投资540万银元。

钱塘江大桥

在旧中国，钱塘江大桥建成之前，没有一座现代化的大桥是中国人自己建造的。沈阳的浑河大桥是日本人造的，郑州黄河大桥是比利时人造的，哈尔滨松花江大桥是俄国人造的，济南黄河大桥是德国人造的，蚌埠淮河大桥是英国人造的，云南河口人字桥是法国人造的……年轻的茅以升经常在想，难道中国人自己不能造一座现代化的大桥吗？

他苦苦等待，机遇终于来了。在他学成回国十三年后，毅然辞去北洋大学教授职务，南下杭州主持建造钱塘江大桥。钱塘江自古就是一条凶险之江，每遇潮汛，浊浪排空，势不可挡，高达5~7米。杭州人还传言钱塘江无底，早年，杭州人若说起某件事绝对办不成时，就会说：除非钱塘江上架起一座大桥。故有的外国工程师放言：能在钱塘江上造大桥的中国工程师还没出世呢。但是茅以升知难而进，他发明了"射水法"，将木桩打进江底40米厚的泥沙层，克服了最大的难题。他集思广益，聚集众多工程技术人员和工作人员的智慧，排除万难，攻克了80多个施工难题，花费三年时间，终于将大桥建成。

历史上的钱塘江大桥为何刚建成就要被炸毁

雄伟壮丽的钱塘江大桥，屹立在波涛汹涌的钱塘江上，作为那个时代自立自强的见证，足以激发我们的豪情壮志。而铭刻其中的"殚精竭智千日功，通车之日却炸桥"的历史也使国人永生难忘。

公元1937年7月7日，卢沟桥事变爆发。此时，大桥尚未通车，茅以升就有一种不祥的预感，他下令在大桥南2号桥墩上，留下一个长方形大洞。公元1937年8月13日，淞沪会战爆发，仅3个月后，上海沦陷，杭州危在旦夕。11月16日，南京政府发出炸桥命令，深明大义的茅以升沉重地点了头，造桥是爱国，炸桥也是爱国！然后流着眼泪，把大桥的致命点一一标出，并亲自把100多根炸药引线接好。11月17日公路桥开通，茅以升后来回忆说："所有这天过桥的10万人，人人都要在炸药上面走过，火车也同样风驰电掣而过。开桥的第一天，桥里就先有了炸药，这在古今中外的桥梁史上，算是空前的了！"

1937年12月23日，茅以升接到炸桥命令。炸桥前，茅以升曾赋诗一首："徒地风云突变色，挥泪炸桥断通途。五行缺火真来火，不复原桥不丈夫。"这首诗流露出茅以升炸桥的无奈，以及今后复建的决心，诗中第三句"五行缺火真来火"是诗眼，很多人想不明白，其实把"钱塘江桥"四个字联系起来，就能知道个中原因了。因为这四个字在五行之中，正好对应了金、土、水、木，只缺少了火。

总长1453米、历经925个日日夜夜建成的钱塘江大桥，最终在建成后的第89天瘫痪在日寇侵略的烽火中。茅以升满腔悲愤地在书桌前写下八个字："抗战必胜，此桥必复"。他的愿望在1946年得以实现，抗战胜利后，钱塘江大桥被修复，成为浙赣线上的关键性工程之一。

钱塘江大桥为何是炸不掉的大桥

钱塘江大桥自1937年9月26日建成至今，就像一位历史的长者，伫立潮头，老而弥坚，守望着往来的行人。而下游不远处的杭州钱江三桥建成通车不过14年，引桥就塌了。人们纷纷发问：茅以升修的这座桥，设计寿命50年，已经超期25年了，就是不倒，连大修都没修过，而后来修的那些桥，那么快就塌了，这是为什么？

沿着钱塘江桥的人行道一走，就能看出大桥历经沧桑。桥墩上和护栏底部，弹痕随处可见，它曾被大规模炸过三次，但是岿然不动。据有关部门统计，2012年钱塘江大桥日通行汽车超过一万辆，火车超过150辆。

"茅以升修桥的时候，是按照20公里的时速设计的，设计荷载铁路面轴重50吨、公路面15吨。当时平均每天仅有150多辆汽车、4.9对火车通行。70多年过去了，在这座桥上，动车可以跑到时速120公里，汽车也可以跑到时速100公里，40吨甚至60吨重的汽车也在桥上跑，的确是非常神奇。"大桥的车间主任这样说。放到今天的标准来看，钱塘江大桥不仅超期服役，而且也超限、超载。工程班子每次为大桥做完评估检查，都会肃然起敬，当年的人们是把修桥当成百年基业在做！

大桥至今没有进行过技术上的大修，2000年进行过最大规模的一次维修，也仅仅是更换了公路桥的桥面板。这是一座炸药不放对位置都炸不掉的桥，大桥的5号、6号桥墩在1937年、1944年和1945年几次被炸，但至今仍能正常使用。

塘栖广济桥真是由一位僧人修建的吗

广济桥，曾名通济桥、碧天桥，俗称长桥，位于杭州市塘栖镇，横跨于京杭大运河上，如长虹卧波，是运河上仅存的一座七孔石拱桥，也是大运河上保存至今规模最大的薄墩联拱石桥。桥中间高高拱起，从两端拾级而上，像是在爬山。走到桥顶，就可以看到古镇的全貌。

广济桥的始建年代不详，无从考证。据说明代弘治二年（1489年）一个姓陈的僧人，为了修建此桥四处募捐，一直走到北京。当时皇太后听到了很感动，就赏赐他很多钱，宫中的众嫔妃与朝廷大臣们也纷纷解囊相助。所以清光绪《塘栖志》卷三《桥梁》载："通济长桥在塘栖镇，弘治二年建。"弘治十一年（1498年）建成。

广济桥

历经五百多年，广济桥依然雄踞在京杭大运河之上，见证了历史的沧桑，连同江南的富庶繁荣和江面的船夫号子声，一起写进了京杭大运河的漕运史中。广济桥是塘栖的骄傲，有人称它为塘栖的龙鼻，高峻挺拔。在旧社会，江南的民间还有"走桥"的民俗。每年农历正月十五元宵节，江南的人们除了吃元宵、迎花灯、猜灯谜外，还会走桥祈福。因为南方是水乡，有很多桥。据说元宵节晚上走的桥越多，得到的福气就越多。所以到了那天晚上，人们就成群结队，提着花灯，在河边、桥上游走，远远看去，颇为壮观。

南宋御街为何被称为"天街"

南宋在中国古代史上是一个极为重要的朝代，其经济、文化、科技等各方面都在中国古代达到了一种新的高度。作为南宋都城的临安(今杭州)更是如此。南宋时，临安（杭州）的人口已经高达100多万，在世界范围内名列前茅，处于领先地位。

不得不说，南宋王朝对中国后世产生了很大的影响。可惜，千百年匆匆流逝，如今，南宋留给人们的遗迹在杭州已经越来越少，仅存的实物遗迹，弥足珍贵。

南宋御街

南宋御街就是南宋遗迹的代表。

古代时，这条街又被称为天街，因为这条街是南宋皇帝车驾通行的地方。据史料记载，古代这条街是南宋临安城的中轴线，南起皇宫北门，路经朝天门，最终到达如今的武林门一带。

南宋御街作为一处重要的历史遗产，杭州市政府对其尤为重视，自2008年开始便对其进行规划，经过一年多的时间，于2009年9月30日对外开放，成为了游客们品味南宋文化的又一去处。

龙门古镇是东吴大帝孙权的故里吗

东汉严子陵曾游历龙门，对这里的景色赞叹不已，曰："此处山清水秀，胜似吕梁龙门。"龙门古镇因此而得名。

龙门古镇位于杭州市西南52公里处的富春江南岸。古镇四面皆为山水，大山头、龙门山分别位于其西部及东南，而古镇之北则是剡溪与龙门溪的交汇处。

可能严子陵都未曾想过，自己当年随意的一句赞叹竟成为现实，因为龙门

龙门古镇

古镇真的成为了"龙门"。

为何如此说？

因为龙门不仅是一个地理概念，还留有深刻的文化底蕴：这里是三国时期东吴大帝孙权的故里，且这里的居民九成以上都是孙权后裔。

时光匆匆流逝，转眼间，近两千年华已过，到民国二十八年（1939年）时，孙氏已繁衍到六十五世。朝代的更迭，岁月的流逝，使得龙门古镇逐渐改变，最终形成如今的建筑风格以及深厚的文化底蕴，吸引大批的游客来此观光。

龙门古镇中，有一条长约400米的古巷。在这条古巷中，游客们可以感受这里的清风如水，可以看见这里被岁月滋润温婉的街上的卵石。在古巷的两旁，店铺林立，依稀可见古时的招牌。店中的光线或许暗淡，但无一不充满厚重的气息，如旧时的算盘、盛着糖果的玻璃瓶以及老式木制的柜台。这些小店的主人或许会在阳光下，懒散地躺在摇椅上，随意地听着收音机中传出的老戏。在悠闲的时间里，在浓厚的历史氛围下，享受着那份安宁。

河坊街是古代老杭州的"皇城根"吗

提起杭州，大多数人的脑海中肯定会浮现出西湖的景象，但对于吃货们来说，河坊街才是他们的最爱，因为这里的杭州特色小吃实在太多了，如定胜糕、姑嫂饼、南宋糕点等。

但是，河坊街的特色并不仅限于美食，还在于其自身所蕴含的深厚历史文化传承。

河坊街，位于吴山脚下，属于杭州老城区，是如今杭州保存较完整的历史文化街区。在这条街上，胡雪岩故居和朱炳仁铜雕艺术博物馆是一大亮点。这条街在古代，被杭州百姓亲切地称之为"皇城根"，直到现在，其街上还有一些老字号商铺。

近年以来，杭州旧城虽然经历了改造，但由于河坊街带有其独特的杭州历史文化、商业文化、市井文化和建筑文化而免遭全面拆除。1999年，河坊街被重新开发，被定位为带有古代特色的商贸旅游步行街。

每当夜晚降临，人们置身于此，仿佛又回到古代，感受到那种"见光不见灯"的迷离情景。

目前，河坊街已经成为最能够体现杭州历史文化风貌的街道之一，成为想要感受老杭州氛围的游客必选之地，它的修复和改造，仿佛时光回溯，令人们再次回到历史上的老杭州，为人们留下了一份宝贵的历史文化遗产。

塘栖古镇是"江南十大名镇"之首吗

京杭大运河至今还在默默地为人民、为经济建设发挥着重要作用，自北向南不停歇地流淌，如同一条绚丽的彩带充当着维系南北的纽带。

塘栖古镇便坐落在这条古老运河的最南端。

浙江，甚至杭州，很多古镇都散发着迷人的光彩，塘栖就是其中的一个。著名文学大师丰子恺曾这样评价它："江南佳丽地，塘栖水乡是代表之一。"

塘栖古镇，是杭州临平副城副中心。它历史悠久，始建于北宋，到明、清两朝时便已成为江

塘栖古镇

南重镇，时人皆称塘栖镇为"江南十大名镇之首"。不仅是因为这里的美丽，还有其深厚的文化底蕴，令人们赞叹。古镇里的广济大桥、郭璞古井、乾隆御碑、水南庙便是明证。

如今，虽然塘栖古镇已经成为一座新城，失去了很多极具历史韵味

的建筑物，如三十六爿桥、七十二条半弄。但它们的灵魂仍旧存在于塘栖古镇，让塘栖古镇充满了生机和活力。

韩世忠是在德胜桥斩杀叛将苗傅、刘正彦的吗

德胜桥位于杭州市拱墅区，与夹城巷、长板巷东西连接，为双曲拱桥。老德胜桥因修建年代已久，已经不能满足现在的交通流量，已重新修整。

据说，曾经的老德胜桥上有一座小亭，到每月十五的时候，月亮经过桥下之水的反射，便会停留在该亭之上，人们走在桥上，仿佛置身月宫，如梦似幻。可惜，重修的德胜桥已经没有了小亭。但是，设计人员为了尽可能地还原这种意境，就在该桥的桥墩位置设置了一处可供人们观赏景色的平台，且在桥梁及栏杆之上镌刻了月、云、星光的图案，使人们最大程度地感受到"夜月"。

作为一座古桥，德胜桥也有其独特的历史故事，南宋名将韩世忠曾将两叛将苗傅、刘正彦在此诛杀。

建炎三年（1192年），南宋大将刘光世、张俊、韩世忠等人被朝廷分派到各地进行驻守，而守卫都城临安（今杭州）的任务就分到了苗傅、刘正彦的身上。二人非但没有全力保护都城，而且还图谋不轨，妄图发动叛变。

是年三月，苗傅与刘正彦经过密谋之后发动叛变，杀南宋忠良之臣王渊，逼迫隆祐太后派使者与金议和，逼迫高宗让位于新皇。他们的所作所为令驻守在各地的南宋诸将十分愤怒。后来，张浚与韩世忠、张俊、吕颐、刘光世等人出兵讨伐他们。当各地大军集结临安城下时，苗傅因形势所迫，只能复立高宗，后临安被勤王大军攻破，苗傅与刘正彦二人便逃往富阳、衢州、信州等地。后韩世忠全力追击，最终于德胜桥处将二人俘获，并将他们在此处决。

大关桥的命名经过了几次更迭

大关桥，位于杭州市市区，东连丽水路，西连和睦路、赵伍路，是京杭大运河杭州段上著名的一座桥梁。

大关桥历史底蕴深厚，曾数次更名。

北宋建中靖国元年（1101年），杭州北部北关镇上兴建了一座桥梁，名为"永安桥"。永安，"永远平安"之意。确实，在兴建之初，这座桥带给人们的是平安，是对往来商旅和两岸百姓生活便捷的重要保证。但是，岁月悠悠而过，这座永安桥经过三十六年的风吹雨打，以及过往车辆、人群的踩踏之后，桥身的损坏已经十分严重。永安桥，也就变得不安全了。当人们经过这里时，再也不会向当年一样，心中无忧无虑地漫步而过，却要尽量绕行而过，实在无法绕行，也会心情忐忑地迅速跑过去，唯恐在永安桥上多待上一秒，永安桥突然崩塌，顷刻间丢掉自己的性命。

大关桥

当时，北关镇上有一位德高望重的前辈，名为陈德诚。当他看到当年的永安桥竟然破损到如此程度，并且严重影响人们的出行及安全时，毅然决定对永安桥进行修复。于是，他全然不顾自己已经步入花甲之年，数次对永安桥进行勘察，并思考修复方案。但是，一个人的力量终究是有限的。他知道，如果想要完成修桥之事，必须联合众人的力量。于是，他找到自己的同辈余庆施、宗宥，并找到一位在北关镇素有名望的梵海和尚。几人同时行动，希望借此动员更多的人前来相助，最终，很多人都知道了这件事，愿意和他们来共同完成这件造福于民的事情。最终，陈德诚呕心沥血，且团结众人的力量，用了不到一年的时间，就将永安桥修缮完成了。永安桥造成之后，将其改名为：中兴永安桥。

在以后的岁月里，中兴永安桥曾被更名为北新桥，可何时更名，却未记载于史料之中。但在淳熙十四年（1187年），北新桥的叫法已经出现在有关文献中，如《淳祐临安志》卷七中记载："北新桥，元名中兴永安桥。"其中，元的意思便是"原来"。不论怎样，北新桥一名已被广泛地运用在了民间，一直到清代。

清代之后，不知为何，这座桥开始出现了其他的名字，如喻陈桥、大关桥。如今，人们对喻陈桥较为陌生，鲜为人知，但对大关桥之名却如雷贯耳（毕竟这是现在的称谓）。大关桥之名出自英国人库克，他曾在自己的著作中提到这里，称这里为"大关"，意指又新又大的通关关口。

值得一提的是，如今的大关桥并非是清代时期的北新桥。1955年，北新桥曾在原址上重新修建。后来为了方便人们的交通与生活，旧桥便被拆除，而新桥则被重建于距旧桥原址三百米处。

从最原始的永安桥，到中兴永安桥，再到喻陈桥、大关桥，名字的更迭，代表的是时代的变化以及此桥在历史上的重要性。当伫立在新建的大关桥上，沿河北望，大关桥的岁月更迭依稀可见。

潮王桥的得名与潮王有关吗

潮王桥，位于杭州市下城区。

潮王桥，顾名思义，便是和潮王治水的故事有关。

唐朝时，杭州白马湖畔有一个名为石瑰的农民。他自小忠厚老实，喜欢助人为乐，周围的村民都很喜欢他。长大以后，他的力气之大远超常人，杭州附近，人人皆知。后来，为了生活，他每天都会和众人一起劳动，在湖边挑土、筑堤、围田。但天有不测风云，有一年的江潮格外大，人们所筑的堤坝受到了严重的冲击，老百姓为了避免田地被淹，极力筑坝，吃尽了苦头，石瑰就是其中的一员。为了让田地得以丰收，为了减少老百姓的损失,他便奋力筑堤,日夜不停地与潮水做斗争,最终取得了胜利。但可惜的是,石瑰在此次抗潮的过程中由于劳累过度,不幸丧生了。

他去世后,老百姓们很伤心,就将他安葬在白马湖畔。渐渐地,他的事迹传到了当地官员的耳中,于是又将石瑰的事迹报告给了朝廷。最终,朝廷发出圣旨,感念石瑰为老百姓做出的功绩,追封他为潮王,让他忠魂震慑潮水,避免潮水再侵犯老百姓的田地。

后来,人们为了纪念石瑰,就为他立庙,让他永受人间香火。不仅如此,还将潮王的事迹镌刻在潮王桥上,让人们永远记住他的功德。

千百年已过,当人们伫立在潮王桥上,可以看到潮王为抗击潮水筑坝的英勇事迹,还可以看到内侧桥墩上潮王伟岸的青铜雕像。

潮王桥和大关桥的建筑风格不同,潮王桥所用的乃是唐代华丽的建筑风格。除了潮王铜像之外,桥上还有很多和抗潮有关的设计,如桥面下所镌刻的几何纹路,就和堤坝上岩石模样十分相似。

拱宸桥有何象征意义

拱宸桥位于杭州市拱墅区,与大关桥相邻,东连丽水路、台州路,西接桥弄街,连小河路,是杭城古桥中最高最长的石拱桥。

根据史料记载,拱宸桥是由明末商人夏木江提倡修建的,建造完成后,曾有几次毁坏及重修的经历。

顺治八年(1651年),拱宸桥桥身坍塌;康熙五十三年(1714年),重新修筑;雍正四年(1726年)重修,拱宸桥加厚2尺,加宽2尺;同治二年(1863年),太平天国运动波及杭州,左宗棠率湘军自拱宸桥进入杭

拱宸桥

城,向太平军发动攻击,当时,太平军在拱宸桥桥心设下堡垒,经过激战,拱宸桥再次崩塌;光绪十一年(1885年),拱宸桥再次重修。如今,杭州市人民政府规定:拱宸桥处不得通行机动车辆!

值得一提的是,从古至今,拱宸桥历代都被认定为杭州的北大门,上至北方帝王,下至北方百姓,当他们坐船来杭州时,这里都是他们的必经之地。不仅如此,在古代,拱宸桥还有一种特殊的意义:象征着对天子的恭迎和敬意。这也是拱宸桥命名之初的含义所在。

其次,这座桥对于出门在外的杭州人也有着特殊的意义。当坐船返乡的杭州人看到拱宸桥时,就会非常兴奋,因为这意味着他们终于到达杭州,回到故乡了。

时光匆匆而过,自明崇祯四年(1631年)修建拱宸桥起,它已经挺过了几百年,成为杭州古名桥的杰出代表之一。

康熙、乾隆皇帝下江南时真的是从江涨桥登陆的吗

"昨夜风月清,梦到西湖上。朝来闻好语,扣户得吴饷。轻圆白晒荔,脆酽红螺酱。更将西庵茶,劝我洗江瘴。故人情义重,说我必西向。一年两仆夫,千里问无恙。相期结书社,未怕供诗帐。还将梦魂去,一夜到江涨。"

这是苏东坡曾写下的一首诗,名为《杭州故人信至齐安》,信中的"江涨"指的便是江涨桥。

江涨桥,位于杭州市拱墅区,是一座横跨京杭大运河的大桥。江涨桥始建于北宋,元末明初时被毁,明代时又被重建。江涨桥是由于古代时江水涨潮到此得以命名。古代时,江涨桥非常繁华,"江桥暮雨"更是被评为"湖墅八景"

江涨桥

之一，清代时，康熙、乾隆喜好南巡江南，就曾在此地登陆。

时光飞逝，当年的石拱古桥已经不复存在，现已改为钢筋混凝土拱桥。但是，在桥梁两侧仍有乾隆画舫、接驾亭、牌坊等仿古建筑，无时无刻不在提醒着人们，乾隆帝曾经在这座桥上登陆南巡。

"豆腐桥"的建造与秦桧有关吗

"豆腐桥"建造于南宋年间，距今已有八百多年的历史。它位于杭州市上城区，东起建国南路，跨东河，西至城头巷。此桥共有三座，从北向南分别为斗富一、二、三桥。

据说，岳飞抗金的时候，手下有个叫王佐的将军，他把自己的胳膊砍断，用苦肉计说降了陆文龙，从而打败金军。由于他已经残疾，不能再跟随岳飞驰骋沙场，所以赵高宗便封他为安乐王，还下旨在杭州为他建造一座王府。就这样，安乐王府开始动工建造了。因为所选王府的位置是在河边，所以建造所用的材料全部堆积在河埠上。当时，河上是没有桥的，老百姓们想要过河只能依靠这里仅有的一只摆渡船。但是，现在因为兴建安乐王府，这只摆渡船也被运砖送瓦的工匠占用了，老百姓无船可用，没法过河，心中非常生气。便编出儿歌来唱："安乐王，安乐王，为你安乐大家忙。"

王佐来到杭州之后，知道了这件事情。他想道："我一个人也住不了这么大的王府，还不如拿这些材料造福百姓，在河上建一座桥呢！"于是，他就吩咐工匠，先用材料在河上搭一座大桥，剩下的用来造王府就可以了。杭州的百姓听说这个消息之后非常高兴，闲暇时都来帮忙。俗话说，团结就是力量，集全城百姓之力，短短一个月的工夫，一座宽阔平整的大桥就建造完成了，这便是安乐桥。

桥有了，老百姓的生活就方便；生活方便了，老百姓就高兴；老百姓高兴了，就在街头巷尾谈论安乐王的高尚品德。于是又编出新儿歌来唱："安乐王，好心肠，造座大桥通四方。"后来，这件事情被秦桧知道了。他是一个妒忌心很重的人，眼看王佐的名声越来越好，心中不禁泛酸，想到："王佐造一座桥就被老百姓如此推崇，那我就造三座，而且造得要比他的好，比他的高，比他的阔，看看咱俩到底谁富有。"

谁知道，秦桧只是动了动嘴皮子，一毛不拔。这可把老百姓坑惨了，增捐加税不说，还被抓来当工人。就这样不分昼夜地干了三个月，在安乐桥的同一条河上并排建造了三座桥。和秦桧所想的一样，这三座桥一座比一座高，一座比一座阔。秦桧很满意，亲自给这三座桥取了名字，叫做"斗富一桥""斗富二桥"和"斗富三桥"。秦桧高兴了，但百姓们并不高兴，他们恨死了秦桧，都赌气不走他那三座斗富桥。杭州话中，"斗富"和"豆腐"的发音相似，老百姓为了取笑秦桧，"斗富桥"就被叫成了"豆腐桥"，一直叫到现在。

望仙桥是因铁拐李而得名的吗

望仙桥位于杭州市上城区，是一座古老的石拱桥。关于望仙桥，民间一直流传着一个美丽的传说。

据说很久以前，望仙桥的附近有家卖面食的小店铺。店家是一位年轻的小伙子，心地非常善良。在店铺的隔壁住着一户人家，是一对姓何的老夫妻。是年，两位老人竟同时撒手人寰，只丢下一个女儿，孤苦伶仃，非常可怜。为了让女儿有所依靠，他们在去世之前把女儿托付给了这位年轻的店家，给他做媳妇。

望仙桥

就这样，二人成亲了，婚后二人相依为命，共同操持店中的生意。由于他们待客热情，所以生意做得越来越红火。

有一天，一位跛脚老人来到店里。只见他衣衫破烂，满身脓疮，身上散发出阵阵臭味，令人闻之欲呕，店中的顾客纷纷离去。年轻的店家是个好心肠的人，并不因此嫌弃于他，仍旧热情招呼，为他端上一碗香喷喷的面。谁知这位跛脚老人吃完面，连钱都不付，也不说声感谢的话，拍拍屁股就走了。就这样一连三天，跛脚老人天天上门，年轻的店家也仍旧照常接待。到了第四天，年轻的店家又为他端上一碗面，谁知跛脚老人尝了一口之后竟然嫌面太咸，转身便离去了。

年轻的店家见他如此无礼，但也不难为他，转身便要把那碗剩面倒入泔水缸。这个时候，他媳妇阻止了他，说道："这碗面才吃过一口，就这么扔掉太可惜了，让我吃吧！"然后，她便从年轻的店家手中把面接过来吃掉了。说来很是神奇，她吃完面之后，只觉浑身飘然，身子不由自主地升了起来，而这时，一朵洁白的玉莲从店旁的古桥下缓缓升起，最后，她脚踏玉莲，得道成仙了。

年轻的店家眼看着自己的媳妇成仙而去，非常伤心。后来，他才知道那个跛脚老人是八仙中的铁拐李。铁拐李听说这位年轻店家心地善良，此次前来是渡他成仙的，谁料想，这位年轻的店家心地并非完美无瑕，面对仙缘却生生地错过。最后这份仙缘被他姓何的媳妇得到了，成了仙。她就是八仙中的何仙姑。之后，年轻的店家后悔莫及，天天站在桥上盼望，盼望铁拐李再次到来，能够得到他的点化成仙。从此，这座桥便被后人称为"望仙桥"。

杭州的名人故居

胡雪岩为何被称为红顶商人

位于杭州市河坊街、大井巷历史文化保护区东部的胡雪岩故居，建造于公元1872年。当时，胡雪岩故居被称为中国巨商第一宅，其建筑面积高达五千八百多平方米，从建筑外观到室内，再到家具，用料都十分讲究。

胡雪岩故居内的亭台楼阁也是很好的景点，如芝园、十三楼等，其中有两顶红木官轿，值得人们一观。而胡雪岩便是这座豪宅的主人，那么，您知道胡雪岩为何被称为"红顶商人"吗？

胡雪岩，生于公元1832年，卒于公元1885年，字雪岩，祖籍安徽绩溪。少年时的胡雪岩在杭州的一个钱庄做"跑街"，后来因为擅自把钱庄的钱借给官兵而被开除。之后胡雪岩结识浙江巡抚王有龄，成为莫逆之交，后来在王有龄的帮助下拔地而起，成为了杭州首富。设银号、入官场、为清兵筹集军火，并因此得到左宗棠的赏识，协助左宗棠创建船政局、借外债、筹军火。之后，他借助左宗棠的声势，在各省设立多达20多处银号，并且经营其他业务，如中

胡雪岩故居内景

药。到了这个时候，胡雪岩已经操纵了江浙商业，资金最多的时候竟然达到了二千万两，"中国首富"的称号对于当时的胡雪岩真是实至名归。而他也是第一个获得慈禧太后亲自授予红顶戴和黄马褂的商人，作为一代商圣，被称为红顶商人也是名副其实。

于谦故居的影壁上刻有《石灰吟》吗

于谦，生于公元1398年，字廷益，号节庵，明朝时期杭州人氏。人们把他与岳飞、张煌言并称为"西湖三杰"。于谦15岁时考中秀才，16岁时写出了著名的《石灰吟》，而这首诗也成为他一生为人处世的写照。现在这首《石灰吟》就刻在于谦故居中的影壁上。

《石灰吟》

于谦故居位于杭州市上城区清河坊祠堂巷42号，距离西湖仅仅一公里。明朝时期，有关于谦的冤案终于大白于天下，人们为了纪念他，把他的旧宅改建为怜忠祠。于谦故居也被按照原先的样貌进行修缮。故居内陈列了于谦的生平事迹，还保存着于谦的遗物，如旗杆石、造像碑等。

于谦故居的占地面积并不是很大，一进门就可以看见刻在影壁上的于谦名诗《石灰吟》，即"千锤万凿出深山，烈火焚烧若等闲。粉骨碎身全不怕，要留清白在人间。"这首诗让人们感受到的是于谦的浑然正气。再往里走，可以看到一口井。这口井一面靠墙，其他三面被石栏杆围住，如果仔细观察的话，在井的内壁上还可以看见井绳的痕迹，据说当年于谦便是从这口井中取水使用的。井的旁边就是于谦的起居室，起居室面积不大，只有十几平方米。游人来到这里之后，可以想象得到，于谦在这间小屋中用功读书的情景。再有就是于谦故居中的主建筑，也

就是"忠肃堂",在其门廊上写有一副对联,即"吟石灰、赞石灰,一生清白胜石灰;重社稷、保社稷,百代馨击意社稷"。进入忠肃堂之后,可以看到里边的陈设非常简单,就好比于谦清白的一生。忠肃堂后面是一个小园,有一口池塘,两个小亭,很是安静肃穆。

一壁、一井、一室、一堂、一池、两小亭,构成了于谦故居,也构成了于谦简单、清白的一生。

章太炎故居的第一进房是为赈济灾民用的吗

章太炎,原名为学乘,字枚叔,浙江余杭人,清末民初时期思想家、史学家、民族主义革命者。他也是一个著名学者,有很多著名的作品。因为他反清意识的浓厚,而且非常钦佩顾炎武,所以改名为绛,号太炎。后人称他为"太炎先生"。

章太炎故居位于浙江省杭州市余杭仓前老街,是一个前后四进的大宅院。其中,临街的第一进房曾是章太炎祖父为了赈济灾民而设立的。第二进便是正厅,经过时间的流逝,这里已经变得破旧不堪,但仍然可以感受到一种高昂轩敞的气势,现为太炎先生事迹陈列室。第三进房为"扶雅堂",是当年太炎先生的起居室,而第四进则是太炎先生兄长的故居。

章太炎故居着重体现了清代木雕艺术,是至今为数不多、保存完好的地方。2006年5月25日,章太炎故居被国务院列为第六批全国重点文物保护单位。

龚自珍纪念馆为何又叫做"小米园"

龚自珍(1792年8月22日至1841年9月26日),字璱人,号定庵,近代著名思想家、文学家。他出身于官宦家庭,祖父和父亲皆在朝为官,且都留有作品留世。龚自珍曾经担任过宗人府主事以及礼部主事等职位，曾全力支持林则徐的禁烟运动，并极力抵制外国侵略。龚自珍死于江苏丹阳云阳书院，年仅49岁。龚自珍的诗文揭露了清朝统治者的腐朽，间接地反映了封建制度的落后。他更加主张"改图"，充满了爱国情怀，被柳亚子称之为"三百年来第一流"。

而坐落在杭州城东马坡巷6号小采园内的龚自珍纪念馆，因为原本是清朝末年汪维所建的"小米山房"，所以又被称为"小米园"。当初，龚自珍便是出生在这里。现在，小米园经过整修之后成为了龚自珍纪念馆，被列为市级文物保护单位。

龚自珍纪念馆

纪念馆是一座两层的楼房，上、下层都是五间房，呈现的是清朝时期的风格。进入馆内之后，可以发现龚自珍半身塑像就被立在大厅之中。塑像呈古铜色，在其四周悬挂着很多名家所写的匾额。纪念馆中一共分为四个展室，分别陈列了龚自珍生平图文简介、史料、作品集等。在纪念馆的庭院之中，人们可以看到小桥流水、假山亭榭以及花草树木，它们组合在一起，极具古典园林的特点。

夏衍故居是夏衍青少年时期的住所吗

夏衍，生于1900年10月，卒于1995年2月，原名沈乃熙，字端先，浙江省杭州人，我国著名作家、文艺评论家。夏衍曾参加过五四运动，之后留学日本。在日本留学期间，曾参加日本的工人运动，之后被日本遣回国内。回到国内之后，加入中国共产党。1929年，他与鲁迅一起策划以及建设中国左翼作家联盟，并且担任执行委员，之后又建立中国左翼戏剧家联盟。中华人民共和国成立之后，他曾担任政府很多要职。他去世后留下很多著名的作品，如《心防》《秋瑾传》《狂流》《包身工》等。

夏衍故居位于杭州市庆春门外严家弄，建造于清末民初时期，是夏衍出生到青少年时候所居住的地方。夏衍故居曾被命名为"八咏堂"，属于传统的中式平房，原本是一座五开间七进深的院落，经过整修扩建之后，如今占地达到1200平方米，建筑面积达到600平方米。现在故居已经成为陈列室，主要的陈列内容便是夏衍一生的事迹，如夏衍所从事的电影活动、用过的眼镜、衣服、名家字画等。

夏衍故居现已被列为杭州市文物保护单位、杭州市爱国主义教育基地。

黄宾虹曾在杭州故居作出多幅西湖山水画吗

黄宾虹，生于1865年，卒于1955年，原名为懋质，字朴存，号宾虹，为我国近现代画家、学者。黄宾虹是一个擅长画山水画的画家，在画山水画方面可以称得上是一代宗师。黄宾虹六岁的时候就开始临摹藏在家中的沈廷瑞山水册。之后，曾跟随郑珊、陈崇光学习。黄宾虹早年时受到"新安画派"的影响，吸收了它的特点，以干笔淡墨为主，被称之为"白宾虹"。到了老年时期，他的作画特点以黑密厚重为特点，被称之为"黑宾虹"。他的技法注重的是虚实繁简和疏密的统一。他曾经担任北京以及杭州美术学院的老师，中国美术家协会华东分会副主席。

黄宾虹从1948年开始移居西湖栖霞岭31号，去世之后，这里就被改为黄宾虹纪念馆了。黄宾虹曾经在这里画了多幅西湖山水画，并且把自己称为"西湖老画工"。1955年，黄宾虹去世之后，他的家人把他生前的作品和收藏全部献给了国家。1959年9月，为了纪念他，国家把这里改为黄宾虹纪念馆。

纪念馆是一个独门小院，走进去之后，可以看到一座黄宾虹全身汉白玉雕像。这座雕像立在这个方形庭院的中央，在其四周种有松、竹、梅等林木。展厅被设置在楼房之中，一共有二层。一楼陈列的是画家所用的工具，如红木画桌、文房四宝等。二楼陈列的则是黄宾虹的山水、花鸟代表作十二幅。另外，还有一间遗物陈列室，陈列的是黄宾虹的年谱、著作以及手稿等。

"蒋庄"是马一浮纪念馆的前身吗

马一浮纪念馆，位于西湖花港观鱼公园内，处于苏堤映波桥畔，而这里的前身便是"蒋庄"。蒋庄，原名"万柳堂"，被马一浮的学生蒋国榜购买，经过改建之后，就被称为"蒋庄"了。

马一浮，生于1883年，卒于1967年，浙江绍兴人，国学大师。在他年少的时候，就被人们称作奇才。15岁的时候，马一浮参加县试，当时和他一起参加的有周树人、周作人两兄弟，结果马一浮名列榜首。这件事情过后，他在当地名声大震，当时的浙江省都督爱惜人才，把女儿许配给他。然而天意弄人，本应该一帆风顺的马一浮竟然连续失去亲人，先是丧母，之后两个姐姐去世，连父亲也在不久撒手人寰，刚刚结婚不久的妻子也凄惨地死去。马一浮惨遭厄运的打击，终于忍受不住离开了家。离开家之后，马一浮

马一浮纪念馆

游学沪上，而后出国留学，从而精通数门外语。留学回国之后，也一直处于隐居的状态。但即使如此，还是有很多僧俗两界人士前来拜访。因为他的诗、书、文的造诣之深，所以被称为中国新儒学"三驾马车"之一，在人们心中是国学、佛家集大成者。

1950年，马一浮应学生蒋国榜的邀请，来到了蒋庄，从此就居住在

这里，一住就是17年。到了现在，这里已经被改建为马一浮纪念馆。纪念馆内一共分为四个部分，分别是马一浮的生平、诗学、书法、书房，通过实物、图片、手稿、文献资料等方面对他的展示，全方位地介绍了马一浮的一生。

陈毅将军曾在马一浮故居"马门立雨"吗

当初马一浮先生居住在蒋庄时，有很多名人前来看望，其中包括周恩来总理、陈毅将军等人。其中陈毅将军"马门立雨"的故事已经被传为佳话。

据说，新中国成立之后，马一浮先生的内心非常复杂。因为旧知识分子对新时代的认识适应起来十分困难，所以马一浮先生心中茫然可想而知。直到他来到蒋庄定居之后，才有了坐拥美景的欣慰和知足。陈毅将军和周恩来总理对马一浮的晚年生活十分关心，时常前来看望，于是就发生了陈毅将军"马门立雨"的故事。

1952年的一天，陈毅来到蒋庄看望马一浮。为了表示对马一浮的尊重，平时习惯穿军装的将军穿起了长衫。当时的马一浮正在休息，而他的家人也不知道来者是谁，就请陈毅稍等片刻，准备进去通报。陈毅却说不必惊动老人家的休息，转身到花港公园转了一圈。陈毅回来之后，马一浮还没有醒，而这个时候天空下起了雨，马一浮的家人请陈毅进屋等待。陈毅却说道："没有得到主人的批准，不便进入。"就这样，陈毅一直在门外等到马一浮醒来。

陆游的《临安春雨初霁》是在杭州故居作出的吗

世味年来薄似纱，谁令骑马客京华。
小楼一夜听春雨，深巷明朝卖杏花。
矮纸斜行闲作草，晴窗细乳戏分茶。

素衣莫起风尘叹,犹及清明可到家。

这是陆游所做著名诗篇《临安春雨初霁》,是在其杭州故居所作的。

杭州陆游纪念馆

陆游故居,位于杭州市孩儿巷98号,是陆游每次来到杭州时的居住之所。

陆游,生于1125年,卒于1210年,字务观,号放翁,浙江绍兴人,南宋时期著名诗人。陆游一生著有大量的诗篇,如《剑南诗稿》《渭南文集》等,其中诗篇竟然达到9000余首,数量之多,举世罕见。

陆游有着"小李白"的称号,是南宋时期一代诗坛的领军人物,他所写的诗篇大多充满了强烈的爱国主义色彩。他除了在诗歌方面的成就之外,还具备其他的文学才能,如作词,虽然他的作词量与诗歌相比有一定差距,但是他作词和作诗歌一样,同样让人感受到气吞残虏的爱国主义精神。

陆游纪念馆一共分为两层,分别是陈列室和临时展馆。其中一层是陈列室,主要包括两个方面,一是陆游展区,二是文史展区。二层为临时展馆,主要摆放陆游的相关资料,如诗稿、在杭生活等。

沙孟海故居为何又被称为"若榴花屋"

沙孟海故居,位于杭州市龙游路15号,与西湖相邻。沙孟海故居建造于1920年左右,是一座花园别墅,呈现的是中西结合式的风格,如屋顶上直立的烟囱,在我国传统建筑风格中是很少见的,它突出的门呈现出的是楼裙样式,是英国乡间式别墅风格。那么,您知道沙孟海故居为何又被称为"若榴花屋"吗？

关于这个问题有两种说法。一说因为故居庭院中种有几棵石榴树，所以这里才会被称为"若榴花屋"。二说沙孟海在年轻时曾与弟弟沙文求、沙文威在上海租了一个小房子，当时那个小房子名为"若榴花屋"，沙孟海迁居杭州之后，由于怀念上海的经历，就把这里也叫做"若榴花屋"了。如今这里已经被列为杭州市文物保护单位。

沙孟海先生早年师从冯君木，学习古典诗文；后从师吴昌硕，学习书法、篆刻。从浙东第四师范学校毕业之后，在浙江大学担任中文系教授，到了1979年，开始担任书法以及篆刻专业的研究生导师。他吸收了古代书法家的精华，逐渐形成了自己雄强的书风。他的学识渊博，除了书法、篆刻之外，还对语言文字、文史、考古等涉猎极深。他著有很多名篇，如《印学史》《沙孟海书法集》《沙孟海论述文集》等。

俞曲园纪念馆被誉为"西湖第一楼"吗

俞曲园纪念馆，位于杭州市孤山南麓，西泠桥南侧。它原本是晚清时期俞樾的故居，到了1998年按照原有的风格建造为纪念馆，俗称俞楼，也被称之为"西湖第一楼"。

俞樾，清代道光年间进士，曾经以一句"花落春仍在"得到曾国藩的赏识，从而进入翰林院。清同治四年，他接受了浙江巡抚的聘请，从京城回到杭州，担任杭州西湖"诂经精舍"掌教，一转眼就是三十一年。他为杭州培养出了很多优秀的人才，如著名学者章太炎、徐花农等，都是出自他的门下。除此之外，他游遍了杭州的名胜古迹，

俞曲园纪念馆

在此基础上著作了很多与西湖山水相关的作品。

　　1878年，俞樾来到杭州任教之后，他的学生们把"诂经精舍"称为俞楼，并发起了建造俞楼的行动。1907年，俞樾去世，而俞楼也因为他的逝去而闲置。1920年，俞樾的外孙重建俞楼。抗日战争期间，俞楼曾被出租用作饭馆，还被当做宿舍为西湖国立艺术专科学校所用。1998年，根据史料中对俞楼的描述，有关部门把俞楼按照以前的样子重新修建。从此之后，俞楼就被改为了俞曲园纪念馆，用来表示对俞樾的纪念。

　　俞樾的子孙后代知道这个消息之后，纷纷把家中珍藏的俞樾物品捐献出来，如俞樾手稿、墨宝、著作、碑帖、图片，还有很多和俞樾同时期的著名人物手迹等。在这些收藏品中有很多难得一见的珍品，如俞樾《临终留别诗》手稿、俞樾《预撰自挽联》原件、申石伽《俞楼请业图》等。

司徒雷登故居是杭州最古老的传教士住宅吗

　　司徒雷登故居，位于杭州市下城区耶稣堂弄附近，这里和银泰百货邻近，很多年轻的人们并不知道，司徒雷登就是在这里出生的。现在，司徒雷登的故居虽然已经被七层高的居民楼所包围，但仍然可以感受到故居当年的气派。据说，这幢建筑始建于1878年，是司徒雷登的父亲到杭州传教的时候建造的，到目前为止，这里是杭州最古老的传教士住宅。

　　司徒雷登是美国基督教长老会传教士，也是一位著名的外交官、教育家。1876年，司徒雷登出生于杭州，长大之后开始在中国传教，之后在杭州建立书院；1919年，担任燕京大学校长；1946年，任美国驻华大使，直到1949年离开中国。2002年4月，名人纪念馆接手司徒雷登故居，当时的故居里几乎没有任何陈设。为了还原当时的景象，名人纪念馆的工作人员翻阅很多有司徒雷登的资料，然后把它修复，并且把每个细节都做到尽善尽美。修复之后，在故居的墙壁上展示了很多图文资料，都是关于司徒雷登在中国时的生平事迹，非常珍贵。

据说，当听说杭州要修复司徒雷登故居这个消息之后，司徒雷登的燕京大学校友黄华亲自题写了"司徒雷登故居"馆名。还有司徒雷登生前秘书的女儿傅铎若女士，听说这个消息之后，不远万里，从美国赶回中国，为故居带来了两件司徒雷登生前所使用过的物品，一件是斑驳的大皮箱和一件做工精细的男士棉长袍，可惜的是，由于某些原因，这两件物品还不能在故居中陈列出来。

郁达夫故居中挂有鲁迅的诗吗

郁达夫故居，又名"风雨茅庐"，位于杭州市大学路场官弄62号。故居坐北朝南，分两个部分，分别是正屋和后院。和街道相邻的是两扇大铁门，走进去，一条宽敞的水泥路直通三间正房。其中，正中的一间是客厅，其正中位置悬挂的就是由著名学者马君武所写的"风雨茅庐"牌匾。东面的墙壁上，悬挂的便是由鲁迅先生赠送给郁达夫的一首诗：《阻郁达夫移家杭州》。

郁达夫故居

钱王登假仍如在，伍相随波不可寻。
平楚日和憎健翮，小山香满蔽高岑。
坟坛冷落将军岳，梅鹤凄凉处士林。
何以举家游旷远，风波浩荡足行吟。

鲁迅先生为何要阻止郁达夫移居杭州呢？下文揭晓。

1927年，郁达夫来到上海，认识了王映霞，一见之下，惊为天人，发动了猛烈的爱情攻势，最终结成伴侣。后来，郁达夫与鲁迅合编了史上第一部白话小说《奔流》，名声大震。之后，他积极参加具有进步意义的社会活动，创作了很多反映百姓疾苦的文学作品，深受社会各界的尊重。

"八·一三"事变后，郁达夫想要迁居杭州，建造自己梦中的精神家园。但是，在那个时局动荡的年代，一个文人又如何能够左右自己的命运呢？当时，和郁达夫关系非常好的鲁迅先生极力劝阻他，认为杭州的局势更为艰险，不应前去。但最终，郁达夫还是没有听从鲁迅的劝告，来到了这座美丽的城市，看到了心仪已久的西湖。

据王映霞回忆，郁达夫故居的建设从1935年年底动工，1936年春天完工，共花费一万五六千元。

就这样，一个充满东方古典神韵的建筑便诞生了，作为一个文人，郁达夫给它取了一个极具诗意的名字：风雨茅庐。

但是，茅庐怎么能抵挡风雨的袭击？

当风雨茅庐建好之后，郁达夫只在此居住了半年，先是远赴福建谋职，后因抗日战争爆发，战火波及到了杭州，辗转四方下，最终去了国外。1945年，郁达夫被日本宪兵杀害于苏门答腊。

盖叫天故居为何又被称为"燕南寄庐"

盖叫天故居，建造于20世纪20年代，中式宅院风格，位于杭州市金沙港，与杭州花圃隔河相望，是著名戏剧表演艺术家盖叫天的私宅。

盖叫天故居又被称为"燕南寄庐"。

原来，盖叫天祖籍河北，素来有"燕北"的称号，而他作为燕北人士，却寄居江南，所以此处才有了"燕南寄庐"的称谓。

盖叫天，原名张英杰，河北省保定高阳县人，自幼学习戏剧，十三岁便开始南漂来到杭州，在拱宸桥"天仙戏院"学唱老生，两年后改学武生。自此，盖叫天开创了极有特色的盖派武术。他擅长表演《武松》《一箭仇》《恶虎村》《垓下之战》等戏，深受人们的欢迎和喜爱。

为了让人们更加了解盖叫天，2003年，故居重新修整，故居里特陈列了他生前的遗物以及图文资料。走进故居，可以发现，这是完全按照江南建筑风格建造的，从外看，青瓦白墙；从内看，门厅、正厅、后厅、厢房应有尽有。盖叫天半生生活在此，练功、唱戏，还曾在此接待过同行名流，如梅艳芳。老一辈革命家也曾慕名而来，如周恩来、陈毅。陈毅将军更是送给盖叫天一副对联，上面写道："燕北真好汉，江南活武松。"

台上一分钟，台下十年功。当人们来到盖叫天故居，可以看到盖叫天单脚站立的京剧人物形象笔直地站在那里，专注而传神！恍然间，仿佛有京剧唱腔传入耳中。

句山樵舍的出名是因为陈句山吗

句山樵舍，位于杭州市南山路与河坊街交叉口的一个小山坡上，西湖十景之一的柳浪闻莺便在句山樵舍的对面。句山樵舍是陈句山的故居。

陈句山，一代文学巨匠，清朝著名学者。他是清朝雍正年间进士，为官后，便在此处筑造属于自己的府邸，因他以"句山"自号，所以就将其府邸命名为"句山樵舍"。但是，句山樵舍的出名却并非是因为陈句山。而是在这里诞生了一位比陈句山的名头更响亮的人物，她就是陈句山的孙女——陈瑞生。

陈瑞生自幼聪明好学，年少时就已经学会赋诗作文，十八岁时开始着手著作长篇诗体小说《再生缘》，直到二十岁，两年时间，她已经将前六十卷完成。这部长篇弹词小说被称为18世纪的文学巨作，名副其实。

人生如戏，陈瑞生一生命运坎

句山樵舍

坷，自幼父母双亡，嫁为人妇后，丈夫又被流放，接着，连最亲爱的女儿都随风消逝。亲人的接连离去，想来是她心中最为疼痛的地方吧。但是，她仍旧振作精神，将《再生缘》第十七卷完成。丈夫流放归来之后，陈瑞生因心力交瘁，离开了这个让她心碎的世间。

如今，二十卷《再生缘》中的后三卷，是由后人续补完成的。

岁月沧桑，当人们来到句山樵舍，仍旧可以看到墙面上镌刻着的三个鲜红大字：再生缘。

1961年，郭沫若先生来到句山樵舍，感叹之下，曾赋诗一首：

莺归余柳浪，雁过胜松风。

樵舍句山在，伊人不可逢。

王文韶故居曾是清代"宰相"的府邸吗

王文韶故居，位于杭州市上城区清吟巷内。

王文韶是晚清光绪年间重臣，慈禧宠臣，历任湖南巡抚、云贵总督、直隶总督，授文渊阁大学士、武英殿大学士。也就是说，王文韶相当于清代的"宰相"。而王文韶故居，便是他告老还乡后在杭州的府邸。

王文韶故居建造于清朝末年。据说，王文韶之所以建造这座宅院，是因为王文韶当上朝廷大员之后，听家中的长辈说，自己出生时，曾有五只红蝙蝠绕梁盘旋，他认为这是一种吉兆，于是就大兴土木，斥巨资重建旧宅。宅院的建造无不透露出官宅府第的壁垒森严：前后天井、五进厅堂。不仅如此，宅院中原本还有"红蝠山房""退圃园"，可惜的是，现已不存。但是，如今宅院里的中厅、戏厅、鸳鸯厅、轿厅等古建筑保存完好，尤其是曾经闻名遐迩的藏书阁（清吟阁）仍旧保存完好，令人称道。

王文韶故居可分为三大院落，分别是正院落、东院落、西院落。正院落是王文韶故居的中轴线，走进去，依次经过的是门厅、轿厅、大厅、楼厅；东院落是花园，景色优美，有假山、亭台等；西院落主要是居住之所。

时光匆匆而过，眨眼间已过百年，当初崭新的学士府在历经风霜后，也开始变得陈旧、破损。当年平整的青石板上已经出现凹点，当年白洁的墙面上已经开始出现黄色的霉渍，当年光亮的杉木柱子上也开始露出暗黄色的原木。

但是，换个角度，当漫长的光阴显露在这些建筑物上时，陈旧何尝不是一份记忆。这应该就是为何要最大程度保护房子原貌的原因了。

秋水山庄因谁而得名

秋水山庄，位于杭州市西湖区北山街，建造于20世纪30年代，是当时我国的报业巨子、上海《申报》报主史量才为他的爱妻沈秋水建造的。而秋水山庄也因"秋水"而得名。

秋水山庄是典型的江南庭院式建筑，四周有庭院，沿着北山路有围墙、铁门。现为新新饭店的一部分。

史量才，一个立主抗日、反对内战、倾向民主的报业巨子，他所接办的《申报》，最终成为了力求民主的阵地，由此，国民党对他十分忌恨。

沈秋水，秋水山庄之主，原名沈慧芝。清朝末年，她本是上海滩上的一名雏妓，后被皇室贝勒以重金赎身，带到京城。无奈造物弄人，几年之后，贝勒爷因病身亡，她就带着一些财物回到了上海滩。

当沈秋水回到上海之后，就直奔一位故友的家中。故友相逢，二人都十分高兴。于是，故友便拉着她外出就餐，并将她的财物交给当时在座的一位好友看管。当她们尽兴而归的时候已是深夜，推开门，看到的是依旧在为其守护财物的人。他就是史量才。

秋水山庄

就这样,沈秋水和史量才相识了。秋水擅长抚琴,与史量才高山流水,视彼此为知己。渐渐地,二人相爱了。沈秋水嫁给了史量才,为二太太,并把自己的从京城中所带的财物交给了他。正是有了这笔资金,史量才买下了《申报》,成为了上海报业中的巨头。

可惜,在那个年代,一个女子能够独自拥有一个男人是一种奢望,没过多久,史量才又娶了外室。

史量才的一生中有三个女子。其一,史量才的正室,也是一个才女,帮他创办了上海女子蚕桑学校;其二,就是沈秋水;其三,外室。

值得一提的是,在这三人中,只有沈秋水未得一儿半女,将自己全部都托付给了史量才。可想而知,当她知道史量才有了外室之后,心中是何等的苦闷。

可能是出于愧疚,也可能是史量才认识到自己对秋水的不公,于是他就在杭州西子湖畔建造了一座别墅送她,命名为秋水山庄。女人是水,充满了柔情,也最容易感动,当秋水来到西子湖畔,来到秋水山庄时,所有的苦闷便随着西湖之水流走了。

1934年,史量才被特务暗杀,当时,秋水就在身边。

亲眼看着亲爱的人倒了下去,是怎样的痛楚?

据说,在灵堂之上,秋水曾弹奏一曲《广陵散》,乐曲将尽之时,琴弦忽断。自此,知音不在。

林风眠故居中有林风眠各个时期的代表作吗

林风眠,中国现代美术教育的奠基人之一。他生于广东梅县,自幼喜爱绘画,19岁赴法留学,先后就读于蒂戎美术学校、巴黎国立高等美术学校。回国后,他先出任北平艺术专科学校校长兼教授,后来在杭州创办国立艺术院(现在的中国美术学院),任校长。解放后,任上海中国画院画师。1970年左右,他移居香港。1979年,他在巴黎举办个人画展,取得极大成功。

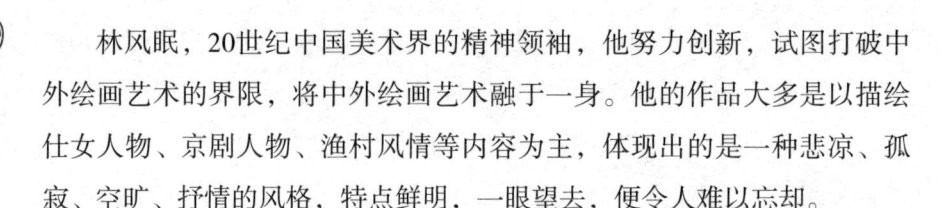

林风眠，20世纪中国美术界的精神领袖，他努力创新，试图打破中外绘画艺术的界限，将中外绘画艺术融于一身。他的作品大多是以描绘仕女人物、京剧人物、渔村风情等内容为主，体现出的是一种悲凉、孤寂、空旷、抒情的风格，特点鲜明，一眼望去，便令人难以忘却。

就是这样一位艺术先驱，在杭州创办国立艺术院时，已经在此居住了十年之久，他的住所位于杭州市灵隐路三号植物园大门旁，是个闹中取静的地方。

1934年，林风眠亲自设计，在此处建造了一座二层小楼，占地面积300平方米。故居内，一楼分别是客厅、卧室、餐厅，二楼则是画室、书房。可想而知，在那十年的光阴中，林风眠在这里产生了多少灵感，画出了多少美妙的著作。

后来，林风眠离开杭州，再也没有回到这里。据园林建设处的同志介绍，这里在修缮前曾为民宅，后来因为年代已久，有关部门以故居的旧照片以及林风眠当年学生的回忆为依据对故居进行修缮，最大程度还原了林风眠在这里住的风格和物件的摆置。

林风眠故居内景

如今，当人们来到林风眠故居，可以看到林风眠的部分遗物，以及他各个时期代表作的复制品，从中感受他一生对艺术的不懈追求。

1991年，林风眠先生去世后，每当夕阳西下，故居内林风眠先生当年亲手种植的梅、桂花，仍然在随风摇曳。

杭州的山水园林

　　山水园林是大部分人游览杭州的首选内容，即名山胜水、公园，以及"杭州的标志"——西湖。大文豪苏东坡曾说："欲把西湖比西子，淡妆浓抹总相宜。"苏东坡把西湖比作西施，可见西湖在他心中的美丽程度。确实，西湖作为杭州，全中国，乃至世界都非常有名的景点，它成就了杭州，也成就了千千万万个喜爱旅行的人。它拥有美丽的景色，还拥有荡气回肠的爱情故事，如西湖长桥上依稀存留的梁祝二人的爱情气息；如雷峰塔下白素贞与许仙二人的生死别离；如西泠桥畔苏小小的爱恨情仇。诸如此类的故事，使得西湖成为人们渴望得到一份爱情的绝佳旅游之地。除西湖之外，人们也会向往着一览如吴山、玉皇山、天目山、城隍山、滨湖公园、太子湾公园以及西湖的"姐妹湖"——湘湖等旖旎风光。

杭州的名山胜水

杭州鼓楼因何而设

鼓楼位于吴山东面,东迎中河路,西靠伍公山,南接十五奎巷,北临大井巷,是清河坊历史街区东南面的起始点。鼓楼始建于五代时期的南朝,距今约1400年左右,在古代为滨海敌楼,做眺望海情之用。先后更名为新城戍、朝天门、拱北楼、来远楼、镇海楼,民间俗称鼓楼。

隋开皇九年,隋文帝杨坚平定陈国,罢郡置州,修建城池,始有杭州之名。唐末藩镇割据,战乱频仍,由于军事上的需要,吴越王钱镠多次拓展和营建杭州城,并在隋城基础上筑杭州罗城,共建十座城门,将新城改建为朝天门。元

杭州鼓楼

大德三年间,重新修建后,又将朝天门改为拱北楼。明代后期由参政徐本改名为镇海楼。明正德年间,因日本没落武士和浪人侵略浙江、福建沿海,威胁杭城,为了能及时报警,就在镇海楼置大钟一座,大小鼓九只,一旦敲响,满城皆闻。嘉庆三十五年(1556年)毁于火灾,浙闽总督胡宗宪任上费时五年重建,并请当时的大文学家徐文长撰写《镇海楼记》,并在鼓楼立碑为记。

鼓楼后来十年动乱中遭到拆除，2002年复建，今日鼓楼已成了杭州的标志性建筑，与吴山西面的城隍阁遥相呼应。

吴山天风是何美景

吴山天风是新西湖十景之一，位于西湖东南面。吴山是西湖进入杭州市区的尾部，春秋时期，这里是吴国的南边界。由紫阳、云居、金地、清平、宝莲、七宝、石佛、宝月、骆驼、峨眉等十几个山头形成西南至东北走向的弧形丘冈，总称吴山。吴山不高，但立足其上，可远眺钱塘江及两岸平畴，尽揽杭州江、山、湖、城之胜，有凌空超越之感，"吴山天风"即由此而来。

吴山曾有多种称呼，昔时渔民下海捕鱼后在此晒网，称晾网山；春秋时期称吴山；山有伍子胥庙，又得名胥山或伍山；唐时多称青山；旧因有城隍庙，俗称城隍山。山巅"江湖汇观亭"前楹联沿用明代大文学家徐文长题辞："八百里湖山，知是何年图画；十万家烟火，尽归此处楼台。"意境深邃悠长。

吴山群山以云居山为最高，以紫阳山"巫山十二峰"（亦名"十二生肖石"）为最奇。实乃吴越、南宋文化荟萃之地。古有"吴山十景"，有宋人米芾手迹"第一山"等。各色景致，应接不暇。恰如苏东坡所云："吴山故多态，转侧为君容。"

宝石山上的葛岭有何来源

葛岭在宝石山西侧，岭不甚高，仅有一百多米。相传东晋时期高士葛洪在此岭修道炼丹，故而得名葛岭。最高处有初阳台，据说是葛洪为炼丹所置。

葛洪字稚川，自号抱朴子，江苏句容人。自幼爱读书，家道贫困，

无钱买书，靠砍柴卖钱买来纸张抄书。他刻苦攻读，十年如一日，终有所成。晚年他来到杭州，在宝石山建抱朴庐，并在山上凿井，筑台炼丹，后人将他住过的山叫葛岭、葛坞，并保存了炼丹山、炼丹井、抱朴庐等遗址。

所谓抱朴，是道教教义，即保守本真，不为外界物质所诱惑，不为世间俗事所困扰。葛洪自号抱朴子，并且著有《抱朴子》七十卷。晚年他着力于炼制长生不老药，在抱朴庐旁建有炼丹台、炼丹井，如今仅存遗迹。葛洪也是道教丹鼎派最重要的倡导人之一，他开创了中医药中"矿石入药"的先河。英国科学技术史学家李约瑟指出："整个化学最重要的根源之一，是地地道道从中国传出来的"。

从葛岭山麓赭黄色穹门入口，拾级而上，经流丹阁，至四角方亭，一路古柏葱郁，清泉汩流，岩上有"人间福地""不亚蓬瀛"等

葛岭抱朴道院

题刻。从涤心池走不远即可到达抱朴庐旧址。现在的抱朴道院，四周黄色围墙，像一条黄色游龙，盘踞山间，将内厅殿阁轻轻护住。殿内正中供奉葛洪祖师像，两旁是纯阳祖师和朱大天君像，抱朴道院始建于唐，元代毁于兵火，明清至今多次重修重建。

玉皇山的八卦田有何独特之处

玉皇山是道教主流全真派圣地，地处西湖与钱塘江之间。原名龙山，因为其地势远望如巨龙横卧，因此得名。史称"万山之祖"，与凤凰山首尾相连，有"龙飞凤舞"之美称。每年春节至清明的一段时间，杭嘉湖和苏州无锡的香客都会蜂拥而至，前来烧香朝拜。福星观龙殿前

香烟缭绕，人山人海，成为山上一年一度的盛大景观。山上云雾飞霞，被称为"玉皇飞云"，是新西湖十景之一。

站在玉皇山山腰紫来洞前，可俯瞰南宋皇帝亲身躬耕的"八卦田"。这块八卦田是因为中间为一圆形高埠，四周田分八块，状如八卦，故而得名。当地农民在各卦上栽种了不同颜色的农作物，随着季节的更换，颜色不断变化，站在高地向下看时，别有一番趣味。

玉泉山下八卦田

明代文人高濂曾在《四时幽赏录》中写道："春时菜花丛开，天真高岭遥望，黄金作垺，碧玉为畦，江波摇动，恍自杳然，更多象外意念。"八卦田旁边还有五代吴越国王妃吴汉月的古墓葬。

紫来洞上、下三层，洞中有洞，深不可测。洞中常年紫气充盈，阴凉潮湿。洞顶豁口旁有七星缸，是古人根据阴阳八卦之说用来镇压杭城火魔的。一旁七星亭上的一副对联写得好：七星缸，八卦田，紫来洞天，皆神工奇构；东浙潮，西湖景，龙山胜迹，极武林大观。

飞来峰上的佛洞有多少佛像

飞来峰上有个龙泓洞，洞中端坐着一尊观世音造像。洞的左面是射旭洞，透过岩顶的石缝往上看，能看到一线天光，这就是著名的一线天。西侧山上还有呼猿洞，相传是僧人慧理呼唤黑、白二猿处。龙泓洞口有理公塔，又名灵鹫塔，是杭州现存唯一的明塔，用石块砌成，六面六层，非常罕见。在半山腰处有翠微亭，亭旁山径旋绕，苍松古木林立。此亭是南宋抗金名将韩世忠为悼念岳飞而建的。亭上有楹联云："路

转峰回藏古迹，亭空人往仰前贤。"后来毁于战火，如今的翠微亭是1924年在原有亭址上重建的。

在飞来峰诸洞穴及溪岸峭壁上，雕刻着从五代至宋、元时期的石刻造像470多尊（其中保存完整和比较完整的有335尊）。青林洞入口靠右岩石上的弥陀、观音、大势至三尊佛像年代最早，建成于951年。宋代造像有200多尊，其中卢舍那佛会浮雕造像是宋人造像中最精致的作品。南宋大肚弥勒像是飞来峰造像中最大的一尊，也是我国现有最早的大肚弥勒。另有喇嘛教造像，现存元代汉、藏式造像约100多尊，雕刻精细，容相清秀，保存较为完整。青林洞口外壁上的毗卢遮那和文殊、普贤造像，是杭州西湖最早的一龛元代石刻造像。

西天目山"古、大、高、稀、多、美"六绝具体指什么

西天目山山体形成于距今1.5亿年前的燕山期，是"江南古陆"的一部分；地貌独特，地形复杂，被称为"华东地区古冰川遗址之典型"。这里保存着长江中下游典型的森林植被，其森林景观以"古、大、高、稀、多、美"六绝而著称。

西天目山风景区

古：天目山保存有中生代孑遗植物野生银杏，被誉为"活化石"。目前这种银杏在全球仅天目山地区有天然的野生林。银杏自然景观有"五代同堂""子孙满堂"等。

大：天目山自然保护区现有需三人以上合抱的大树400余株，享有"大树王国"之美誉。

高：天目山金钱松的高度是国内同类树种之最，最高者达60余米，

被称为"冲天树"。

稀：天目山有很多稀有树种，以"天目"命名的动植物有85种。其中天目铁木，全球仅天目山遗存5株，被称为"地球独生子"。此外，还有香果树、连香树、领春木、银鹊树等诸多珍稀濒危植物。

多：天目山自然保护区内国家珍稀濒危植物有35种，有种子植物1718种，蕨类植物151种，苔藓类植物291种。并且有云豹、黑麂、白颈长尾雉、中华虎凤蝶等37种国家级珍稀保护动物，保护区内共计有兽类74种，鸟类148种，爬行类44种，两栖类20种，鱼类55种，昆虫已汇编名录者达2000余种。

美：是指林林总总的各色植物，千树万枝，四季如画，峰峦叠翠，古木葱茏，有奇岩怪石之险，流泉飞瀑之胜，素负"大树王国""清凉世界"之盛名，为古今中外揽胜养神之胜地。

天目千重秀，灵山十里深，无限好风光，尽在此处。

西天目山与佛教有何渊源

西天目山僧侣在唐宋时为数不多，大多垒石为室，结茅为庐，涧饮木食，苦志修行。最早略具规模的寺院，是建于唐光启二年（886年）的保福院，次为建于唐文德元年（888年）的明空院。历宋、元、明、清诸朝，相继建成狮子正宗禅寺、大觉正等禅寺、禅源寺及45座庵堂。千年以来，风雨侵蚀，寺院几度兴废。今幸存的尚有禅源寺山门、天王殿、韦驮殿、狮子正宗禅寺及太子庵等部分建筑。

西天目山历代名僧辈出，屡受皇封。唐代，慧忠禅师向肃宗奏"理人治国之要，畅唐尧虞舜之风"，圆寂后被封为"大证禅师"。50年后，吴越武肃王钱镠请于朝，追谥为"无上大师"；洪言西土禅师，唐僖宗御赐以紫衣，昭宗赐号"法济大师"。宋代，无门慧开禅师，理宗赐号"佛眼禅师"；昙印禅师，理宗御书"松岩方丈"四字以赐。

元代，高峰禅师树刹开堂，为西天目山一代师祖，其徒断崖、中峰宏其道，大其家，成宗、顺帝、仁宗皆赐号褒祟。清代，玉琳禅师，顺治皇帝赐号"大觉禅师"，赐以名香法衣，后又进号"普济能仁国师"，住持禅源寺；晦石禅师住持西天目山27年，经理修复寺院，焕然改观；际界禅师主席禅源寺，恪守宗风，未敢失坠，阅数寒暑，增辑《西天目祖山志》。近代以来，西天目山也出有不少名僧修道。

西天目山与道教有何渊源

道教是正宗的国教，道教思想发端于先秦思想家老子的《道德经》。西天目山最早的宗教活动就是道教传播。据史籍记载，公元前100多年，就有不少不愿做官、性好修炼的老子信徒，隐居西天目山，修道炼丹，习长生不老术。著名的人物有被西汉武帝册封为"太微先生""太素先生"的王谷神、皮元曜。

公元34年，祖庭在江西龙虎山的天师、道教创始人张道陵就出生于西天目山，并在此修炼多年。现在西天目山还有张公舍、张公洞等遗迹。汉朝时在西天目山修道炼丹的名流有魏伯阳、左慈、葛元等，葛元时称葛仙翁，师从左慈。据传，一天他在西天目山的一个岩洞里捣药时，不小心掉了一粒，被一只鸟啄食。此后，这只鸟鸣叫叮当如杵臼，被称为捣药鸟。

道学博大能融，与儒学融汇贯通，互为补充。晋代著名的炼丹家葛洪就是道学与儒学相结合的杰出代表，他以儒学知名，生性寡欲，不慕荣利，好神仙导养之法。西天目山道学名流有许迈、大徐五仙、小徐五仙等，其中许迈"慕临安多金台玉室，仙人芝草，遂移居西天目山，登岩如芝，渺然有终"，当时著名的书法家王羲之与他交往甚厚。西天目山双清庄原有四真祠。祠中所祀归一真君即是许迈。东晋永和年间，西天目山始建道宫，著名的有"至道宫""紫阳宫""万寿宫"等，为道家专门修炼场所。

唐代天目山人徐灵府，精通儒学，在西天目山结庐修炼，著述颇丰。北宋唐子霞，性好著述，常来西天目山，并著有《天目真镜录》，后应诏入主洞霞宫。

元代知名道人有三个，一是莫洞一，创制"五雷法"，为天目山山民驱鬼；二是阮日益，鹤形古貌，终日兀坐于西天目山石岩中，寒暑不动，寿八十余；三是张君宝，一笠一衲，不修边幅，能日行千里，能不食静坐几十天，往来于西天目山，传说曾死而复生。

您听过凤凰山上的传奇故事吗

凤凰山在杭州市的东南面。因山势形若飞凤，故名"凤凰山"。关于这座山，有一个美丽的传说。

很久以前，西湖南边的一座山脚下，住着一对兄妹，哥哥叫春生，妹妹叫秋姑。父母早死，仅留给他们三亩薄田，一间破草房。兄妹俩起早贪黑地种地，但还是不能吃饱肚子，大部分收成都被地主给收走了。一个风雪交加的夜晚，兄妹俩仅剩下一点点米了，妹妹拿去煮成粥，不舍得喝，让给哥哥，

凤凰山

哥哥不舍得喝，让给妹妹。两人推来推去。这时，门外来了一个讨饭的老婆婆。兄妹俩看婆婆那么可怜，就请进屋子，并且把那碗粥给了婆婆喝。婆婆喝完粥，住了一夜，第二天走的时候，拿出一块白绫送给秋姑，说道："姑娘，用你灵巧的双手，把这块白绫绣好吧，你们这么勤劳善良，一定会得到幸福的。"秋姑接过来一看，只见那白绫上淡淡地描

着一只凤凰。于是，她开始夜以继日地绣这幅白绫。她用红色的丝线绣凤头，用黑色的丝线绣凤眼，用金色的丝线绣凤翼，用五彩的丝线绣凤尾。绣花针刺破了手指，血滴在白绫上，她就在血上绣出火红的太阳，旁边再加上朵朵云彩。终于到了绣成那天，她刚放下手里的白绫，一只凤凰就从里面飞了出来，并且下了一只金凤凰蛋。兄妹俩喜出望外，就把它卖掉，买了几亩田和一头黄牛。

这件事后来被县官听说了。他要拿三百两银子买凤凰图，春生不给，县官说，那是皇上的宝物，穷人家哪能绣得出这等宝图！然后就以"盗窃国宝"的罪名把春生关进大牢，把凤凰图抢了过来。但是他刚一拿到手，凤凰就从图里面飞出来，把他的眼睛啄瞎了。县官喊疼，赶紧让人把兄妹俩放了，凤凰就驮着兄妹俩，朝他们住的山上飞去。后来，人们就把凤凰飞去的这座山，叫做"凤凰山"。

城隍山的由来与明朝大臣周新有何关系

城隍山又名吴山，位于钱塘江北岸，西湖东南面，天目山余脉的尾端，结止于杭州，在西湖北岸形成葛岭、宝石山，在西湖南岸的就是吴山。远古时候，吴山和宝石山是史前海湾的两个岬角，南北对峙，随海波升降浮沉。后来，大陆抬升，陆地上百姓陆续迁居，来到这一带生息繁衍，逐渐形成现在的杭州城。

早在北宋，大文豪苏东坡任杭州太守时就曾说过："天目山千里蜿蜒而东，龙飞凤舞，萃于临安。"吴山就像是一只梭镖，锲入杭州城内。吴山城隍庙是南宋绍兴九年（1139年）从外地迁来的，庙为祭祀周新而建。周新

城隍山

是广东南海人氏，明朝时曾任浙江按察使，为人刚正不阿，执法如山，人称"冷面寒铁"。后来受到奸臣诬陷，被明成祖杀害，引起朝野上下的不满。明成祖为平民愤，假惺惺地说自己梦见周新做了城隍，于是立庙吴山，从此吴山就多了个别称——城隍山。

南高峰为何又叫巽峰

南高峰高257米，是西湖十景"双峰插云"的两山之巅——南高峰和北高峰之一，位于杭州烟霞洞和水乐洞旁，与北高峰遥遥对峙。站在山顶可极目远眺，浩瀚的钱塘江和波平如镜的西湖尽收眼底，可谓是风景这里独好。山上古木葱郁，怪石嶙峋。峰顶的宝塔与北峰塔竞秀争雄，称为"双塔凌云"，是传统的"严陵八景"之一。清代许正绶《悬灯歌》有"以塔作峰峰亦高，北峰高唱南峰答"之句，十分传神地写出了双塔双峰的形象。南高峰旧有一座七级石塔和荣国寺，现均无存。

南高峰又名南山，因南方在八卦中为巽位，故又称巽峰，是马日山的余脉。据南宋大诗人陆游的《严州重修南山报恩光孝寺记》记载，早在唐末此处就有和尚修行，"结庐于山之麓，名广灵庵"。宋仁宗庆历年间，扩大为灵寺。哲宗绍圣年间迁于山顶。徽宗崇宁年间赐名天宁万寿。高宗绍兴年间改名报恩光孝寺。明初复名天宁寺。北宋时曾建有七层宝塔，"与寺俱毁于宣和之盗"，嘉靖二十七年复建七级砖塔，屹立至今。巡盐御史的鄢懋卿到严曾写下《卯巽二峰建塔记》，洋洋洒洒千余言，文采斐然。后人因其依附严嵩，人品卑劣，所以在写地方志时将作者改成了抗倭将领胡宗宪。此记已刻石勒碑，立在南峰塔的底层。

将台山上有座迷你石窟吗

杭州西湖景区将台山上，藏着一座"千佛龛"，看起来像是"迷你

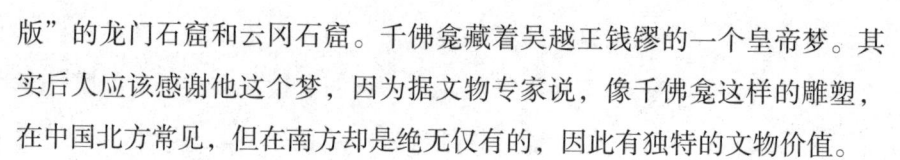

版"的龙门石窟和云冈石窟。千佛龛藏着吴越王钱镠的一个皇帝梦。其实后人应该感谢他这个梦，因为据文物专家说，像千佛龛这样的雕塑，在中国北方常见，但在南方却是绝无仅有的，因此有独特的文物价值。

石龙洞造像在北宋建中靖国元年（1101年）开凿，共由三座佛龛组成。石龙洞的左侧为千佛龛，中间是三世佛，在其四周横列着31排小型造像，一共约有500余尊佛像，号称"千佛"。近千年来，由于酸雨侵蚀和日积月累的岩石风化，千佛龛的佛像早已不辨面目，只能看出大概的轮廓。

千佛龛是吴越王钱镠下令开凿的，和建吴越郊坛一样，钱镠是想为自己心里的"皇帝梦"找个寄托。据史料记载，朱温建梁，封钱镠为吴越王。但钱镠还自行与新罗、渤海等国往来，还给这些小岛国行制册、加封爵，"俨然中朝一皇帝"。但钱镠毕竟不敢造反，最后被身边人撺掇着，只好小打小闹地在玉皇山上造了个"迷你郊坛"，在将台山上凿了个"迷你石窟"，过一过当皇帝的瘾。

千佛龛

万松书院前身是报恩寺吗

万松书院，位于杭州凤凰山北万松岭上，书院始建于唐贞元年间，初名报恩寺。明弘治十一年（1498年），浙江右参政周木辟报恩寺为万松书院。明代王阳明、清代齐召南等大学者曾在此讲学，"随园诗人"袁枚也曾在此就读。清康熙帝为书院题写"浙水敷文"匾额，遂改称为敷文书院。现遗址尚存有"万世师表"四字的牌坊一座和"至圣先师孔子像"的石碑等物。

书院几经战乱而颓败，现已修复，并辟有"梁祝书房"，展现梁祝当年刻苦攻读、"促膝并肩两无猜"的场景。明道堂为书院讲堂，陈设中国历代科举文化。大成殿为祭祀孔子处，设有"孔子行教图"壁画。且建有正谊堂，可以完整地再现古代书院必备的藏书、祭祀、讲学三大功能。

万松书院

万松书院里的梁祝传说

　　《梁山伯与祝英台》是中国民间广为流传的凄美爱情神话传说。说的是浙江上虞祝员外之女祝英台，女扮男装到杭州读书。在书院遇到会稽书生梁山伯，两人一见如故，惺惺相惜。于是就在柳荫下义结金兰，而后又同在杭州万松书院同窗共读三年多。求学期间，两人在学业上相互促进，在生活上相互照应，情义渐深。梁山伯生性憨直，自始至终不曾察觉祝英台是女儿身；而祝英台却芳心暗许。

　　三年后，祝父催祝英台回家。英台以随身佩戴的玉蝴蝶扇坠作为信物暗托师母做媒。在离别的"十八相送"途中，英台一次次暗示梁山伯自己为女子，但山伯依然懵懂不解，后经师母点破才恍然大悟。山伯兴冲冲赶往祝家求婚，但祝父已将英台许配给上虞太守之子马文才了。山伯在凄楚悲愤中与英台"楼台相会"，满腔真情无可倾诉，回家不久即郁郁而终了。祝英台听说之后悲愤难抑，成婚当天，向父亲提出要先到山伯墓前拜祭，否则宁死不上花轿。祝父无奈，只得答应。祝英台在墓前哭祭时，突然天昏地暗、狂风暴雨大作，坟墓裂出一条大缝。祝英台纵身跃入，坟墓又徐徐合拢。不一会儿，雨过天晴，阳光明媚，从墓里飞出了一对彩蝶。梁祝爱情获得了重生。

　　"梁祝"故事最早见于南朝的《金镂子》，后来的初唐梁载言《十道四蕃志》、晚唐张读《宣室志》、宋代李茂诚《义忠王庙记》、明代冯梦龙《古今小说李秀卿义结黄贞女》入话、清代吴景樯《祝英台小传》等都有较详记述。元代白仁甫以此为题材创作了杂剧，此后便成为我国传统戏剧的保留节目。而最早将"梁祝"故事与万松书院连上关系的是明末清初寓居杭州的著名剧作家李渔所创作的《同窗记》。

湘湖被称为西湖的"姐妹湖"吗

湘湖，位于杭州市萧山区城西，与西湖、钱塘江并称为杭州旅游风景的金三角之一，更是因为风景秀丽而被称之为杭州西湖的"姐妹湖"。这条西湖的"姐妹湖"见证了浙江文明的发源史，在这里发掘出了跨湖桥文化遗址和越王城遗址。通过这些遗址的现世，出土了很多珍贵的文物。在跨湖桥文化遗址中出土了一只独木舟，根据有关部门的鉴定，这只独木舟建造于8000年前。而越王城遗址，距离现在已经超过2500年，是当初越王勾践对抗吴国屯兵的军事基地。据说，越王城遗址是目前保存最好的古城墙之一。

湘湖

自古以来，湘湖都是才子汇聚之地，如李白、陆游、文天祥、刘伯温等，他们都在这里作出了不朽的诗篇，流传百世。到现在，湘湖更是吸引了众多的游客前来观光。

目前，湘湖景区已经被划分为五大板块，分别是湘浦景区、湖上景区、城山景区、越楼景区以及跨湖桥。在这五大景区中更是拥有二十个景点供人们游玩，如忆杨思贤、湖心云影、城山怀古、湖桥拾梦、越堤夕照等。在湘湖景区众多的景点之中，有八个景点被评为湘湖八景，分别是城山怀古、觅亭眺远、先照晨曦、跨湖夜月、杨岐钟声、横塘棹歌、湖心云影、山脚窑烟。

杭州的公园

湖滨公园中的淞沪抗战阵亡将士纪念碑是谁所建

湖滨公园，与杭州西湖相邻，位于湖滨路，是观赏杭州西湖的重要地点之一，也是西湖新十景之一"湖滨晴雨"的所在地。从湖滨公园观赏西湖，西湖水面波光粼粼，青绿明澈，在这里可以看到西湖的大量景色，如湖中三岛、苏堤、白堤以及各种山水景色，美不胜收。

湖滨公园由六个公园连接而成，从南到北分别是第一公园至第六公园，这六个公园统称为湖滨公园。虽然湖滨公园位于杭州市繁华地带，但它是安静的、静谧的，秀色满园，美不胜收。园中种有大量树木，并且分为很多种类，如垂柳、松柏、香樟等，也种有各式花卉，树木和花卉搭配起来，就好似一条绚丽的七色彩带，缤纷艳丽。

除了花草树木之外，湖滨公园还拥有众多景点，如平海路口的音乐喷泉，到了晚上，音乐和灯光搭配起来，极具梦幻效果，

淞沪抗战阵亡将士纪念碑

是湖滨公园夜晚时的一大景观。除此之外，还有唐朝李泌引水纪念标志、淞沪抗战阵亡将士纪念碑以及志愿军雕像等历史文化景观。

其中，淞沪抗战阵亡将士纪念碑极具历史意义。

淞沪抗战阵亡将士纪念碑，建造于民国时期，是刘开渠先生所建，具有很高的艺术价值。1932年1月28日，"一·二八"事变开始。当时，驻扎在上海的是国民革命军陆军第十九路军，他们为了抵抗日军的侵略而奋起抵抗。之后张治中将军率领由国民革命军第八十八师和第八十七师组建的第五军支援上海。经过连续的奋战，终于重创日军，取得淞沪会战的胜利。在淞沪抗战中，国民革命军阵亡的官兵大约为2000人。1934年，著名雕塑家刘开渠为了纪念这些在淞沪会战中阵亡的官兵，为他们创作了"淞沪抗战阵亡将士纪念碑"。据说，这是我国第一座以抗日战争为主题的纪念碑。

李泌曾解决了杭州人的饮水问题吗

在湖滨公园中，走过淞沪抗战阵亡将士纪念碑之后，来到仁和路口，人们就可以看到唐朝李泌引水纪念标志。在这里，人们可以看到一个由大理石围成的四方小池，在小池的正中放有六根水管，在它的周围依次排有六口古井的井圈，并且形状各异，如圆形、六角形、鼓形等。而这些装置的原主人公便是李泌。

您知道吗？当初李泌正是靠这些装置解决了杭州人的饮水问题。

李泌，生于722年，卒于789年，字长源，今陕西西安人。据说，李泌幼时就以聪明闻名于世，连当时的玄宗、宰相张九龄都对他赞不绝口。有一次，张九龄想要选择一个没有才能，并且个性软弱的人来担任较高的官位，只是为了能够较好地控制他。当时年幼的李泌听说了这件事情后，对张九龄说道："公起布衣，以直道至宰相，而喜软美者乎！"张九龄听了之后，非常诧异，也就不再把李泌当做一个小孩子来看待了，并且马上认错，改口称李泌为"小友"。李泌四朝为官，分别经历了唐玄宗、肃宗、代宗以及德宗，在朝政上运筹帷幄，是唐朝时期最为突出的人物之一。

　　唐朝德宗年间，李泌来到杭州担任刺史一职。当时，杭州人所饮用的地下水又咸又苦，给杭州百姓带来了很大的困扰，所以饮水问题是李泌首先要解决的问题。之后，李泌想到了解决的办法，他组织民工在涌金门到钱唐门分别安置水闸，挖深沟，之后在沟内砌上石槽，并且在石槽之中安装竹管，然后在杭州城区设置了六个出水口。就这样，李泌把西湖水通过这些装置引到了杭州城区各个地方。其中，六个出水口俗称六井，分别是西井、小方井、白龟池、方井、金牛池以及相国井，在六井之中以相国井为尊，水源最为丰富，到了现在也仅仅剩下相国井留世。而李泌通过这个方法，解决了当时杭州人的饮水问题，德泽百世。湖滨公园中的李泌饮水纪念标志，便是杭州人为了表示对他的追思之情而设立的。

太子湾公园是因两位太子葬于此地而得名的吗

　　太子湾公园，位于杭州市西湖东南隅，南屏山荔枝峰下。太子湾公园的规模并不大，但是每年举办的郁金香展却名震杭州。关于"太子湾"的得名，据说是因为南宋时期的庄文以及景献太子埋葬在这里的缘故。

太子湾公园

　　太子湾公园最值得称道的地方在于运用引水工程和明渠，使得水体平面形状多样化。它以一条明渠作为主线，跨水筑桥。人们来到公园之后就可以发现几座跨水而立的小桥，它们是用皮杉木坯料为原料建造的，结构、构架各不相同，它们连接两岸的园路，是人们观赏景点的极佳之地。公园内种植了大量从日本东京引来的樱花树，到了三月份中旬的时候就会盛开，灿若云霞。公园的风格中西

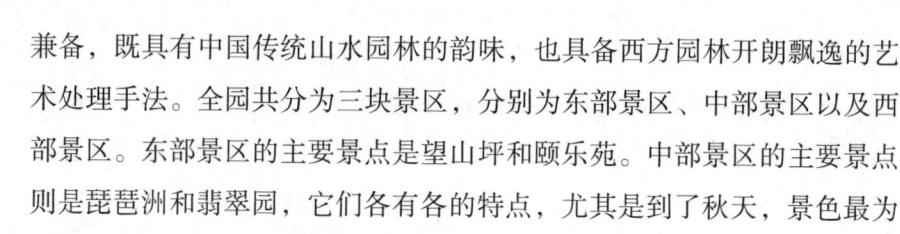

兼备，既具有中国传统山水园林的韵味，也具备西方园林开朗飘逸的艺术处理手法。全园共分为三块景区，分别为东部景区、中部景区以及西部景区。东部景区的主要景点是望山坪和颐乐苑。中部景区的主要景点则是琵琶洲和翡翠园，它们各有各的特点，尤其是到了秋天，景色最为怡人。

太子湾公园不仅只是每个老杭州人必去的公园，也是每对新人拍结婚照时必选的地方之一，是一个举办西式婚礼的极佳之地，所以"浪漫"这个名词就被冠在了它的头上。尤其到了三到五月份的时候，太子湾公园樱花、郁金香争相开放，格外美丽。

杭州植物园种有多个国家标志性植物吗

杭州植物园，位于杭州市西北方向。原本杭州植物园所在地是一片荒芜之地，野草丛生、坟冢垒垒。1956年，这里被建造为植物园，是我国重要的植物科研机构之一。杭州植物园共分为九个展览区和四个实验区，园内建有经济植物、竹类植物、观赏植物、树木等专类园区。园内共种植了三千多种植物，五万多份标本，和很多国家都有着合作关系，通过交换树苗以及资料来共同成长，所以这里种有美国的红杉树、希腊的油橄榄、比利时的大王莲等，是众多国家标志性植物集中的地方。

杭州植物园菊花展

现在，杭州植物园已经有了60年的历史，和国内外的同行们已经进行了多次学术交流，已经收集了国内外大约3500种植物，在浙江省乃至全国都是排在前列的。60年来，杭州植物园获得了很多殊荣，完成了大量的研究项目，发表了很多有关植物的论文以及著作，国内外的同行都对它赞誉有加，甚至被印尼茂物植物园的专家称之为亚洲最大、最美的植物园之一。从杭州植物园建成到现在，有很多曾任国家领导人来到这里视察，如毛泽东、朱德、刘少奇、邓小平、朱镕基等。

杭州植物园中的玉泉有着怎样的传说

玉泉是西湖的三大名泉之一。南宋建元年间，这里本是一座寺庙，名为玉泉寺。到了清朝康熙年间，玉泉寺更名为清涟寺，咸丰年间，寺庙毁于一旦。而玉泉便是在中华人民共和国成立之后建造的，现在属于杭州植物园中的一个景点。

关于玉泉，一直流传着动人的传说。据说很久很久以前，钱塘江口有一条河，名为"天开"，在这条河中有一条正义并且神通广大的草龙。有一天，一条官船经过这里，不知为何船中断断续续地发出凄惨的叫声。草龙经过打探之后得知，是官府强行抓捕穷苦百姓，让他们去做苦力。这件事情令草龙怒火中烧，于是便施展神通掀翻了这艘官船，救出了全船的百姓。之后，草龙腾云驾雾来到京城，闯到了皇宫之中，准备给这个昏庸的皇帝一个教训。就在他的龙爪抓向皇帝的时候，一个太监在草龙没有注意到的角落里向他射了一箭，射中了他的右眼，正应了那句"明枪易躲，暗箭难防"。草龙不得已只能先退出了皇宫，回到了天开河。

当时，有一位闻名全国的老和尚居住在杭州的清涟寺中，他的医术高明。草龙为了治疗眼睛，便化作人形来到清涟寺求医。老和尚看到他的右眼鲜血淋漓，心中很是困惑，经过他的巧妙询问，草龙于是向他说出了事情的来龙去脉，更表示在治好眼睛之后定要复仇。可是人算不如天算，谁知道这个老和尚所住的寺院正是那个昏君出资建造的。老和尚为了报答皇帝对他的恩典，决定对草龙下手，可是他怕自己不是草龙的对手，就想出了一个奸计。

老和尚对草龙说："你如果想要我治好自己的眼睛，就必须为我做一件事情。"草龙对老和尚没有防备，说道："你说吧，想要我为你做什么事情？"老和尚说道："本寺缺水，请你帮我钻一个泉眼吧。"说完，老和尚就为草龙指了一处钻泉眼的地方，草龙认为这是一件功德事，便毫不犹豫地钻入泥中，刹那间，清泉便从洞口流了出来。草龙越钻越深，泉水也越来越多。这个时候，老和尚把佛祖案前的玲珑石搬了过来，狠狠地压在了泉眼之上。就这样，草龙被镇压在了泉眼之下，而这口由他钻出的清泉却千古不涸。

玉泉为何还叫做"抚掌泉"

玉泉是以观赏大鱼而闻名于世的。根据史料记载，早在宋朝时期，玉泉便开始养鱼了。建国之后，这里放养了100多条大青鱼，还有红、黄、白各种颜色的鲤鱼数百尾。其中青鱼的主要分布地在我国的长江以南地区，是我国淡水养殖中的"四大家鱼"之一。

1950年，由于某种原因，这里的天然泉源已经消失，现在已经被改为人工灌注地下水了。经过这么多年的拓展，增添了新的水池，再加上其他的一些景观，如长廊亭阁，每年到了旺季之时，总是会吸引大量的游人来此观光。

玉泉景点

那么，您知道玉泉为何还被叫做"抚掌泉"吗？

相传是在南齐建国之前，在玉泉山有位昙超和尚，他想要在这里开山建寺，但是令他苦恼的是这里没有水源，生活非常不方便。有一天，正在他修行说法的时候，有一位老人来到这里听他说法。当他讲法结束之后，这位老人找到他，对他说："我本是春江龙王，有五个兄弟，去年冬天的时候因为有人破坏了我们的家，所以我的兄弟非常生气，不降雨了，希望大师可以出山帮助化解这个恩怨。"昙超和尚为了试试真假，便对这位老人说："这里没有水源，你能帮我解决这个问题吗？"于是老人抚掌，神奇的是，立刻便有泉水喷涌而出。所以，玉泉还被称之为"抚掌泉"。

西溪国家湿地公园也有十景吗

西溪国家湿地公园，位于杭州市区西部，横跨西湖和余杭两区，距离西湖只有五公里。西溪国家西堤公园分为三个部分，分别是东部湿地生态保护培育区、中部湿地生态旅游休闲区以及西部湿地生态景观封育区。它是我国5A级旅游景区。西溪湿地是一处独特的旅游资源，极具吸引力。人们来到这里之后，可以感受清新的空气以及怡人的景色。西溪湿地也是个四季皆宜的旅游景点，春天的时候人们可以来到这里踏青，夏天的时候可以观赏荷花，秋天的时候可以观柿听芦，冬天的时候可以观赏梅花。除此之外，西溪湿地还是鸟的乐园，在园内有很多处观鸟的地点，人们在这里可以看到群鸟欢飞的场景。

西溪国家湿地公园

西溪湿地的人文历史源远流长，在古代时就被文人看作人间乐土，如西溪草堂、梅竹山庄等都是历代文人开创的别业。除此之外，历代的文人们也为西溪湿地留下了大量的笔墨。在深潭口的一棵百年老樟树下有一个古老的戏台，据说这里曾经是越剧北派的首演之地。西溪湿地的民风淳朴，每年的端午节这里都会举办龙舟盛会，被人们称之为"花样龙舟"。

西溪国家湿地公园和杭州西湖一样，也拥有"西溪十景"，分别是秋芦飞雪、火柿映波、龙舟盛会、莲滩鹭影、洪园余韵、蒹葭泛月、渔村烟雨、曲水寻梅、高庄宸迹、河渚听曲。

秋芦飞雪本名为大圣庵，是景区内唯一一处需要乘船才能到达的景点；火柿映波，顾名思义，指的就是西溪湿地中的柿子树，每当金风送爽之时，一颗颗橘黄的柿子点缀了这个美丽的秋天；龙舟盛会，每年的端午节，西溪湿地中的龙舟都会在此聚集，这个民俗至今盛行；莲滩鹭影，因为西溪湿地的综保工程，促成了这里成为鸟类的天堂；洪园余韵，明清时期著名的"钱塘望族"洪家的庄园，这里更孕育出了洪升、洪楫等历史名人；蒹葭泛月，是秋天赏月的一大佳地；渔村烟雨，原本是西溪湿地的自然村落，在2005年得到修缮，拥有西溪湿地的各种民俗农事展示以及餐饮设施；曲水寻梅，是西溪湿地的主要观赏梅花地点之一，在它的附近还有观赏梅花的主要地点，如西溪草堂、梅竹山庄等；高庄宸迹，又被称之为西溪山庄，是清朝时期高士奇的别墅，据说康熙皇帝南巡之时曾来过这里，赐予"竹窗"二字，并且作诗一首；河渚听曲，在西溪湿地东北部有一条河渚街，是供游客休闲购物的地方，游客不但可以在这里买到西溪湿地以及杭州的土特产，还可以欣赏越剧表演。这就是"西溪十景"。除此之外，西溪湿地还有着三堤，分别是福堤、绿堤、寿堤。

八卦田原本是由宋高祖赵构耕种的吗

八卦田遗址公园，位于杭州市玉皇山南麓，在它的东、南、西方向分别是南复路、虎玉路以及白云路。当人们爬到玉皇山半山腰的紫来洞之后，向下望去，就可以看到八卦田。八卦田是在南宋时期开辟而成的，呈现出的是八卦的形状，九宫八格。它由八种不同的庄稼组成，一年四季，都呈现出不同的颜色，甚是好看。在八卦田的中间，有一个圆圆的土墩，这便是八卦中的太极图了。

关于八卦田一直流传着一个传说，说八卦田的开辟和宋高宗赵构有关。据说，那一年赵构丢掉了汴梁之后，带着一大帮皇亲国戚、文武百官来到杭州。他们觉得杭州西湖的风景不错，就留了下来，在这里建造奢华的宫殿，过着糜烂的生活。杭州的百姓眼看这个皇帝如此昏庸，不满情绪滋生，纷纷在街头巷尾议论。这件事情传到了赵构的耳朵里，他害怕老百姓会因此作乱，于是就召集百官商量对策。文武百官在经过一系列的商议之后，认为老百姓之所以不满，最根本的原因是认为皇帝您老人家在宫中过得太舒服了，所以只要您亲做表率，下地劳作，老百姓知道之后，肯定就会对您心悦诚服，而风言风语也会逐渐消失。赵构认为很有道理，于是就下了一道圣旨，表示将亲自种田，来了解百姓疾苦。很快，在玉皇山下开出了一块籍田。后来，赵构命人在这块籍田的四周打下八个大桩，在上面立上八根粗柱子，并且在柱子之间围上了厚厚的牛皮帷幕。然后命令百姓不许观看皇帝耕田。

过了一段时日，这块地开好了，里边共种有八样庄稼，田的正中间还留有一个圆圆的土墩。人们看到连皇上都在和他们一起劳动，议论也就慢慢地平息下去了。到了该为庄稼除草施肥的时候，赵构依然下旨昭告天下，出山耕作。和上次一样，又在八根粗柱子上围起了牛皮帷幕，不许百姓观看。当时，有一个老汉，他觉得这件事情有点奇怪。于是，他在这天的半夜三更，趁着天黑避过了守卫的兵士，爬到了玉皇山上的紫来洞中。到了第二天的时候，太阳升起，这个时候老百姓早已经下田干活去了，可这牛皮帷幕之中还是没有一个人。老汉等啊等，直到日升三竿的时候，才看到有人从皇宫中走了出来，来到这里，进入了牛皮帷幕之中。不久之后，他看到有人开始除草了，可是除草的人并不是皇帝，而是太监。这个时候的赵构却是和妃子们坐在圆墩之上寻欢作乐呢。老汉心中十分气愤，等到天黑的时候，悄悄了下山。第二天，老汉把这件事情告诉了杭州的老百姓，之后，随着人们口口相传，全城的百

姓都知道了事情的真相。赵构看到真相已经败露，也就破罐子破摔，不再去"亲自耕种"了。但是这块八卦田却保留了下来。

现在，这块八卦田已经成为了八卦田遗址公园，共分为四个板块，分别为主入口广场区、古遗址保护区、农耕文化体验区以及农耕文化展示区，园内还设有公厕、配有环卫工人。

江洋畈生态公园的前身是西湖淤泥疏浚的堆积场吗

江洋畈生态公园，位于杭州市凤凰山路北，是一座以野生环境为基础的园林景观。据说，江洋畈生态公园是中国首个生态环境公园。在建造它的时候，设计师在保留了大部分现有生态环境的基础上，对它进行了设计改造，使得人们可以感受到一种真实的风景。而它的前身便是西湖淤泥疏浚的堆积场。

江洋畈生态公园内景

当初，西湖的淤泥在这里堆积了六年，夹在淤泥中的各种植物种子纷纷发芽，而这里也变成了以湿地植物为主的次生湿地，直到2008年，杭州有关部门决定把这里打造成21世纪杭州生态公园的代表。在建造的过程中，淤泥中长出的原生态植物被完整地保留了下来，并且补种的植物也会选择原生品种，如狼尾草、接骨木、波斯菊等。

根据老杭州人说，江洋畈生态公园和西溪湿地很相似，都是老杭州人想要亲近大自然的极佳选择之地。它们的相同之处在于都拥有各种湿地景观，如浅水沼泽，并且都为鸟类、鱼类、水禽等野生动物提供了良好的环境。

除此之外，江洋畈生态公园为了把生态进行到底，公园中建造的房屋以及道路都是以生态为前提的，如打造路面采用的材料是砂石。更有意思的是，连公园中的厕所都是露天的，有老杭州人开玩笑说道，就连方便的时候，都可以呼吸大自然的空气，实在是一大乐事。

满陇桂雨花园曾是国共高峰会谈的场所吗

满陇桂雨花园，位于杭州市西湖区虎跑路，是一个集各种名胜为一体的公园，其中赏桂花最为有名。早在明代的时候，这里就种植了大量的桂花，深受人们的喜爱，甚至被评为西湖七大花事之一。历史上来这里观赏桂花的名人也是数不胜数，如巴金、徐志摩、李四光等。1937年，这里成为国共第二次合作的高峰会谈场所，周恩来以及蒋介石作为两党代表出席。

满陇桂雨公园作为一个拥有很厚底蕴的公园，依托千年桂文化，巧妙利用各种资料，通过各种艺术表现手法，对原满陇桂雨景区进行了全面改造，设立了二十多个新的景点，如月老阁、山幽小居、广寒宫、二泉映月湖等。这些景点极具特色，成为了人们休闲娱乐的极佳场所。

满陇桂雨公园依旧保留了完整的森林生态系统，和西湖的山色结合起来，形成了难得的城区森林公园，举世少见。这里深受人们喜爱的原因和完美的森林生态系统也是密不可分的，正是这个原因，才使得桂树能够茁壮成长。所以这里的桂树数量之多，绵延梳理，更为厉害的是，这里的很多桂树都有百年的树龄。

半山公园中真的有一块远古时期的岩石吗

半山公园，位于杭州市拱墅区半山镇半山南麓，建造于1985年，公园以自然景观为主，由"四区十二景点"组成。2010年，半山公园与龙

山、虎山两大公园连接在一起，组成了如今的半山森林公园。

半山公园之所以能够成为国家级森林公园，是因为这里的环境优美，人文景观汇聚，更具有一定的区域代表性。在中国，距离城市这么近的森林公园非常少见，虽然半山森林公园的资源、规模和长白山、新疆伊犁相比还有一定的差距，但是这里却多出了一丝江南水乡的灵秀之气，这是半山森林公园的一大特点。

根据不完全统计，公园中的植物有671种，其中属国家级保护植物的有5种，分别是银杏、水杉、野荞麦、香樟、野大豆。除了植物之外，公园内还有很多种珍贵的动物，如赤腹鹰、穿山甲、白鹭、红嘴相思鸟、凤头鹰等。在公园中，有一座半山森林公园展示馆，其中陈展了很多珍贵的动植物标本，还有一些古老的岩石。在这些岩石中，有一颗岩石的"寿命"已经长达4.4亿年了，是如今杭州保存岩石中最古老的一块。

杭州半山公园

杭州西湖

西湖为何被称为西子湖

杭州西湖在早期有很多称谓，如武林水、金牛湖、明圣湖、钱塘湖等。唐朝时期，这里因为位于钱塘县的西面，从而被命名为"西湖"。到了宋朝，苏东坡在杭州任职之时，曾经为西湖作了一首诗，名为《饮湖上初晴后雨》，其中写道"欲把西湖比西子，淡妆浓抹总相宜"。苏东坡把西湖比作"西子"，即西施，由此，西湖也被称为"西子湖"了。

西施，原名施夷光，春秋战国时期浙江人。西施因为天生丽质，从而被人们所推崇，与貂蝉、王昭君、杨玉环并称为中国古代四大美女，其中以西施为首。她们是美的化身，"闭月羞花之貌，沉鱼落雁之容"便是专门用来形容她们的美貌，其中的"沉鱼"指的就是西施浣纱的典故。

西湖的迷人景色

据说，西施当年与范蠡相爱，当范蠡帮助越王勾践成功复国之后，他们二人便携手遁迹江湖，其中就有泛舟西湖的传说。所以苏轼把西湖比作西施也是有来由的，从侧面也说明了西湖美丽的迷人景色。

杭州西湖是白玉变成的吗

杭州西湖是江南三大名湖之一，中国十大名胜古迹之一，被列为世界文化遗产、首批国家重点风景名胜区和示范景点。西湖的湖光山色以及众多的名胜古迹被人们所称道，现已成为闻名中外的旅游胜地。而我国一元人民币背面的三潭印月景观，也体现了西湖在我国历史文化中所占重要地位。那么，您知道有关杭州西湖的"白玉传说"吗？

相传上古时期，天上的玉龙和金凤每天都会到银河中玩耍，有一天，他们在银河边的一座仙岛上发现了一块白玉。这块白玉晶莹剔透，很是漂亮。他们非常喜欢这块白玉，所以每天都会戴着白玉。就这样过了很多年，有一天，这块白玉变成了一颗璀璨的明珠。这颗明珠非常神奇，只要是它照到的地方，那里就会树木长青、百花盛开。后来，这件事情被王母娘娘知道了，她想要据为己有，所以就派天兵天将前去抢来明珠。明珠被抢走之后，玉龙和金凤前来索要明珠，王母不肯，于是就发生了争抢，在争抢的过程中，王母因为一时大意，明珠从她的手中滑落，降落到了人间，变成了美丽的西湖。而玉龙和金凤因为舍不得离开明珠，就随着明珠一起下到凡间，变成了玉龙山和凤凰山，用这种方式永远守护西湖。

当然了，西湖不可能是一块白玉变成的。1950年，国家地质部门对西湖进行勘察，认为西湖在距今一亿五千万年前曾经发生过火山爆发，由火山爆发形成了西湖的雏形。之后随着钱塘江沙坎的发育，西湖也就慢慢地形成了。

西湖十景为何有新旧之分

众所周知，西湖是一处旅游胜地，有很多景点，西湖十景便是代表西湖景胜精华所在。那么，您知道西湖十景为什么有新旧之分吗？

从南宋时期开始到现在，西湖十景被评选了三次，所以也就有新旧之分了。

南宋时期，西湖十景源自南宋的西湖山水画，当时的十景分别是：苏堤春晓、曲院风荷、平湖秋月、断桥残雪、柳浪闻莺、花港观鱼、雷峰夕照、双峰插云、南屏晚钟、三潭印月。清朝时期，康熙皇帝以及乾隆皇帝分别为十景题字、题诗。到了现在，西湖十景石碑也成为了景点标志。

1985年，经过有关部门组织，杭州市民以及各地群众的积极参与评选，新西湖十景新鲜出炉，分别是云栖竹径、满陇桂雨、虎跑梦泉、龙井问茶、九溪烟树、吴山天风、阮墩环碧、黄龙吐翠、玉皇飞云、宝石流霞。新十景与旧十景的区别在于地理范围更加广泛，有的景点位于西湖周边的群山之中。

西湖雷峰夕照

2007年，第三次评选西湖十景活动开始，结果是灵隐禅踪、六和听涛、岳墓栖霞、湖滨晴雨、钱祠表忠、万松书院、杨堤景行、三台云水、梅坞春早、北街梦寻。

孤山是如何命名的

关于西湖景点，有着"一山""二堤"的说法。其中一山指的就是孤山。西湖孤山拥有三十多处名胜古迹，吸引了很多游人的目光。它西起西泠桥，东接白堤。据说，孤山在唐宋年间就已经被人们熟知，更有几位皇帝在此建造行宫，如南宋理宗就曾在这里建造规模宏大的行宫，

甚至把孤山一大半都划为了御花园。清朝时期，康熙皇帝也在这里建造行宫，之后，雍正皇帝把行宫改为寺庙，即圣因寺。当时圣因寺被誉为"西湖四大丛林"之一。关于西湖有着这么一种说法，即"孤山不孤，断桥不断，长桥不长"，被称为"西湖三绝"。那么，您知道为何"孤山不孤"，孤山又是如何命名的吗？

有很多游人关于孤山的命名都有这样的疑问：孤山是西湖最大的岛屿，但是它并不是唯一的岛屿，那么，为什么要取名为"孤山"呢？这是因为孤山景色优美，吸引了历史上很多皇帝的目光，他们都想把孤山占为己有。其次又因皇帝常常称自己为孤家寡人，所以这里也就被命名为"孤山"了。从地质学角度来说，孤山是由流纹岩组成，而且整个岛屿与陆地都是相连的，所以就有了"孤山不孤"的说法了。

西湖孤山

孤山都有哪些名人古迹

孤山位于杭州西湖旁边，是一个小半岛，山高不过35米。虽然山不高，但却是西湖内最好的赏景之地。山上不仅风景秀美，更是文物荟萃：宋理宗在此建过西太乙宫；清康熙、乾隆下江南时都在此建过行宫；孤山东南隅，有"平湖秋月"；南麓有中山公园；平台东有奇秀的"西湖天下景"园亭、有收藏《四库全书》的浙江图书馆、有清代学者俞越的故居俞楼、有陈列文物《史记》的浙江博物馆、有纪念宋代学者欧阳修的六一泉、有清代我国七大书阁之一的文澜阁、有百年老店楼外楼；山西麓有我国著名的金石篆刻著名学术团体西泠印社，旁有清末女革命家秋瑾墓和雕像；北麓有放鹤亭，为纪念北宋隐逸诗人"梅妻鹤子"林和靖而建；山巅有宋建四照阁，一度被废，如今重建。

孤山早在唐宋时期就已闻名遐迩，唐诗人白居易有"孤山寺北贾亭西，水面初平云脚低"，明代凌云翰有"冻木晨闻尾毕浦，孤山景好胜披图"的佳句。古人有诗曰："人间蓬莱是孤山，有梅花处好凭栏。"孤山碧波环绕，山间花木繁茂，亭台楼阁错落别致，是一座融自然美和艺术美为一体的立体园林。闻其名便知，乃湖中一孤峙之岛，白居易称之为"蓬莱宫在水中央"。南宋时期，这里营建了四圣延祥观和西太乙宫，作为御花园，清康熙年间又将此处辟为行宫。

北宋林逋曾经隐居在西湖孤山吗

林逋，生于967年，卒于1028年，字君复，杭州钱塘人，北宋著名词人。林逋出生于儒学世家，从小就非常刻苦，热爱学习，喜欢安静。长大之后经常在江淮之地游历，后来隐居到了西湖孤山。孤山也因为林逋的到来而闻名天下。

据史料记载，林逋隐居孤山之后，常常泛舟在西湖之上，游遍了西湖的各个寺庙，和高僧们诗友相交。每当有客人到来的时候，看门童子都会把鹤放飞，林逋看到飞鹤之后，就会知道有客人来访。据说，林逋所作诗歌从来不会存留。1028年，林逋去世，宋仁宗赐予名号为"和靖先生"。

关于林逋还有一个传说，即"妻梅鹤子"。据说，林逋来到孤山隐居之后，花费了大量心思放在了植梅养鹤上。因为林逋终生未娶，没有子嗣，所以就把梅当做妻子，把鹤当做儿子。这个传说一直传到了现在，很多人都知道这个故事，就连一些相关书籍都有"梅妻鹤子"的记载。

"梅妻鹤子"当然只是一个传说，但是这个传说也为孤山增添了不少色彩，为人们所津津乐道。

或许他的另一首以女子口吻所写的小词才是他的心声——"吴山

青,越山青。两岸青山相对迎,谁知离别情?君泪盈,妾泪盈。罗带同心结未成,江头潮已平。"一生孤傲的林和靖,在青年时期,肯定有过一段百转千回难以心舍的爱情,才使得他终生不娶,在西湖孤山终老此生。

白娘子真的被镇压在雷峰塔里吗

雷峰塔,位于西湖南部、净慈寺前的夕照山上,始建于公元975年,最初名为黄妃塔,据说是吴越国王为了庆祝黄妃得子而营建的,之后更名为西关砖塔。据说,当时建造雷峰塔时计划的是十三层,后来由于财力有限,只建造了五层。明清时期,倭寇入侵。当倭寇来到这里时,担心雷峰塔内有伏兵,于是放火烧塔,导致雷峰塔只剩下塔心。现在,雷峰塔已经重建完成。雷峰塔是由于傍晚时的美丽景色而闻名于世的,被称为"雷峰夕照",为西湖十景之一。

雷峰塔

关于雷峰塔一直流传着一则传说,被人们津津乐道,即中国四大民间传说之一的《白蛇传》。在《白蛇传》中,白娘子就是被镇压在雷峰塔下。

传说宋朝年间,白素贞是一只修炼千年的蛇妖,为了报答前世许仙的救命之恩,来到杭州寻找他。在寻找许仙的过程中遇到了蛇精小青,"二蛇"结拜为姐妹,结伴前行。几经辗转下,白素贞终于找到许仙,并运用法力巧施妙计和许仙认识,然后嫁给了他。二人结婚之后,金山寺法海和尚知道了这件事情,告诉许仙他的娘子是一只蛇精。许仙虽然并不相信,但还是按照法海的吩咐让白素贞喝下雄黄酒,白素贞就这样显出了原形。许仙看到之后，被白素贞的原型吓死了。白素贞为了救活许仙，到天庭之上盗走了仙草，最终把许仙救活。法海为了引白素贞出来，把许仙骗到了金山寺并囚禁起来。白素贞于是和小青一起来到金山寺和法海斗法，之后更是水漫金山。由于这个原因，白素贞触犯了天规，生下孩子后被法海镇压到了雷峰塔下。二十年后，白素贞的儿子长大成人并高中状元，当他来到雷峰塔前拜祭母亲的时候，终于感动神灵，法海的法力失效，雷峰塔倒塌，而白素贞也被救出，从此之后，白娘子一家人过上了幸福的生活。

《白蛇传》作为一个流传广泛的凄美传说，被列入"第一批国家级非物质文化遗产"，也为雷峰塔带来了神秘色彩，使来到这里的人们产生无尽的幻想。

西湖长桥曾是梁祝当年相送之桥吗

长桥，位于西湖东南，是一座仅有数米长的桥，"长桥不长"真是实至名归。据说，长桥曾经与名字是相符的，长有数里，非常壮美，后来因为西湖的淤泥太过严重，长桥的两端只好被改成民居，所以才会造成如今"长桥不长"的局面。在长桥的周围有很多著名的西湖景点，如"苏堤春晓""雷峰夕照""南屏晚钟""玉皇飞云"等，传说中济颠和尚修行过的"净慈寺"和梁山伯祝英台读书所在的"万松书院"也在它的附近。

关于长桥一直流传着一个传说，说的是梁山伯和祝英台曾经在桥上送别，因为彼此不想离开，所以在桥上你送过来，我送过去，来来回回地送了十八回，很是令人感动。

长桥虽然不长，但梁山伯与

西湖长桥

祝英台的故事却为这座"长桥"增添了浓厚的浪漫色彩。也因为此，民间把长桥誉为西湖三大情人桥之一。到了春暖花开的时候，长桥上空就会飞舞着许多五颜六色的蝴蝶，非常漂亮。

据说，长桥在宋朝时期又被称作双投桥，是因为这里有很多情谊深重的有情人因为无法在一起而双双投湖，所以得名为"双投桥"。

如今人们走在长桥之上，也会希望得到一份梁祝一般的爱情，虽然梁祝最后双双化蝶稍显心酸，但他们的爱情何尝不是一种浪漫？

断桥为何以前叫段家桥

断桥，位于杭州里西湖和外西湖交界处。在西湖的所有桥梁中，它的名气是最大的，西湖十景之一的断桥残雪指的就是它。现在人们所看到的断桥，是1941年改建而成的，其间又经过些许修饰，在桥的东北方向有一座碑亭，里面立有"断桥残雪"碑。

据说，断桥始建于唐朝时期，曾经还被叫做"段家桥"，为何如此命名，还有一则传说流传于世。

据说元朝时期，当时的断桥还只是一座无名小木桥，每当人们前去孤山游玩的时候，这里就成了必经之

断桥美景

路。可是，经过岁月的洗礼，这座小木桥饱经风吹雨淋，已经无法承受人们的踩踏，经常出现断裂的情况，游人非常不便。当时，桥旁有一间简陋的茅舍，里边住着一对姓段的夫妻，他们以卖酒为生，但是他们所酿制的酒品质不高，味道也不甚香醇，所以很少有顾客前来光顾。有一天，这里来了一个老人，衣衫破烂，且身无分文，想要在此借宿一宿。段氏夫妇觉得这位老人非常可怜，就答应了他的请求，并热情地接待

了他。到了第二天清晨，老人向他们辞行，对他们说："谢谢你们的招待，我这里有三颗酒丸，或许可以让你们酿出美味香醇的好酒。"说完之后，就拿出三颗红红的酒丸交给段氏夫妇，告别而去了。老人走了之后，段氏夫妇将信将疑地开始用这三颗酒丸酿酒，没有想到的是，酿出来的酒果然十分香醇。从此之后，他们这里的客人络绎不绝，生意越来越好，慢慢传遍了杭州城。

三年之后的冬天，西湖下起了大雪，那位老人再次出现在他们店里。段氏夫妻看到恩人的到来，非常高兴，想要把老人留在家里长住，可是到第二天早晨老人就要离去。老人临走的时候，段氏夫妇为了表示他们的感激之情，取出了五百两白银作为答谢。老人笑着推辞道："谢谢你们的好意，这些银两我并不需要，你们还是用在要紧的地方吧。"说完之后，就朝着小木桥走去，可是当老人走上木桥之后，只听咔嚓一声，木桥应声而断，老人也掉到了湖里，这可把夫妻二人吓坏了，赶紧跑上前去，只见老人安安稳稳地立在湖面之上，如履平地，向他们挥挥手之后，就飘然离去了。这个时候他们二人才知道遇到了神仙，再仔细琢磨一下老人临走时所说的话，恍然大悟，于是就用那笔银子把原来的小木桥改建成了一座坚实的青石拱桥，并且在桥头建了一座亭子。

从此之后，来此游玩的人们再也不用担心路滑桥断了。人们为了纪念段氏夫妻造桥的善事，就以他们的姓氏把这座桥命名为段家桥。之后，因为谐音，段家桥逐渐变为断桥。

断桥是《白蛇传》中白素贞与许仙邂逅的地方吗

断桥是人们心目中寻找爱人的浪漫之地。

这是为何呢？

众所周知，《白蛇传》中，许仙与白娘子的爱情故事缠绵悱恻，令人向往。而他们首次邂逅的地方就是在西湖的断桥之上。

据说，白娘子还没有成道之前，只是山野之中的一条小白蛇。有一

天在修炼的时候不小心被猎人捉到，差一点有了杀身之祸，幸亏被一个牧童所救。这个牧童就是许仙。一千七百年后，白娘子终于修炼得小有所成，化为人形。她为了报答曾救过自己的牧童，经过观音菩萨指点，便来到杭州西湖寻找他。当时正是清明时节，西湖之上，烟雨蒙蒙，白娘子几经辗转，终于在西湖的断桥之上，找到了小牧童的转世——许仙。他们就此结识，并暗生情愫。

许仙和白娘子的传说，为断桥增添了很多爱情传奇色彩，这也是为什么人们喜欢来到断桥，渴望得到一场美丽邂逅的原因。

苏堤是为了纪念苏轼而得名的吗

苏堤，位于西湖湖侧，南起南屏山麓，北接栖霞岭，全长近三公里。

宋朝时期，苏东坡曾担任杭州刺史一职。在任期间，苏东坡曾疏浚西湖，并利用疏浚西湖时所挖出的淤泥建起了一条南北走向的堤岸，而这条堤岸便是现在苏堤的雏形。后来，渐渐就形成了现在的苏堤。人们为了纪念苏东坡治理西湖的功绩，就把它命名为苏堤。到了南宋年间，这条堤岸已经列西湖十景之首，景色名称为"苏堤春晓"，到了元代，又被命名为"六桥烟柳"，被列入钱塘十景中。

西湖苏堤俯瞰图

到了现在，寒冬一过，苏堤就好像一位报春使者，两岸杨柳遍布，倒影在湖面之上，充满了无限柔情。

苏堤六桥指的是哪六桥

据说，当年苏东坡为了连接里西湖和外西湖，一共建造了六座桥梁。这六座桥梁指的便是苏堤六桥，分别是映波、锁澜、望山、压堤、东浦、跨虹，元朝时期所称的"六桥烟柳"更是被列入钱塘十景，充分说明苏堤六桥在古代就已经非常受人们的喜爱了。

映波桥，位于苏堤六桥的最南侧，新建的雷峰塔以及西湖十景中的"花港观鱼"就在它的附近。

东浦桥，苏堤第二桥，也被称为"束浦桥"，为半圆石拱桥，民国时期改桥面石级为斜坡。这里是西湖上观赏日出的最佳地点之一。

压堤桥，苏堤第三桥，与东浦桥一样，为半圆石拱桥。由于这里是眺望西湖的最佳地点之一，所以被命名为"压堤"。据说，去往灵隐天竺的僧人都要经过这里。在这座桥的旁边有一座亭子，这便是清朝康熙皇帝亲笔书写"苏堤春晓"的御碑亭。

望山桥，苏堤第四桥，它的不远处便是花港观鱼公园。在桥上可以看到三潭印月岛。

锁澜桥，苏堤第五桥，在桥上可以看到位于西湖对面的汪庄。原本此桥为半圆石拱桥，到20世纪50年代被改为青石桥栏。

跨虹桥，苏堤第六桥，明朝时期曾略微移动过，是苏堤六桥中唯一被移动过的一座，也是苏堤六桥中长度最长、单孔跨度最大的一座。

苏堤六桥起伏，为人们的西湖游览提供了多方位的观赏线，迈步走在桥上，西湖的名胜景点如画卷般展开，任人领略。

虎跑泉真的是老虎刨出来的吗

虎跑泉，位于西湖南面大慈山麓，素来有"天下第三泉"之称。虎

跑泉泉水甘甜醇厚，水质无菌，饮用之后对人体有保健的作用，与西湖龙井茶叶并称为"西湖双绝"。

虎跑泉，一个有意思的名字，关于它还有一则传说流传于世。

相传唐朝年间，有一个和尚居住在这里，法号为性空。这里环境幽美，非常适合修佛，性空很满意。但性空不满意的是，这里没有水源，生活非常不方便。无奈之下，性空只能离开这里。离开前夜，性空在梦中遇到一个神仙。这个神仙告诉他明天会有两只老虎把南岳的童子泉移到这里。到了第二天，性空果然看到有二虎"刨地作穴"，清澈的泉水随即涌出。从此之后，性空再也不用为水烦恼，便继续在此潜心修佛。

虎跑泉内景

根据这个传说，人们就把它命名为虎跑泉了。

当然，传说毕竟是传说，不能当真。根据地质研究，由于虎跑泉位于群山低处，并且水量充足，所以才会大旱不涸。

据说虎跑泉水的表面有很大的张力，人们用杯子接满水之后，再往里面放东西，泉水高出杯面三毫米也不会溢出来，非常有意思。

在虎跑泉周围有济祖塔院，是宋朝时期济颠和尚骨灰安放的地方，院后石壁上刻着有关济颠传说的几幅壁雕石刻。在它的周围还有弘一法师纪念馆供人们参观。

人民币一元钱的背面印的是三潭印月吗

三潭印月，西湖十景之一，被誉为"西湖第一胜景"。三潭印月岛是西湖上最大的岛屿，因为面积有6万平方米，所以又有"小瀛洲"的称号。岛上有很多景点，如"开网亭""迎翠轩""曲桥""九狮石"等。到了中秋时节，因为空中月、水中月、塔中月交相辉映，所以这里就成了游人秋天必到之地。而我国第五套人民币一元的背后采用的便是三潭印月的盛景，可见三潭印月在我国风景名胜中所占据的重要地位。

三潭印月的景观享誉中外，据说是用湖中的淤泥堆积而成的。清朝雍正年间被冠上"湖中有岛、岛中有湖"的称号。它与湖心亭、阮公墩鼎足而立，并称为"湖中三岛"，就好像我国神话故事中的蓬莱三岛一样。岛的南湖中建有三座石塔，据说始建于宋朝时期，为苏东坡疏通西湖时所建，而现在的石塔则是明朝时所建。三座石塔的塔腹是空的，排列着五个圆洞，到了月圆之夜，在洞口糊上一层薄薄的纸，塔中再点燃灯，洞形通过灯光、透过薄纸，最终印在湖面之上，呈现出很多月亮，这个时候真假月影非常难分，夜景又非常迷人，所以被称为"三潭印月"。

关于三潭印月有着怎样的传说

关于三潭印月一直流传着一个传说。相传三潭印月中的三座石塔是一只巨大无比的香炉的三只脚，在这只香炉下镇压了一条黑鱼精。

据说很久以前，有一条黑鱼精逃出了东海龙宫，闯入钱塘江，在这里兴风作浪。从此，附近的百姓常常因为闹水灾而颗粒无收。有一天，这条黑鱼精耐不住寂寞，化为人形，跑到杭州的城隍庙玩耍。当他走到望江桥的时候，发现这里有一家卖馄饨面的摊位，因为黑鱼精赶路已经很累了，而馄饨面闻起来香气扑鼻，所以一口气吃了五碗。当他吃完之后，忽然觉

三潭印月

得肚子剧疼无比，在地上来回翻滚。这个时候，卖馄饨面的老太太摇身一变化作了观音娘娘。原来，这位老太太是观音娘娘所变。之后，观音娘娘把黑鱼精镇压在了一口大井底下。黑鱼精为了免受囚禁之苦，便向菩萨求情。观音娘娘当然不会答应他的请求，说道："你想要出来，除非井头现天光。"原来，这口大井与别的井不同，并不是露天的，而是一口内井，终年都见不到阳光。

很多年之后，杭州来了位新任知府。有一天夜里，他正在街间巡防，无意间把灯光照在了大井上。刹那之间，黑鱼精见井头现天光，就挣脱了枷锁，逃出了大井。黑鱼精又跑回了西湖，因为害怕再被观音娘娘捉住，所以就在西湖中钻了一个深潭，白天就躲在里面睡觉，到了午夜时分，就从深潭中出来找东西吃。就这样，每天的午夜时分，西湖湖面上都会掀起层层波浪，很多船家都因为来不及躲避而被掀到湖中，成了黑鱼精的口粮。从这个时候开始，百姓们吓得都不敢下湖了。直到有一天，观音娘娘在回南海之时，来到西湖的上空，发现湖面上波涛汹涌，妖气冲天，掐指一算，这才知道黑鱼精已经逃出了大井，又在西湖祸害起百姓。观音娘娘于是到天竺寺，向佛祖借来一只香炉，用来镇压黑鱼精。当她回到西湖之时，黑鱼精正好窜出湖面，观音娘娘将香炉掷向它，香炉越变越大，最终把黑鱼精镇压在了西湖底下，令它再也逃不出去。因为镇压黑鱼精的香炉只有三只香炉脚露在湖面之上，它们对应的便是如今的三座石塔。

苏小小死后为何会葬于西泠桥畔

西泠桥，与长桥、断桥并称为西湖三大情人桥，著名的苏小小墓就位于它的旁边。那么，您知道为什么苏小小死后会藏在这里吗？

苏小小，被称为南齐钱塘第一名妓，据说因为长得娇小，所以被她的父母取名为小小。苏小小十五岁的时候，父母亲双双去世，变卖家产之后，来到杭州城的西泠桥畔定居。因为她的玲珑秀美，所以身后总会跟随很多风流倜傥的少年。到了后来，她碰到了生命中第一个爱的人——阮郁，两个人一见倾心。从此之后，两人形影不离，每天在游山玩水中度过。可是阮郁的父亲知道他整日和一个诗妓混在一起之后非常生气，就把他带了回去。苏小小因为等不到心爱的人归来，终于病倒了。幸好苏小小并不是一个爱钻牛角尖的人，在一些文雅公子的劝说下，又恢复了往日的生活。

在一个风和日丽的下午，苏小小遇到了一个长相与阮郁非常相像的人，不同于阮郁的是，这位公子的穿着简朴，面露沮丧。两个人经过交谈之后，苏小小才知道此人名为鲍仁，因为家境贫寒缺少盘缠，所以不能上京赴考。苏小小觉得此人必定不是池中之物，一定可以高中，于是就主动为鲍仁提供物质上的帮助。鲍仁听了之后非常感动，满怀抱负地奔赴京城。

有一天，一位名为孟浪的官员来到钱塘办事，因为身为官员，所以不好登苏小小之门，于是就命人请她来到府中。可是苏小小也是一个有傲骨的人，催了好几次才来到他的府中。由于孟浪觉得自己的脸面有点挂不住，所以就决定为难她一下，于是就指向一朵梅花让她作诗，没有想到的是，苏小小脱口而出："梅花虽傲骨，怎敢敌春寒？若更分红白，还须青眼看！"通过这个事件，孟浪对苏小小很是敬佩。

可能是佳人薄命，苏小小在她22岁时就因病去世了。这时通过她赞助上京赴考的鲍仁已经金榜题名，可惜的是，当他回来的时候看到的只是佳人的尸体。鲍仁在她的灵位面前扶棺大哭，出于苏小小的遗愿"生在西泠，死在西泠，葬在西泠，不负一生爱好山水"，鲍仁便将苏小小葬在西泠桥畔了。

"若解多情寻小小，绿杨深处是苏家"；"苏家小女旧知名，杨柳风前别有情"——苏小小以其美丽和大方赢得了后来者的无数赞誉，虽死犹存。

西湖白堤的命名与白居易有何关系

西湖白堤，作为杭州市区与风景区相连的纽带，是前往西湖观光游客的必经之地，它东起"断桥残雪"，西接"平湖秋月"，长达2里。

从古至今，白堤有很多称谓，如唐朝时被称为白沙堤、沙堤；宋朝时因白堤是通往孤山的唯一道路，所以被命名为孤山路；明朝时，白堤经过修筑，绿草如茵、花木成行，所以又被命名为十锦塘。

除了名字的更迭，白堤还具有深厚的人文气息，如唐朝大诗人白居易和它就有很深的渊源。

白居易曾担任三年的杭州刺史，为杭州，为百姓，做了很多好事，其中的一件就是翻修白沙堤（当时的名字）。他热爱杭州百姓，也热爱西湖，闲暇之余，他总要来到白沙堤、孤山等地游玩。

西湖白堤

孤山寺北贾亭西，水面初平云脚低。

几处早莺争暖树，谁家新燕啄春泥。

乱花渐欲迷人眼，浅草才能没马蹄。

最爱湖东行不足，绿杨阴里白沙堤。

这首诗便是白居易所作。

后人为了纪念白居易，便将白沙堤改名为白堤。

每当春天来临，一株柳树一株桃，桃红柳绿相映照，便是白堤的真实写照。

杭州的庙宇祠堂

　　当今这个社会，很多人觉得活得很累，无论是精神还是肉体。金钱的诱惑、权力的纷争、宦海的浮沉等，都是造成"累"的原因。而在旅行中，总有些地方能让旅客的心宁静下来，古寺、祠堂便是两处绝佳之地。荣辱不惊，闲看庭前花开花落；去留无意，漫随天外云卷云舒。置身于寺庙、祠堂，那庄严肃穆的佛像，或是故去名人的雕像，都会让人感到宁静、祥和。杭州的古寺、祠堂众多，且人文底蕴深厚，如被康熙皇帝赐名为"云林禅寺"的灵隐寺；如抗金英雄岳飞最后被关押之地大理寺；如被宋真宗赐名的香积寺；再如供奉白居易、苏东坡的白苏二公祠等。

杭州的古寺

灵顺寺都留下了哪些名人的足迹

灵顺寺位于杭州北高峰山巅，寺庙创建于东晋咸和年间，是杭州最早的名刹。北宋年间，因寺庙内供奉"五显财神"而被称为"财神庙"。明代因设殿别名"华光"，故又称"华光庙"。

灵顺寺内有高峰塔，塔身七层，据传唐天宝年间由山顶灵顺寺僧人子捷所建。塔建于北高峰最高处的马坞，其后毁，钱王修复。宋咸淳七年又毁，早已不存。北高峰塔，史上曾有很多名人在此游历并且留下著名诗篇。苏轼在《游灵隐高峰塔》中写道："言游高峰塔，蓐食始野装。火云秋未衰，及此初旦凉。雾霾岩谷暗，日出草木香。嘉我同来人，又便云水乡。相劝小举足，前路高且长。古松攀龙蛇，怪石坐牛羊。渐闻钟磬音，飞鸟皆下翔。入门空无有，云海浩茫茫。惟见聋道人，老病时绝粮。问年笑不答，但指穴梨床。心知不复来，欲归更彷徨。赠别留匹布，今岁天早霜。"宋王安石写有："飞来峰上千寻塔，闻说鸡鸣见日升；不畏浮云遮望眼，只缘身在最高层。"宋杨万里又将南高峰塔对比北高峰塔并题诗一首："南北高峰巧避人，旋生

灵顺寺

云雾半腰横。纵然遮得青天面,玉塔双尖分外明。"

灵隐寺有什么神奇的传说

据《太平广记》记载:"初建塔时,灵隐寺有一花犬,每随工徒自山下衔砖石以至塔所,既而工徒于荒榛间得石佛,但缺左耳,犬即跑到古寺基找出一石耳,合之竟是所缺的左耳。塔成,犬毙,寺僧悲痛地将其葬于寺门八面松下。"这里当年还有望海阁座和一株石松,是峰顶一大奇景,现在已经无从寻觅。

灵隐寺内景

另外还有一座无着禅师塔,但位置不详。张岱的《西湖梦寻》记载,"北高峰山麓有无着禅师塔。师名文喜,唐肃宗时人也,瘗骨于此。韩侂胄取为葬地,启其塔,有陶龛焉。容色如生,发垂至肩,指爪盘屈绕身,舍利数百粒,三日不坏,竟荼毗之"。这记载内容是说唐朝时杭州的无着禅师,名文喜,七岁时在常乐寺出家。参谒大慈山性空禅师后周游天下。在五台山礼拜文殊菩萨。圆寂后被置于塔中,塔称"涅后塔"。塔建于灵隐山的西坞。曾有将领韩侂胄在杭州叛乱,纵兵抢掠民财,有一天,他们打开无着禅师的塔门,发现禅师肉身不坏,栩栩如生,且头发、指甲较生前还有所变长,当时大为震惊。赶紧麾众退下,不敢再行惊扰。

灵隐寺的修建怎么会与一只老鹰有关

灵隐寺位于杭州西湖灵隐山麓,背靠北高峰,面朝飞来峰,占地面积约87000平方米,是中国佛教著名寺院,江南名刹之一。

灵隐寺始建于东晋时期，相传唐初，原来叫"灵鹰寺"。据说在一千多年以前，秦岭湾门前有一座笔架山，笔架山左侧，是块凤凰朝阳地。有一位僧人在山后住，以打柴种地为生。有一天，僧人在笔架山丛林里打柴，因为天热，就将僧袍脱下，挂在树枝上。忽然，一只老鹰俯冲而下，将袍叼走，向南飞去，到一山丘处落下。僧人望空向南一路追来，只见此处树木葱郁，绿叶成荫，绿影婆娑间，一岭土丘南头北尾；前饮碧水绿荷，后交浮菱青湖；左右两侧隆起两扇翼状土丘；整个地貌有如巨鹰卧地。僧人顿悟，知道此乃神灵指点，于是在此焚香祷告，搭棚立寺，故名"灵鹰寺"。

从此，灵鹰就有了雏形。传到碧钵和尚的时候，寺内有僧人一百多人，耕地两百多亩，牛十余头，水井十多口，寺院规模渐大。唐朝贞观年间的一天，碧钵大师在寺内说法，大将军尉迟恭受朝廷委派平叛路过此寺，见寺庙巍峨庄严，特地进庙祈祷，此去如能平叛成功，一定禀告皇上拨款加修庙宇。后来尉迟恭果然一举平息叛乱。班师回朝后，他就禀奏皇上。李世民欣然拨款，还敕命灵鹰寺改为"灵隐寺"。

灵隐寺中为何挂有"云林禅寺"的牌子

位于杭州市西湖西面的灵隐寺，是中国有名的佛教寺院。灵隐寺始建于东晋咸和元年（326年），历史悠久，距今已有一千八百年的历史。那么，您知道为什么灵隐寺中会挂有"云林禅寺"的牌子吗？

"云林禅寺"的牌匾

据说，清康熙皇帝曾六下江南，其中，有一次便来到了杭州。有一天，他来到了灵隐寺。寺中的老和尚知道消息之后非常高兴，连忙把寺中所有的和尚聚集在一起，一起到三里之外的石莲亭迎接康熙。随后，老和尚陪同康熙在寺中游览了一遍。游览过后，康熙皇帝对灵隐寺赞叹有加，心里一高兴，便下旨在寺中摆下酒席。

康熙摆下的酒席相当热闹，吹拉弹唱无所不有，刹那间佛门圣地竟变成了帝王之家！康熙皇帝这时兴致正浓，边饮酒，边吟诗，很是快活自在。康熙皇帝喜欢吟诗题字的事早在民间传开，老和尚看到此景，便想让康熙给灵隐寺题一块匾额，老和尚壮着胆子走到康熙皇帝面前，跪下磕头道："皇上，不知道您是否可以为山寺题块匾额，也好让杭州百姓感受到您的光辉。"

康熙这时正是兴致大好的时刻，老和尚此时所求再好不过了。康熙点了点头，准备好文房四宝之后，拿起笔刷刷几下，一个歪歪斜斜的"雨"字便跃然纸上。这个时候，康熙已经微醉，可能手腕发颤的缘故，这个"雨"字写得太大，竟然占了一大半纸。值得一提的是，"灵"的老写字在"雨"下面还有三个"口"和一个"巫"。所以现在所面临的情况是雨字所占的位置太大，下面就只剩下小半张纸的空白，是怎么也摆不下剩下的字了。

重新写一张？这种丢脸的事，康熙是怎么也不会做出来的。文武百官眼见康熙处于尴尬的境地，可一点办法也没有。所幸的是，有个名为高江村的官员想到了一个办法，他在自己的手中写下"云林"二字，然后在别人不知道的情况下让康熙看到。康熙皇帝一看，心中大为高兴，这两个字真是救命菩萨。就这样，康熙大笔一挥，便稀里糊涂地写下"云林禅寺"四个大字。有趣的是，康熙写完之后还特别"帅气"地把手里的毛笔扔了出去。

老和尚过来一看傻眼了，怎么"灵隐寺"被写成"云林禅寺"了？老和尚也没有认识到情况的变化，便问道："皇上，您是不是写错了？我们寺名为'灵隐寺'啊。"有人驳皇帝的面子，那还得了？康熙皇帝大声喝道："多嘴！"老和尚也就不再吭声，沉默地站在一边了。康熙皇帝看向随行的官员，问道："这里天上有云，地下有林，称之为'云林寺'，你们说有错吗？"大臣们哪敢说个"不"字，纷纷说道："没错，没错。"康熙皇帝听了,哈哈大笑,随后便命人把匾额挂了起来。就这样,康熙皇帝所写的"云林禅寺"便被雕在红木上,挂到山门上了。

所以,灵隐寺中一直挂有"云林禅寺"的牌匾,但是老杭州人都不给康熙面子,仍然将这里称为"灵隐寺"。

永福寺是印度僧人所建吗

据清康熙年间《杭州府志》卷三十二《寺观》记载,永福寺坐落于飞来峰呼猿洞对面形胜山下,旧分上、下两寺,与下天竺等寺一样,同为慧理禅师开山创建。据载,东晋咸和元年,西印度高僧慧理来杭筑庵,接连兴建了灵鹫、灵隐等十座道场,永福寺也在其中,距今已有1600多年的历史。

南朝刘宋元嘉年间,慧琳禅师继慧理开山后筑庵于石笋峰下。后晋天福二年,吴越王钱元瓘于石笋峰下建晋圆院,又与山同名为资严寺。北宋大中祥符元年,敕改为永福寺。北宋熙宁年间,郡守祖无择在寺旁建庵,名邺公庵。南宋咸亨年间,隆国夫人据永福寺为香火院,并斥资扩建,逝后以寺超然台为葬,移寺于西,从此一寺分为两院。

永福寺

永福寺的东皋心越禅师有何传奇

东皋心越禅师祖籍浦江县,是永福寺历史上的一位传奇高僧。他俗姓蒋,明崇祯十二年(1639年)出生,八岁在苏州报恩寺出家,十三岁开始求师,周游江南各地,二十岁时在江苏天界寺参禅了曹洞宗寿昌派中兴之祖觉浪道盛。在参禅这一年时间里,心越刻苦钻研,学业精进,觉浪圆寂后,心越再次游历四方。三十岁时心越返浙,按觉浪遗命,在杭州皋亭山显孝寺参禅觉浪法嗣阔堂大文。两年后,继承阔堂的衣钵,成为曹洞宗寿昌派的第 35 代传人。清康熙十年(1671年),受杭州永福寺住持的邀请,驻锡永福寺。觉浪、阔堂的金石书画,都有很高的艺术造诣,心越深得二人真传,因此驻锡永福寺六年,广会文人墨客,交流诗、书、画、印、琴技艺,艺僧之名广传天下。

　　清康熙十五年,日本长崎兴福寺第四代住持澄一道亮慕心越大名,邀请心越赴日担任兴福寺住持。心越遂东渡日本。心越先在兴福寺三年,后在大阪黄檗山万福寺五个月,回长崎闭关开关一年零一个月,寓居江户一年半,寓居水户约八年半,入住水户岱宗山天德寺四年四个月。日本元禄八年九月三十日,心越圆寂,客死他乡,享年五十七岁。心越死后,岱宗山天德寺改名寿昌山祇园寺,奉心越为开山祖师。少林山达摩寺于心越逝世两年后正式开堂,也奉心越为开山祖师。

　　心越是一位多才多艺的高僧,能书善画,工于篆刻,长于抚琴。他在日本19年,对日本的文化、艺术、佛教产生了深刻的影响。心越将所携《韵府古韵汇选》在日本翻刻推广,使中国篆刻艺术在日本广为传播,他被日本人奉为"篆刻之父"。据《日本音乐史》记载,心越携虞舜、素王、万壑松三古琴赴日,大传华夏琴道,300 年来,古琴艺术在日本流传开来,使古琴融入日本人生活之中。因此心越又被誉为日本"近世琴学之祖"。心越在天德寺晋山开堂时,云集了全日本 1700 多位僧众,成为曹洞宗同门的中心,是日本佛教界 300 年来从未有过的盛事。因此心越被尊称为日本佛教曹洞宗寿昌派"开山鼻祖"。

慧因高丽寺是由高丽人修建的吗

　　慧因高丽寺位于杭州玉岑山,与俞曲园墓、陈夔龙墓、于谦祠等古迹相邻。后唐天成二年(927年),吴越钱武肃王所建,原名慧因寺。宋

元丰八年（1085年），高丽国王子僧统义天入贡，因请净源法师学贤首教。元祐二年（1087年），以金书汉译《华严经》三百部入寺，施金建华严大阁藏塔以尊崇之。一时名声大振，故改名为高丽寺。后经战火焚毁，至清末建筑无存。2007年政府参照"古高丽寺图"重建。

慧因高丽寺里建筑雕像等与江南诸寺大不相同，江南的寺庙多为元代之后的明清风格，典型的如杭州灵隐寺，比较庄严肃穆，佛像体量较大。而慧因高丽寺的大雄宝殿里，群佛像衣衫华美、体态丰盈、色彩斑斓。看上去很华丽。里面很多看点都是独一无二的。如轮藏殿、四大天王独特造型、佛像、壁画等。

大雄宝殿中的群像是唐宋寺院中常有的，明清寺院很难见到，这些佛像的制作工艺叫"生漆脱胎"，已经失传，使用该工艺流传下来的佛像相当罕见，在日本奈良唐招提寺存有一尊"鉴真大师"，就是用脱胎工艺制成的，是日本国宝级文物。而寺内四大金刚也不是成排站着，而是各据东、南、西、北四个方向，对面而立。四大金刚像也非常独特，并不是平常所见的"怒目圆睁"的金刚模样，而是手持降魔宝器，神态慈祥。

慧因高丽寺

云栖寺莲池大师订规制

云栖寺是江南佛教名寺。相传人们常见飘过五云山的彩云在这里栖留，故名云栖，北宋乾德五年（967年）伏虎禅师创建，为法眼宗名寺。治平二年（1065年）称栖真院。后渐渐颓败。明隆庆五年（1571年），袾宏大师见寺宇荒败，乃重新兴修，设禅室，讲"三教合一、禅净合一"之义，深得僧俗崇奉，世有"云栖宗"之称，与灵隐、净慈、虎跑、昭庆诸刹齐名，并称杭州五大丛林。现今佛寺已不存。

后有莲池大师手订云栖寺之规制，使后人有法可依。大师所制之规约非常周详完备，计有：大堂规约、西堂规约、律堂规约、法堂规约、老堂规约、病堂规约、各房规约、下院规约、直院事宜、定额人数、节省财费、出应期会、暂到客众、外住法眷、十方云水、众事杂式、僧约、修身十事、各执事约、僧值凡例、赴请三约、善罚例、免例、摈例、求住式、学经号次、受戒式、过犯忏悔式、津送式、上方善会约、流通藏本法宝约、藏经堂事宜、水陆道场规约、诵经礼忏不诚敬罚例。堂堂有规约，事事有制度，各司其职，各守其制。

为使寺院僧人和谐，以精进于道业，更订《僧约》十条：敦尚戒德约；安贫乐道约；省缘务本约；奉公守正约；柔和忍辱约；威仪整肃约；勤修行业约；直心处众约；安分小心约；随顺规制约。

为保僧众个人修持，大师订立了《修身十事》：不欺心；不贪财；不使奸；不用谋；不惹祸；不侈费；不近女；不外骛；不避懒；不失时。

大师对来寺出家之人要求极严，凡愿于云栖寺出家者：必须由父母或极亲之人亲送至寺；经审核非是忤逆不孝、非犯罪脱逃、非势逼贫穷、非心图放逸、非曾为恶事、非身属大家、非负债不还、非家缘未了者方可；读诵经典方面应已粗知晨昏功课之经，如《心经》《弥陀经》之类；颇通书字：书不必博学，但亦曾少分读习，字不必工好，但能随分书写。

进寺之道友，须于剃头前依号顺序学毕规定经典，否则不能剃头。学经之号次分为，法字号：晨昏课经全堂，《佛祖遗教三经》《沙弥要略》《四分戒本》《梵网戒经》《十六观经》《大弥陀经》《金刚经》《圆觉经》《维摩经》《楞严经》《法华经》《华严经起信论》。报字号：晨昏课经，《沙弥要略》《遗教经》《四分戒本》《梵网戒本》《十六观经》《大弥陀经》《金刚经》《圆觉经》《普门品》《行愿品》。化字号：晨昏课经，《弥陀经》《梵网经》《观经上品上生章》《四分戒本》。

以上三号，俱依经次学完一经，再进一经，跳越学者罚银一钱。课经不完不得剃头，《要略》不知不得进具戒，《具戒》不知不得受菩萨戒，年满六十量处，晨昏课经未熟剃头者，缺一事罚银一钱。

云栖寺由于"严净毗尼，尊崇讲诵，明因果，识罪福，整饬清规，真修实行"，故能历数百年而不衰。

为何说日本的茶道文化起源于径山寺

径山寺创建于唐天宝年间，是佛教中国化之后最后的高峰。南宋时香火最为鼎盛，是江南五大禅院之首。规模宏大，有寺僧1700余人，寺庙建筑1000多间。后来屡次毁于战火，原有建筑荡然无存，现仅剩钟楼一座，内悬明永乐元年间大钟一口，宋代铁佛三尊，元至正年山历代祖师碑一块。

唐天宝四年（745年），法钦禅师至径山结庵。大历三年（768年），代宗下诏建径山寺。南宋时孝宗亲书"径山兴圣万寿禅寺"匾额。径山寺原属"牛头派"，建炎四年（1130年）兴"临济宗"，道誉日隆，被列为"江南五山十刹"之首，日本诸多名僧俊芿、圆尔辨圆、无本觉心、南浦昭明等先后来寺学禅，一住数年。回国后传临济宗法，同时，他们还带回了中国茶典籍及径山茶具，从而将径山茶宴中国禅院茶礼系统地传入日本并逐渐演化为"日本茶道"，成为日本幕府和上流社会的仪节。因此，径山不仅是临济宗的祖庭，也是日本茶道的起源地，在日本具有很高的知名度。如今，越来越多的日本茶道中人慕名来到径山寺"寻根"，以了心愿。

济公是在净慈寺出家的吗

净慈寺，在南屏山慧日峰下，是杭州西湖四大古刹之一，是954年五代吴越国钱弘俶为高僧永明禅师而建的，原名永明禅院，南宋时改称净慈寺，并建造了五百罗汉堂。因为寺内钟声宏亮，"南屏晚钟"成为"西湖十景"之一。

净慈寺的大雄宝殿西侧有济祖殿，殿前有一口运木古井，殿内供奉着妇孺皆知的济公像。济公俗名李修元，南宋台州人，"其母梦吞日光而生"。十八岁时，他在杭州灵隐寺从高僧堂远出家，法号道济。他诙谐幽默，富有才学，因乐于助人而知名。在民间传说中，济公被刻画成一位不修边幅的邋遢疯和尚，连相貌也是似笑非笑，似哭非哭。他的墓志铭《北石间集·湖隐方圆叟舍利铭》称他"狂而疏，介而洁，著语不加刊削，要未尽合准绳，往往超诣，在宋名缁逸韵。信脚半天下，落魄四十年，天台雁宕，匡庐潜皖，题墨万隽永、寒暑无完衣，与之寻付酒家保。寝食无定，勇为老病僧办药石。游族姓家，无故强之不往。"而明河补续的《高僧传中》中则直言：济癫僧"饮酒食肉，与市井浮沉。喜打筋斗，不著裤，形媟露，人讪笑之，自视夷然"。尽管他举止癫狂，被称作"济癫"，但道行高深，嫉恶如仇，敢作敢为，常做大快人心的好事：斗蟋蟀戏弄权奸，抢新娘飞来峰下救众生，民间流传着很多他的趣闻。他虽有饮酒食肉的行为，但却是带果行因的圣僧。他痛恶权贵，甘愿"与市井觉俘"。他救济穷苦人，受到民众爱戴。他文采斐然，被任为寺中书记。传说当年妙崧禅师要募资重修寺院，就请济公起

净慈寺

草募资的榜文。济公欣然领命，索酒一壶，榜文中"下求众姓，盖思感动人心；上叩九天，直欲叫通天耳"的佳句轰动了杭州，连皇帝都派人送来三万贯布施钱。济公六十岁时坐化圆寂，临死前作偈云："六十年来狼藉，东壁达到西壁。如今收拾归来，依旧水连天碧。"

天竺寺是一座单独的寺庙吗

天竺寺位于浙江天竺山南麓。山谷中有一块奇石曰安禅石，是清幽佛地，东晋十八高僧十八名士曾云游至此，发现此地云雾缭绕，景色如画，于是在此建寺，号西明院。后规模逐渐扩大。

天竺寺不是单独一个寺庙，而分上、中、下三个。上天竺寺位于灵隐山麓飞来峰处。东晋咸和初年（326年），西天竺僧慧理在此修建寺庙，号灵鹫寺。隋开皇十五年（595年），檀越陈仲宝拓而修之，号南天竺寺。唐贞元二十一年（805年），住持道齐劝请四方学者至本寺讲《华严经》，显种种奇瑞，蒙敕额天竺灵山寺。唐末，遭兵火烧毁。五代时，吴越王钱镠再兴，建五百罗汉院。南宋高宗绍兴十四年（1144年），寺名改为思荐福寺。宁宗庆元三年（1197年）恢复天竺灵山寺的旧称。

中天竺寺

中天竺寺在稽留峰之北，宋时称崇寿院，徽宗政和四年（1114年），改称天宁永祚禅寺。元代改称天历永祚禅寺。明洪武年间，蒙赐额中天竺法净寺；其后，大殿烧毁。嘉靖二十五年（1546年）重建，又新立白衣观音堂。清乾隆三十年（1767年）改名法净寺。光绪十八年（1892年）重修，后又失火。如今正在扩建中。

下天竺寺，位于北高峰之麓，中天竺寺之南。今名法喜寺。后晋天福四年，道翊结庐于此，一夕得奇木，命工匠雕成观音像。后来，吴越王钱弘俶感得观音灵告，乃在此兴建寺庙，号天竺看经院。宋英宗治平二年，赐天竺灵感观音院。淳熙三年（1176年），孝宗于寺内建护国金光明忏堂，颁赐白云堂之印，令统领天下禅、教、律诸宗。乾隆年间改称法喜寺，也称法喜讲寺。民国十六年（1927年）重建。此寺规模之大、香火之盛，居三寺之首。

韬光寺佛教寺院里为何建有吕纯阳殿

韬光寺是蜀地名僧韬光禅师所建。一日，禅师辞师出游，师父给他一道偈语："遇天可前，逢巢则止。"唐穆宗长庆年间当他游至灵隐寺西北巢枸坞时，正值白居易（字乐天）任杭州刺史，心想："吾师命之矣。"遂在此住持。

五代后晋天福三年（938年）吴越王重建，改名广岩庵，宋真宗大中祥符年间（1008—1016年）又名法安院，后寺以人名，为韬光寺。在韬光寺顶的岩壁内，有一个丹涯宝洞，相传是吕洞宾炼丹之地。吕洞宾和佛教有很深的因缘，《五灯会元卷第八》记载：吕洞宾道经黄龙山，正值黄龙祖师击鼓升堂。祖师见吕洞宾，厉声喝道："座傍有窃法者。"吕毅然出，问："一粒粟中藏世界，半升铛内煮山川。且道此意如何？"祖师说："这守尸鬼。饶经八万劫，终是落空亡。"吕飞剑斩黄龙，剑不能入。遂再拜求教。

祖师反问道："半升铛内煮山川即不问，如何是一粒粟中藏世界？"吕于言下顿悟。作偈曰："弃却瓢囊摵碎琴，如今不恋水中金。自从一见黄龙后，始觉从前错用心。"于是祖师命他为佛教护法。明万历十二年（1584年），为祭祀吕洞宾，当地人在此建吕纯阳殿，参政郭子章为之记。

杭州大理寺真的是当年关押岳飞的地方吗

岳飞，我国历史上著名的抗金英雄。他二十岁投军，从行伍步卒一步步擢升为大将。他所创建的岳家军，为保卫南宋政权立下了汗马功劳。金人有"撼山易，撼岳家军难"的哀叹。公元1140年，金兀术率领金兵来犯，被岳飞打败，仓皇逃窜。岳飞一路追击，在离金兵大本营开封还有四十五里路的时候，被秦桧的十八道金牌召回朝廷，并以谋反的罪名下到大理寺的风波亭里，在大年除夕夜里被害而死。其子岳云以及部将张宪被腰斩。岳飞临死前在供状上仅写了八个大字"天日昭昭，天日昭昭"。

风波亭岳飞之死，是历史的悲哀，时代的不幸，是正义的屈辱，良知的泯灭。他一生忠义为国，奋战疆场二十年，只为"收复中原，迎回二帝"，却不料有此下场。但仔细分析一下，岳飞正是因为自己的忠心而死。他若迎回了

杭州大理寺内

二帝，那必然会置赵构于不忠不孝不仁不义之境地，因此才致使赵构痛下杀手，让秦桧构陷他谋反，将他害死。岳飞死后，南宋的另外一位名将韩世忠去质问秦桧，岳飞谋反的证据在哪。秦桧说了三个字："莫须有"。这三字道出了封建君主的阴险和黑暗。

香积寺是被宋真宗赐名的吗

香积寺，始建于北宋太平兴国三年（978年），原名兴福寺，后由宋真宗赐名改为香积寺。

香积寺原址位于拱墅区香积寺巷45号，如今的杭州盾牌链条厂厂内，后于2009年搬迁重建。据史料记载，当年，香积寺前的大运河，每天来往的船只络绎不绝，甚至到了晚上，香积寺内仍然灯烛通明。可惜，到了元末时期，战火连天，香积寺也没有逃过此劫，毁于战火，明代时得以重建。康熙年间，香积寺门前又修建了东、西两座石塔。解放之后，香积寺只剩下西塔，用来证明香积寺曾经的存在。

2009年，香积寺重建，整体为铜式建筑，金碧辉煌、恢弘大气。香积寺中，最具代表性的当属大圣紧那罗王殿。

大圣紧那罗王殿，顾名思义，供奉的是大圣紧那罗王菩萨，即"歌神""音乐天"，是佛教天神中天龙八部之一。据说，元代时，紧那罗菩萨曾来到少林寺，化为厨房的火头和尚，用烧火棍击退了攻打这里的红巾军，所以他又被少林寺尊为护法，称之为"监斋菩萨"，杭州人称他为"灶侍菩萨"。由于他在香积寺中被供奉为"监斋菩萨"，那素斋自然而然便是此寺的特点，深受素食主义者的喜爱。

昙翼法师是法华寺的开山祖师吗

法华寺，位于杭州市西湖区北高峰下，与北高峰东南的灵隐寺遥相呼应。东晋时，著名高僧昙翼法师开山建寺，至今已有一千七百年的历史。宋高宗时，曾将此寺改名为龙归寺，后因战争而被摧毁。明朝万历年间，云栖寺高僧莲池大师弟子云间青莲居士变卖家产在此地重建寺庙，将其命名为云栖别院。明朝崇祯年间，云栖别院又被更名为古法华寺，经过重新修缮后，寺院变得极为壮观。当时，最为著名的是寺中的放生池，寺里每隔一段时间都要组织一次

法华寺

放生活动。

时间流逝，转眼已到现代。1958年，法华寺损毁。1999年，经浙江省佛教协会和原东岳村委会筹资复建。2003年，新法华寺修建完成。

进入法华寺，左、右分别是钟楼和鼓楼，再里边分别是天王殿、大雄宝殿、法堂、藏经楼、法华讲堂、舍利塔等，整个寺庙的建筑结构紧凑而又幽深。

当人们置身于四面是山的法华寺中时，听到婉转的鸟鸣和潺潺的流水声，令人顿感尘心洗涤。

法华寺开山祖师曾经受过菩萨的考验吗

据《庐山高贤传》记载："法志门徒昙翼，七岁入寺学法，诵《法华经》十有二载，遂感普贤菩萨现法相，凌其空。郡太守孟公闻达于朝，故上勅建法华寺以表之。"

但是，在老杭州人的口中，对于昙翼法师，还有另一种版本的传说。

昙翼法师是浙江余杭人（今杭州），他七岁时出家成为佛门弟子，后前往关中求学于鸠摩罗什，几年之后，他学成归来，结庐而居，诵《法华经》十二年。

有一天，日落西山，天色渐渐变暗，忽然，在昙翼的草庐门前出现了一个貌美如花的女子。这个女子身穿彩衣，手提竹篮，竹篮里还放着一头可爱的小猪和两头大蒜。这位女子的出现令草庐周边的山色美景都为之黯然失色。

只见她缓缓走到昙翼的面前，说道："小女子进山采摘药草，越走越深，谁曾想，忘记了时辰，现在天色已晚，如果现在回去，必定会落入豺狼之口，丢掉性命。希望法师能够留我在此借住一宿，小女子感激不尽。"

这位女子说完之后，向昙翼瞟了一个妩媚的眼神。

昙翼一见，连忙低下头来，说道："我乃佛门子弟，以女色为大戒，你乃女子，实在是不方便，你还是趁天色未晚，赶紧下山去吧。"

女子听昙翼不同意她的请求，顿时泪眼婆娑，嗲声细语道："都说我佛慈悲，以众生为本，而你作为佛家子弟，竟置小女子于虎狼之口而不顾，实在是太狠心了。"

"是啊，救人一命胜造七级浮屠，她虽是女子，但也是人，我不能不顾及她的性命啊。"想到这里，昙翼就同意了她的请求，让她住在了草庐中仅有的绳床之上，而自己则留在草庐之外过夜。

到了半夜，突然，草庐中的女子呻吟不断，又哭又叫，说自己肚子疼，请求昙翼为她按摩，减少她的痛楚。

昙翼眼看她着实痛得厉害，但自己又不能与她的肌肤相碰，于是，便用一块布将自己的锡杖裹起，立在远处，用锡杖为女子按摩。几个时辰之后，女子的痛楚才慢慢消退，睡了过去。

到了第二天早上，女子醒来，身上的彩衣突然化为云彩，花篮中的小猪变成大象，两头大蒜变成了两朵莲花。两朵莲花上，一个上面站着大象，另一个上面站着普贤菩萨。

原来，女子便是普贤菩萨所变，是为了考验昙翼的佛心是否坚定。在普贤菩萨的考验下，昙翼面对诱惑能够有坚定的信念，是极为不易的，便对他勉励一番，消失不见了。

后来，这件事就流传到了民间。当地官员听说此事后，认为这是一件了不得的事情，就将此事上报给朝廷。皇帝知道后，特地下旨，为昙翼建造了一座寺院，赐名为法华寺。

理安寺的命名和宋理宗有关吗

理安寺，古称涌泉禅寺，又称法雨寺（寺中有泉，名"法雨泉"，与虎跑泉齐名）。

理安寺是一个有历史底蕴的寺庙，始建于五代时期。当时，著名高

僧伏虎禅师曾在此地居住，吴越王对他非常敬重，就在此地为他建造寺院。南宋时，宋理宗特来此地进香拜佛，所以，此寺被命名为理安寺。明朝时，山洪暴发，理安寺也未能逃脱被毁的厄运，直到万历年间，有一个号佛石山侬的和尚来到此处，喜欢这里的幽静，

理安寺内景

便建造屋舍居住在此。有一天，他在耕种的过程中挖出了一块残缺的石碑，才知道这里原本是理安寺的原址。后来，他便在这里重新修建，成为了远近闻名的丛林道场，很多文人都喜欢来此聚会。明朝末年，理安寺开始弘传"磬山之法"，顿时寺院名气大增。清代时，已经衰败的理安寺因为乾隆皇帝的到来，声名大振，到达鼎盛时期。后来，清代咸丰年间，寺庙再次被毁，后逐渐衰败下来。

2001年，杭州市政府重新修建理安寺。

清幽自然，悠悠南山，这就是如今理安寺的意境所在。

冠山寺原本是唐朝镇东军刑葬囚犯之地吗

冠山寺，位于杭州市滨江区长河镇冠山顶。

唐乾宁年间（894—897年），冠山寺尚未建造，这里还是镇东军刑葬"囚犯"之地。后来，朝代更迭，唐朝灭亡，宋代兴替，而镇东军已消失在历史的烟云之中。有一天，这里来了一个得道高僧，为净法禅师，他想在此地隐居，便在此处建造了一座简易的庵庙，并将其命名为"西隐庵"。后来，西隐庵得以扩建，更名为"云岩寺"，后来又更名为"冠山禅寺"。

根据史料记载，冠山寺历经宋、元、明、清四朝的修缮，寺中已拥有诸多建筑，如天王殿、三圣殿、藏经阁、蓬莱阁、天凤阁、鼓楼、

钟楼、白云堂等。寺院的殿阁恢弘、香客不断就是冠山寺的真实写照。据说，清末时期，冠山寺的兴盛程度可谓到达顶峰，寺中的和尚都高达三百余人。有诗形容：隔院钟声八百杵，绕山村落万千家。这就是明证。

但是，天理循环，有盛必有衰，冠山寺在到达这样的兴盛程度之后，逐渐衰败下来，咸丰、同治，直到20世纪60年代，终于被毁。幸运的是，1988年，在方丈觉和禅师的主持化缘下以及当地有关部门的支持下，冠山寺得以重建，冠山寺中的大殿阁楼也重新出现在人们的面前，如大雄宝殿、蓬莱阁、观音殿等。值得一提的是，虽然冠山寺是重建于现代，但都是按照古代的风格进行建造的，殿宇气势恢宏，庄严肃穆。

其中，大雄宝殿为冠山寺的主建筑，进入殿内，可以看到拥有金身的释迦牟尼、文殊、普贤菩萨、十八尊罗汉，个个栩栩如生。在释迦牟尼的佛龛背后，还有"三十三天"大屏雕像，其规模可以同杭州灵隐禅寺的"三十三天"相提并论。除了大雄宝殿，观音殿中大士手捧净瓶，为世人撒下甘露的形象也非常生动。

杭州冠山寺远景

如今，冠山寺已经成为钱塘江南岸、白马湖边的一处名胜古迹，前来游览观光、进香拜佛的旅客络绎不绝。

杭州仙林寺的山门为何建在海宁

杭州有一座寺庙，十分有意思：大殿位于杭州，山门却建在海宁。这座寺庙便是仙林寺。

仙林寺，位于杭州市下城区。对于为何其山门会被建于海宁，有着一则民间传说。

相传，唐太宗小时候身体非常不好，他的父亲为了增添他的福寿，就让一个法号为仙林的和尚做他的师父。后来，唐太宗登基之后，仙林和尚便请求唐太宗在杭州造一座"顶大"的寺院，作为他的养老之地。毕竟有着师徒之名，唐太宗也不好推托，于是就答应了他的这个请求，还下令让大元帅尉迟恭负责监造的事宜。

仙林和尚和尉迟恭来到杭州之后，便开始围绕"顶大"这个词来商量。仙林和尚说："作为皇帝的师父养老之地，最少也得五里地皮。"尉迟恭听到之后，气得差点跳了起来，说道："我活这么大，还没见过五里地大的寺庙呢，当年我家里打铁的地方也才五丈大的地方，你一个老和尚，不好好念经，要那么大的地方干什么？顶多给你圈五十丈地皮作为建寺地址。"两人争来争去，直到天黑，也没有讨论出结果。

第二天早晨，尉迟恭来到仙林和尚门口，还没有进门，就听仙林和尚大喊道："圣旨到！"尉迟恭听到之后只好趴在地下磕头，仙林和尚为了驯服尉迟恭，争取到更多的地皮，硬是把几分钟就可以读完的圣旨，足足念了半个时辰。之后更是念了一遍又一遍，从清早一直到中午。尉迟恭虽然身体很好，但也架不住一动不动地跪了半日，到最后差点趴到地上。仙林和尚见想要的效果已经达到，便笑嘻嘻地问道："大元帅，这次明白了吗？皇上是要你造一座'顶大'的寺院给我，所以，怎么着也得方圆五里啊，你说是吧？"仙林和尚想不到的是，尉迟恭是一个固执的人，仍旧摇摇头，说："最多五十丈！"就这样，两个人又争了一天，还是没有结果。

到了第三天，尉迟恭心想："这刁和尚竟然让我跪了半天，我也要叫他吃点苦头。"于是，把先皇恩赐的一柄碧玉如意藏在怀中，来到仙林和尚的住处。和昨天的模式一样，他刚走到门口，仙林和尚又喊上了，"圣旨到"。这一次，尉迟恭并不下跪，而是不慌不忙地走进屋里，从怀中取出碧玉如意，大声喝道："太上皇恩赐如意在此，仙林和尚下跪宣旨。"仙林和尚没有想到他还有如此宝贝，只能跪下来宣读旨意，和昨天不同的是，仙林和尚这次读得很快，刚想要起身，尉迟恭却说道："先别着急起身，我耳朵不好，请您再读一遍。"就这样，仙林和尚念了一遍又一遍，整整跪着读了一天，仙林和尚的身体吃不消，差点就升天了。尉迟恭觉得差不多了，就让他起来了。仙林和尚吃了这次亏之后，知道自己的小算盘是不能实现了，只好答应造五十丈的寺院。

  仙林寺造好后，尉迟恭奉旨回京。哪曾想仙林和尚骑着一头小毛驴在海宁县地界上又追上了。尉迟恭问他还有什么事情，仙林和尚说："大元帅贵人多忘事，只造了寺院，还不曾造山门呢？"尉迟恭想想还真是这样，就答应为他补造一个山门。本来这件事情也没什么，可是仙林和尚竟然提出要把山门造到五里路之外，还振振有词道："仙林寺乃是大唐开国以来所造第一座寺院，山门造得远点，也象征着大唐江山的长久啊。"尉迟恭听完之后非常生气，说道："我们辛辛苦苦打下的大唐江山，难道只有五里路吗？"仙林和尚以为尉迟恭要圈给他更多的地，非常高兴。谁知尉迟恭跳下马，直接在地上画了个十丈圈子，说道："山门就造在这里了。"然后回京了。这样一来，仙林和尚如意算盘又落空了。

  直到现在，仙林寺还是寺院在杭州、山门在海宁。

杭州的祠堂

于谦祠堂里的于谦生前有何功绩

于谦祠位于杭州西湖三台山麓，是传统的祠堂建筑，白墙灰瓦，朱漆大门，门额上有"于忠肃公祠"几个篆书大字，显得非常庄严肃穆。祠堂共有三进，分前殿、正殿和后殿。于谦祠自建成后屡毁屡建，现存于谦祠为清同治八年（1869年）在旧址上重修旧址。

于谦字廷益，号节庵，浙江杭州人。他是明代的民族英雄，和岳飞、张苍水并称"西湖三雄"。明正统十四年（1449年），"土木堡之变"英宗被俘后，于谦从兵部侍郎升任尚书，拥立景帝，反对南迁。瓦剌兵临城下，他调集军队，在北京城外击退强大的瓦剌军。次年，瓦剌首领也先因无隙可乘，被迫释放英宗。景泰八年（1457年），英宗策划了"夺门之变"，复辟后，以"谋逆罪"将于谦杀死，葬于三台山。弘治二年（1457年），朝廷采纳了给事中孙需的意见，赠给于谦特进光禄大夫、柱国、太傅，谥号肃愍，赐在墓建祠堂，题为"旌功"，万历十八年（1590年），改谥为忠肃。

于谦祠堂

于谦祠堂的前殿为序厅，殿门两侧有一副楹联，是林则徐所撰："公论久而后定，何处更得此人。"上悬匾额"百世一人"，是对于谦一生功绩的高度概括。序厅正中一块巨大的石灰岩上镌刻着于谦青少年时所作诗作《石灰吟》，"粉身碎骨全不怕，要留清白在人间"，作为于谦一生刚正不阿、两袖清风高洁品性的真实写照。

洪氏宗祠中的"三洪"是谁？

洪氏宗祠位于杭州西溪，是宋、明、清时期著名的钱塘望族洪家的祠堂。明尚书洪钟晚年归隐于西溪五常，建洪园，由此使洪氏家族更加著名。南宋时，洪皓为朝廷立功，朝廷在西溪给他封赏田地，奖励宅院。洪皓的三个儿子被后人称为"三洪"，他们在各自的文化领域都取得了卓然成就。长子洪适，是宋代金石学家，与欧阳修、赵明诚并称宋代金石学三大家。著书有《隶释》《隶续》《隶韵》《隶赞》《隶图》。所著《泉志》是现有最早的钱币学专著。

次子洪昇是戏剧《长生殿》的作者，他借杨玉环与李隆基的爱情故事，倾尽心血，无论是思想性还是艺术性，都达到了中国戏曲的顶峰。与《桃华扇》作者孔尚任并称为"南洪北孔"，是戏剧花园里的一朵奇葩。

洪迈是洪皓的三子，著有《容斋随笔》和《夷坚志》。这两部作品，确立了他在文学、史学、考据学等领域的重要地位。《容斋随笔》是洪迈传世作品中最完整的一部，是洪迈花了40年的时间编撰而成的，共分为随笔、续笔、三笔、四笔、五笔5个部分。书中内容广涉历史兴衰、治乱得失、处世为人、文坛趣事等，补《资治通鉴》之不足，多写治国方略，为政客所爱。《夷坚志》是中国最大的文言志怪小说集，其中不少篇章成为"三言两拍"、《聊斋志异》等名著的重要素材。

钱王祠里供奉的是哪个钱王

　　钱王祠位于杭州西湖东岸柳浪闻莺公园内，始建于北宋熙宁十年（1077年），是后人为纪念吴越王钱镠而建造的。距今已有900多年的历史了。钱王祠随着历史变迁，逐渐颓废剥落，如今只剩下八字墙是原建筑的遗迹，其余的都是后来重修的。

钱王祠大殿

　　钱镠少年时是乡里一无赖，长成后以贩卖私盐为业。唐末天下大乱，他追随唐朝将领董昌，任都指挥使，镇压黄巢的起义军。他骁勇善战，足智多谋，一刀一枪，打下了自己的势力。后来他打败了董昌，在苏南和两浙一带割据，成为一方霸主。907年，被中原王朝封为吴越王，立国，定都钱塘，用唐哀帝年号为"天佑"，第二年建年号为"天宝"。

　　复建后的钱王祠气势恢宏，正殿叫五王殿，殿内陈列三世五王塑像，正中是五米高的钱镠像，旁边分别是钱元瓘、钱弘佐、钱弘琮、钱弘俶的塑像。高大肃穆，十分威武。祠堂内有依光堂，堂外院子里有口井，叫"婆留井"。相传钱镠生下来的时候面相怪异，十分不祥，他父亲准备把他扔到井里去，幸亏一位好心的婆婆及时相劝，才救了他的性命。因此钱镠的小名就叫婆留，这口井就叫"婆留井"。

白苏二公祠中"二公"指的是谁

　　白苏二公祠，位于杭州市孤山东南麓，为纪念历史上两位著名的杭州太守白居易和苏东坡而建。在杭州水利史上，白居易和苏东坡的贡献很大，尤其是疏浚西湖，两人还各建有白堤和苏堤。为纪念他们的功绩，嘉庆三年（1798年），大学士阮公提议修建祠堂，得到了百姓强烈的呼应，于是就在孤山南麓建了这座白苏二公祠。

道光十五年（1835年），白苏二公祠破旧了，巡抚乌公又将其重修。对此，从原址上挖出的古碑还有记载，古碑上题为"重修西湖白苏二公祠记"，落款为"道光十六年六月湖董事章钱定王泰薰谨立石"，落款后面是当年捐款人员以及钱数的清单。民国十六年（1927年），白苏二公祠被附近一所艺术专科学校租用。据阮毅成《三句不离本（杭）》记载："在平湖秋月对面，犹有白苏二公祠，以纪念这两位诗人太守。可惜的是白苏二公祠，因民国十六年，教育部在罗苑设立国立杭州艺术专科学校，后因学生日多，校址不敷，该校便向浙江省政府要求租用。经省政府委员会会议决议，准其租用五十年。"此后，白苏二公祠就成了学生们的餐厅，白苏二公的雕像不再挂在墙上，而是躺在地上，所幸的是没有遭到破坏。

白苏二公祠一度被叫成苏白二公祠，只因为后者更加顺口。但是据文物局称，原名是白苏二公祠，就不能随意更改。何况白居易是唐人，苏东坡是宋人，本就有先后顺序，因此不可能因为大家的喜好和顺口而更改。

白苏二公祠

张苍水的墓碑上为何曾刻"王先生墓"

张苍水祠位于西湖南屏山荔枝峰下，粉墙青瓦，是典型的清代建筑风格。祠堂后面是张苍水墓。墓碑上曾经刻着四个字——"王先生墓"。

张苍水，名煌言，字玄著，号仓水，浙江鄞县人，是明末清初的抗清英雄。清兵入关之后，大肆屠杀汉人，江南地区反抗尤为强烈，因此也被镇压得最严重。张苍水曾在东南沿海地区及长江中下游率兵抗击清军,后来被叛徒出卖,被清军俘获。面对高官厚禄,他不为所动,于康熙三年(1664年)在杭州弼教坊慷慨就义。由于他的妻女家小已被清军杀害,因此没人为他收尸。眼看这位英雄就要抛尸荒野,西湖白莲洲留锡庵僧人超直,绰号石和尚,与张苍水是鄞县同乡。他钦佩张苍水的高风亮节,就冒着杀身之险置棺木收殓了英雄遗骨,暂厝宝石山僧舍。随后又在鄞县纪五昌、万斯大等同乡和杭州义友张仲嘉等人帮助下,在南屏山北麓觅地将张苍水安葬,并请来了曾与张苍水一起在浙东抗清的战友、坚不仕清的大学者黄宗羲撰写了《张公墓志铭》。当时这一系列活动都是秘密完成的,不敢让清政府知道。因此就在坟墓前草草地立了一块石碑,题"王先生墓"。此后康熙、雍正两朝七十多年中,人们一直这样称呼,很少有人知情。若干年后,黄宗羲来此凭吊祭拜,张苍水墓早已湮没在荒草中,以致他都找了很久才找到。事后,他曾写了一首《寻张司马墓》来讲述此事,诗中有"夜台不敢留真姓,萍梗还来酹晚鸦"一句,令人不胜唏嘘。

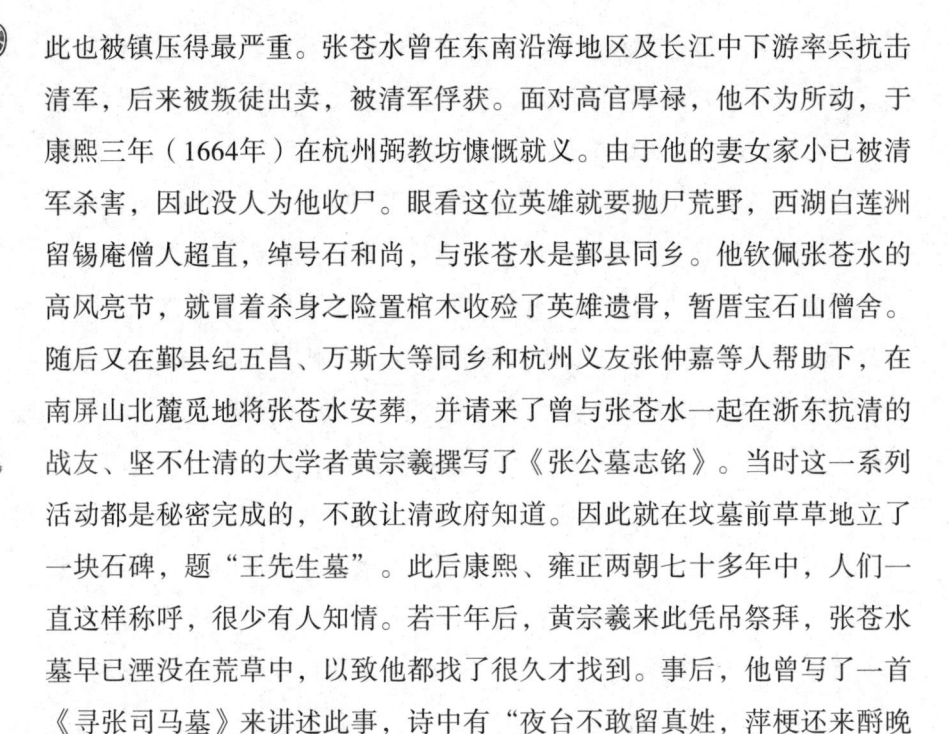

　　乾隆初年(1736年),"王先生墓"才恢复原姓。此时,满清政权已经稳固,政治迫害变成了笼络人心。清政府对于这样祭奠前明人士的事不再插手。于是杭州一位叫吴乾阳的道士,筹资重修张苍水墓,辟筑墓道,竖立神道碑,碑上刻着乾隆元年进士、著名学者鄞县人全祖望撰写的《明故权兵部尚书兼翰林院侍讲学士鄞张公神道碑铭》,详述张苍水一生经历,誉之为"啼鹃带血归南屏"。至此,"王先生墓"的真相才算大白天下。

杭州的民俗特色

旅行，可以改变你对生活的认识，也给你打开了生活的另一扇窗。当你置身于另一个城市时，你会发现，这座城市的节日习俗、休闲娱乐、方言俚语和自己原本生活的城市有许多不同。这也可说是另外一种生活方式。杭州是一座美丽的城市，是一座拥有独特习俗、休闲娱乐方式的城市。那么老杭州人在过春节的时候有何习俗，他们在拜年的时候为何手中要拿一个三角包，三角包里装的是何物品？众所周知，观钱塘江潮是杭州的一大景点，那观潮又是老杭州人哪个节日的习俗，最佳的观潮时间又在何时？再如老杭州休闲娱乐中的杭剧为何又被称为"武林调"？翻九楼与孟姜女哭长城有何关联？在这里我们为您一一介绍。除了节日习俗、休闲娱乐之外，杭州的方言俚语也十分有趣，旅游途中或旅游前学一些杭州方言，定然可以拉近你与杭州的距离。

老杭州人的节日习俗

老杭州腊月初八烧八寺香的习俗与腊八粥有何关系

杭州过年的时候,"吃"是一项重要内容,而腊月初八吃腊八粥正是老杭州人过年的前奏。腊八粥是农历腊月初八时老杭州人用来馈赠亲友所做,所用材料一般是胡桃、松子、莲子、枣子、芡实、桂圆、荔枝。

相传,腊八粥起源于南宋时期,当时被称为"七宝五味粥",是寺庙中僧人斋供所用的物品。到了后来,不知道什么原因,腊八粥从寺庙传到了民间,并且和僧俗融合在了一起,这就形成了老杭州人腊月初八烧八寺香的习俗。

在杭州,八寺被分为上八寺和下八寺,其中上八寺分别是海会寺、开元寺、义乌寺、灵芝寺、长庆寺、惠林寺、保国寺、佛惠寺,而下八寺分别是定香寺、华藏寺、白马寺、法轮寺、永福寺、天长寺、祥符寺、白莲花寺。

腊八粥

"十碗头"说的是什么

老杭州人在过年时,吃的菜很是讲究,"十碗头"便是其中一系列的菜品。"十碗头"分别是元宝鱼、元宝肉、豆沙春卷、藕富、长生果、白斩鸡、彩蛋、如意菜、暖锅儿、八宝菜。

这些菜都有着吉祥的寓意。其中，元宝鱼寓意着年年有余。但是，元宝鱼在元宵节之前是不可以吃的，所以老杭州人通常会选择买小点的鱼，即使坏了、丢掉了也不会心疼。而元宝肉的命名是因为做出来的菜品相很像元宝，是用卤蛋和红烧肉烧制而成的。藕富，因为藕上有很多小洞，所以象征着"通顺""路路通"，寓意着富贵。藕富中所选的配料也非常好，如红枣，代表的是早生贵子。这道菜很受老杭州人的喜欢，味道很好。而长生果，就是长有三颗豆的花生，把它们连外壳一块煮，寓意着长命百岁。白斩鸡不能被分成一块一块的，而是要整只上桌，寓意着家庭富裕。而彩蛋是人们为了在新的一年搏个好的彩头而列入"十碗头"中的。八宝菜的主要材料是黄豆芽，而黄豆芽因为是发芽的黄豆，所以象征着"发"，如意菜中的豆干也是一样的道理。暖锅和现在的火锅差不多，唯一不同的是下面烧的是炭，到了大年三十的时候，一家人围在一起，非常的温暖。在吃暖锅的时候，往锅里所放的东西也有很多寓意，如蛋饺就是财源滚滚的意思，而年糕的寓意是年年高。

何为"朝岁""挂喜神"

老杭州人在除夕深夜，十二点的钟声响起，点了开门爆仗之后，从子夜开始到天亮，每家都会进行祭祀活动，先拜祭天地神仙，再拜祖宗。拜神的时候需要在厅堂的案桌后面挂上神像，然后在案桌上摆上祭品，如水果、糕点，然后点燃蜡烛香火。这一系列的活动被杭州人称之为"朝岁"。之后，把事先放在厅堂门边的甘蔗放到案桌的两边，寓意着在新的一年"渐入佳境"。再把事先准备好的"开门大吉"红纸条贴在大门之上，用这种方式来祈祷在新的一年里吉祥如意。拜完天地诸神之后，老杭州人接着祭拜祖宗。

而"挂喜神"就是老杭州人家中所挂的祖先画像。到了初一早晨，在祖宗画像前的案桌上，摆放上贡品，点上香烛，全家老小对祖先行拜年礼。当有亲朋好友来到家中拜年的时候，也要参拜祖宗画像。这种拜年习俗，也说明了老杭州人注重人伦的观念。

老杭州人是如何过除夕的

除夕为农历腊月三十日（小月为二十九日），是每年最后一天的晚上，是大年初一的前夜，是中国传统节日中最重要的节日之一。那么，您知道老杭州人是如何过除夕的吗？

除夕守岁上香

老杭州人过除夕的时候大致可以分为三个流程，分别是吃年夜饭、守岁、发压岁钱。每当除夕来临的时候，杭州街道上人迹渺渺，这时候，老杭州人早已经回到家中，团聚在一起了。当他们做好一桌香喷喷的饭菜之后，全家人就会围绕在桌前，开始吃除夕时的年夜饭。饭桌上充满了欢声笑语，其乐融融。吃完饭之后，全家人坐在一起开始守岁。守岁也被叫做坐年、熬年，老杭州人通常会准备一些守岁时吃的糖果瓜子，这样就可以一边聊天，一边吃东西，两不耽误。其中，为守岁时准备的这些糖果被称之为消夜，或是压岁盘。在守岁的时候，家中的孩子会向长辈们行礼辞岁，而老人们就会在这个时候给孩子们压岁钱。这些压岁钱是长辈们为晚辈准备的新年礼物，就好比西方的圣诞老人为孩子们准备的礼品。据说，在古代时，压岁钱是帮助孩子驱除邪魅的一种行为。到了现在，压岁钱已经成为一种表达亲情爱意的方式了。

老杭州人大年初一拜年时为何要手持名片

拜年是我国过春节时的一项重要内容，是人们辞旧迎新的一种方式。一般人们理解的拜年就是晚辈在大年初一去拜见长辈、尊长，用一些吉祥的语句来祝贺新年，有的时候晚辈还会向长辈行叩头礼，而主家也会拿出糖果之类的东西热情款待。拜年的时间一般是从大年初一的早晨开始，初五结束。如果拜年的时间超过初十，就属于拜晚年了。但是，民间有一句谚语却说："有心拜年，十五不晚"。

老杭州人对于拜年也非常重视，内容与其他地区大致相似，但其中比较有意思的是，老杭州人亲朋好友之间拜年的时候需要手持"名片"。这张"名片"在古时候被称为"飞片"，上面写有拜年者家中全体男士的姓名，并且是按照辈分排列的。有的家庭，会在新年开始的时候，备上两本名为"题凤""留芳"的记名本，记名本的前四栏是主人家自己杜撰的一些造访者，为的是讨一个吉利。

到了现在，这类拜年风气已经稍显迂腐，但是老杭州人敬老爱幼的淳朴民风却一直保留了下来。

老杭州人过年时大致有哪些娱乐活动

老杭州人在过年的时候也会进行一些娱乐活动，大致可以分为四种，分别是锣鼓、纸鸢、龙灯以及花爆。

锣鼓，又被称为年锣鼓，除此之外，还会加上脆鼓、小锣以及竹板。年锣鼓大多是商家在正月初五之内所用，另外，它还有为其他的娱乐活动来渲染过年气氛的效果。老杭州人对于锣鼓一共分为三类，第一类分别是元宵鼓、招财鼓、雨夹雪、七五三，它们只闻其声不闻其词；第二类分别是十番、风云会、丝弦锣鼓，它们既闻其声又听其词；而既没有节奏也没有言词的，老杭州人把它们统称为乱劈柴。

纸鸢，也就是"鹞儿"。它是以细竹为骨，从而制成各种飞禽的形状，然后用纸粘在上面，再穿上线，这样就可以放飞了。因为老杭州人的心灵手巧，所以"鹞儿"的形状总是多种多样的，如蝴蝶状、月亮形、星星形等。有的老杭州人还会在制成的"鹞儿"上绑一小节竹笛，这样，在放飞的时候，就可以发出如筝的声音。

在杭州，往大了说，龙灯可以被理解为正月十五或者八月十五灯会的统称，往小了说，龙灯是用纸制成的能够为灯烛挡风的灯罩。这些灯罩一般都是用细木或者细竹为基本材料，制成灯罩的基本构架，然后用纸或者其他材料糊上。灯罩分为各种形状，如船灯、马儿灯、走马灯等。其中，走马灯和船灯是不能移动的，只能够悬挂起来，而其他形状的灯就比较幸运，它们可以随着龙灯大队"玩耍"在大街小巷之中。

花爆指的是烟花和爆竹，花爆的大小可以依次分为三类。其中，最大的被称之为焰火，燃放焰火的时候必须找一个空旷地带，主要看的是烟花流荧；往下数便是花筒了，因为大大小小的花筒很多，所以它是比较随大流的，点燃之后可以既听其声又观其形；最后就是炮仗了，受欢迎的群体主要以少儿为主，燃放之后只能听到响声。以前的老杭州较为常见的花爆大多是花筒，比较有名的是九龙取水、二龙戏珠、金盆闹月等项目。

春节庙会锣鼓表演

老杭州人过春节为何要放爆竹

"爆竹"一词来源于宋代前后，当时，人们把竹节放到火里进行烘烤，从而发出一阵噼里啪啦的声音，所以称之为"爆竹"。到了后来，人们发明了火药，把火药装进纸卷之中，因为形状与竹子相似，又被称为"炮竹"。当把一只只炮竹串在一起时，就被称为"编炮"，因为点燃之后的声音就像鞭响，所以又被称为"鞭炮"。现在的人们一般会把它们称为爆竹、鞭炮。那么，老杭州人过春节的时候为什么要放爆竹呢？

放鞭炮图

根据清朝人士顾铁卿所著《清嘉录》中记载，杭州过年放爆竹的情景："岁朝，开门放爆仗三声，云辟疫疠，谓之开门爆仗。"由此可见，古时的杭州人过年放爆竹的意思是为了祛除病患和驱赶鬼邪。放到现在，摒除其中的迷信色彩，就是为了除旧迎新，为新年开个吉祥兆头，同时也为节日增添一些喜庆的元素。

老杭州人过春节为何必去城隍山和梅花碑

以前老杭州人过春节的时候，亲戚朋友见面肯定会问上一句："城隍山去了吗？梅花碑去了吗？"因为当时杭州有名的游玩地点只有两处，便是城隍山和梅花碑，所以老杭州人过春节，城隍山和梅花碑就成了必去的地方。

旧时的城隍山，在山径两侧分别是商家店铺和庙宇道观。商家店铺中有很多茶坊，在卖茶的同时经营各种茶点小吃，其中的蓑衣饼就非常美味。而梅花碑原本是南宋时期德寿宫遗址，到了元朝，这里就只剩下一块梅花石刻碑，随着时间的流逝，这里渐渐就以碑名命名了。以前梅花碑在过年的时候非常热闹，有很多卖艺人，如说大书者、唱大戏者，所以老杭州人非常喜欢来这里凑凑热闹。

现在，城隍山和梅花碑已经不是杭州人过年时必选之地，他们渐渐被经过几次大规模整修的西湖所吸引，游西湖也就成为了杭州人新兴的爱好。除此之外，有的杭州人把目光投到了外地，其中包括国外，想要趁着过年期间的假期出去旅游，散散心。虽然如此，还是有一些老杭州人喜欢在过年的时候到城隍山以及梅花碑逛一逛，回味一下当年的感受。

老杭州人拜年时手中拎的三角包内装的都是什么

过去老杭州有句俗话，即"大年三十的吃，正月初一的穿"。意思是说年夜饭必须丰盛，用来犒劳辛苦一年的家人。大年初一那天，老杭州人会穿上崭新的衣服到灵隐寺或者天竺寺烧香祈福。从寺庙中回来之后要吃汤圆，寓意着全家团团圆圆。之后就要外出拜年了，有意思的是，当时的老杭州人去拜年的时候手中会拿着一个三角包，用来赠送给亲朋好友。那么，您知道三角包中装的是什么吗？

当时老杭州的大户人家在拜年的时候礼包很贵重，精美礼品也不在话下，而一般人家则会准备一些用草纸包的三角包互相拜年。也有老杭州人嫌弃自己所包的三角包太难看，会到店铺中去买。三角包中什么东西都可以装，如红枣、花生、小橘子等，或者再加上一张细纸用来包白糖、粽子糖等食品。当时店铺卖的三角包分为两个档次，高档的是一斤装，而低档的是12两（老秤），一般都是几毛钱，最高的也就一块钱。

据老杭州人说，当时的三角包用在拜年上还讲究一些规矩。给长辈拜年的时候送的是最高规格的三角包，如桂圆包、白糖包等；送给平辈人的三角包则大多是红枣包、糕干包等。

当时的人们手头上不富裕，所以收到亲戚朋友送的三角包之后，自己不舍得吃，他们会将这些三角包转手送给别的人家，用来转换人情。如今，这些东西虽然已经上不了台面了，但是每当过年的时候都会勾起老杭州人对它的回忆。

何为老杭州人"正日子"上坟

清明节,又被称为踏青节,是中国传统节日之一,现在已经被列为国家法定节假日,被国务院批准列入第一批国家级非物质文化遗产名录。在我国,对于清明节,不同地区民俗习惯的基本主题大都一致,但还是会有稍许差异。

清明祭扫

在杭州,老杭州人对于清明节有一种说法,名为"正日子"上坟,意思是说,如果有亲人新逝,那么,在头三年的清明节必须"正日子"上坟,不然,就会被别人认为不懂礼节。过了三年之后,再到清明上坟的时候,就被称为"上老坟",上坟的时间也不用"正日",被宽限为清明节的"前三天、后四天"。对于上坟,老杭州人还有一定的讲究,首先要摆好菜肴,然后倒上黄酒,因为之后还会加酒,所以黄酒第一次是不可以倒满的。然后点蜡烛,最后焚香,焚香的数量一般是一人三支。祭祀完祖先之后,有的时候,亲人会在坟地里吃饭,意思是说和逝去的亲人共同饮食。

清明节上坟时为何不能只带清明团子和水果

据老杭州人说,大多数的杭州人,对于一日三餐的菜肴非常讲究,认为一顿好的饭菜能给人带来很好的享受。因此,老杭州人在清明节上坟的时候是不能只带清明团子和水果的,如果只带这些东西的话,会被人们视作简陋。

在杭州,清明上坟的时候,一般人家都会亲自烹制菜肴,这些菜肴必须是去世的老人喜欢吃的菜,如卤鸭、白斩鸡、红烧鸡爪等。除此之外,咸鸭蛋也是必备的菜肴。当然,清明团子也是必不可少的,如果没有带清明团子上坟的话，就跟没有上过坟一样。

祭拜完之后，有些坟前墓碑上的字迹可能经过时间的摧残而变得模糊了，这个时候就需要小辈借助金粉或者红漆把字再描一遍。在以前，祭拜完之后还需要往坟头上添土，大多是由儿子或者孙子来完成，添完土之后再把坟头周围的杂草拔掉，用这个方式表示对已故亲人的关心和尊重。

清明节前一天为何要将杨柳插在门上或头上

据老杭州人说，旧日过清明节的时候有很多习俗，有的至今还在延续，有的已经消失在历史的长河中，而"清明插柳"便是曾经老杭州人过清明的一个习俗。

据说杭州过去流传着一句俗语，即"清明不戴柳，红颜变白首"，意思是说在清明节期间，老杭州人都会把杨柳插在门上或者头上，这样就可以辟邪了。原来在古代，人们认为清明节是三大鬼节之一，而柳在人们心中是具有辟邪作用的，为了防止鬼的侵扰，人们就在清明时插柳戴柳了。

关于清明插柳的习俗，还有人说是为了纪念农事祖神是——神农氏的。有的地方还利用插柳来预报天气，古语有言："柳条青，雨蒙蒙；柳条干，晴了天。"柳树拥有强大的生命力，有句俗话说得好："有心栽花花不发，无心插柳柳成荫。"所以柳枝插到哪里，活到哪里。

老杭州端午节都有哪些习俗

端午节，又被称为端阳节、午日节、五月节，时间为每年的农历五月初五。端午节是为了纪念屈原而形成的传统节日，除此之外，还有说是为了纪念伍子胥、曹娥等人。端午节现已列为中国国家法定节假日和世界非物质文化遗产名录。那么，您知道老杭州人是怎么过端午节的吗？老杭州过端午都有哪些习俗？

在杭州关于端午有一句俗语，即"手执艾旗招百福，门悬蒲剑斩千邪"。意思是说老杭州人过端午的时候，就会把艾草、菖蒲绑在一起，挂在门楣之上，寓意着招百福、斩千邪。

农历五月，老杭州人把它称为"五黄月"。"五黄"指的是在五月上市的五种带"黄"字的食物，分别是雄黄酒、黄鳝、黄鱼、黄瓜、咸鸭蛋黄，而吃"五黄"便是老杭州人过端午的习俗之一。其中，因为雄黄带有毒性，所以老杭州人都会用黄酒来代替它。

老杭州"五黄"

闹龙舟是老杭州人的传统习俗，据说是从明朝时兴起的，距离现在已经有了五百多年的历史。根据老杭州人所说，龙舟赛讲究的是热闹，通过这个习俗来达到心情愉快的效果，从而祈求平安。

老杭州人在端午节挂香囊保平安的习俗也有很悠久的历史了。在古时候，一般都是家中的长辈为了保佑晚辈出入平安而送给他的。如今，香囊已经被制成了工艺品，成为端午节期间亲朋好友互相赠送的最好礼物。

端午节吃粽子，是流传最为广泛的一个习俗，而杭州也不例外。在杭州，进入农历五月之后，老杭州人就开始为包粽子做准备了，所做的粽子馅有很多品种，如豆沙、火腿、蛋黄、鲜肉等。

观潮是老杭州人过哪个节日时的习俗

中秋节为农历八月十五，因为时间位于三秋之半而得名，又被称为月夕、八月节、拜月节、女儿节、团圆节等，中秋节兴起于唐朝年间，现已成为我国的主要节日之一,被列为国家法定节假日和第一批国家级非物质文化遗产名录。

在我国,过中秋节有很多风俗习惯,而观潮便是老杭州人过中秋节时的习俗。从古代开始,观潮就是老杭州人的中秋盛事。据史料记载,汉朝之后,杭州一带的观潮风气更是兴盛。到了现在,钱塘观潮仍是杭州人中秋节最具特色的观光据点。

除了钱塘观潮之外,吃月饼、赏月、拜月等传统习俗也在杭州流行。

老杭州人逢年过节都会去赶吴山庙会吗

吴山庙会,有着悠久的历史。当初,为了纪念春秋战国时吴国大夫伍子胥,在吴山建造了第一座伍公庙。之后的两千多年间,吴山的寺庙庵观日益增多,几乎遍布吴山境内的各个山头,所以,关于吴山的寺庙还有"吴山七十二庙"的说法。

吴山的寺庙根据所供奉的人物不同,大致分为三种类型。第一,根据历史人物所塑造的神。如"伍公庙""施全庙"等。第二,神话传说中的人物,如仓颉祠、月老殿、禹神殿、雷神庙、风神庙、太岁庙等。第三,供奉三教之神,而三教分别是儒、释、道。在这三教的寺庙中,分别有儒教的文昌庙、释教的海会寺、道教的三茅观等。

吴山庙会

吴山庙会在不同的季节拥有不同的特色。从大年初一开始,老杭州人为了辞旧迎新,同时也希望在新的一年里有一个好的开始,往往会来吴山赶庙会。这个时候的吴山上行人不断，非常热闹，到了正月十八才会"消停"下来。除了过年，老杭州人在端午、立夏的时候，也会来到吴山赶庙会。

据老杭州人说，以前吴山庙会和现在不同的是，除了烧香拜佛之外，山上山下还有很多其他的活动，如算命、卖字画、庙台戏、变戏法、耍杂技等。当时，由于小贩的兴盛，往往会带动吴山脚下的老字号，如胡庆余堂、状元楼等。

吴山是一个民俗杂碎汇聚的地方。吴山庙就好比一场大戏，其中的演员分别是逛庙会的人们，做生意的商户，表演技艺的民间艺人，通过这些角色的参与，演绎了一场生动的民俗风情戏。到了现在，吴山庙会充满了丰富的内容，作为这座城市千百年来的传承，让老杭州人在现代化的社会中，还可以找到当年老杭州的面貌，慰藉自己怀旧的心灵。

老杭州人的休闲娱乐

越剧何时被正名为"越剧"

越剧,有着第二国剧的美称,与京剧、黄梅戏、评剧、豫剧并称为中国五大戏曲剧种,在国外被称为"中国歌剧",可见其影响力之大。越剧起源于浙江,吸取了很多优秀剧种的精髓,先后经历了男子越剧、女子越剧,现已经被列入首批国家级非物质文化遗产名录。

越剧在杭州非常盛行,老杭州人在闲暇的时候都会听上那么一小会儿。那么,越剧是何时被正名为"越剧"的呢?

越剧擅长抒情,选择表现的题材多以"才子佳人"为主。它起源于"落地唱书",在发展过程中有过很多名称,如"女子科班""绍兴女子文戏""草台班戏""绍兴文戏"等。其首次被称为越剧,是在1925年登上《申报》时,之后,全国大多数的戏班、剧团都称

越剧演出

之为"越剧",但是在戏报上的名称还是不统一。直到1939年,记者樊迪民受到李白《越女词》和越剧名伶姚水娟"我就是要越唱越响,越唱越高,越唱越远"的启发,向当时著名的《戏剧报》发了一则有关正名为"越剧"的动机和意义的文章。这篇文章发表之后,逐渐被人们所认

可，而"越剧"也逐渐走向统一。

越剧曾经还被误认为是"绍兴戏"。因为越剧曾经有过"绍兴戏剧""绍兴文戏"的名称，并且当时越剧没有名称，所以就借用了"绍兴戏"的称号。当时，越剧的英文甚至被翻译为了"Shaoxing Opera"，如今，越剧的称号已经被修改过来，而"Shaoxing Opera"也成为越剧的一个历史版本。

越剧的剧目来源于哪些戏曲

越剧从诞生到现在，有很多优秀的剧目为人们所称道。根据不完全统计，已经上演的剧目超过了6000个，其中具有代表性的优秀剧目有360多出。那么，这些优秀的越剧剧目都来源于哪些戏曲呢？

越剧剧目主要来源于三个方面。第一，把原先说唱形式的剧目改成戏曲剧目，如《双金花》《箍桶记》《珍珠塔》等。第二，从兄弟剧种中吸收剧目，如《沉香扇》《梅花戒》《二度梅》《龙封锁》《草庵相会》等，分别是从新昌高腔、徽班、东阳班、绍剧、姚剧中移植过来的。第三，重新编写，编写的资料从宣卷、唱本以及民间传说中整理出来，如《烧骨记》《蛟龙扇》等。

随着越剧的发展，改编和新编的剧目在思想性和艺术性境界上越来越高，为我国的戏曲史谱写了光辉的篇章。

越剧流派有哪些

越剧和别的剧种一样，也划分很多流派。越剧流派中包含很多艺术因素，大致可以分为剧目、唱、念、做四类，其中，因为唱腔的可塑性最强、特点最突出，所以人们把它称之为流派唱腔。但是，流派并不只是指唱腔，还涵盖了舞台表演艺术的很多内容。喜欢越剧的老杭州人都知道，一部相同的越剧剧目，通过不同流派的演绎会有不同的效果，那么，您知道越剧流派都有哪些吗？

1942年10月，"新越剧"的诞生催生了各种越剧流派。当时，著名越剧艺术家袁雪芬对传统越剧进行了全面改革，将越剧以往的"四工腔"改为了"尺调腔"和"弦下腔"。从此之后，越剧进入了一个新阶段，并且之后的各种越剧流派都是在此基础上产生的。现在，被公认的著名越剧流派一共有十三个，分别是袁雪芬派、张桂凤派、金采风派、范瑞娟派、尹桂芳派、吕瑞英派、傅全香派、张云霞派、徐玉兰派、毕春芳派、戚雅仙派、王文娟派、路锦花派。

越剧的妆容与服饰有何特点

不同的剧种在妆容和服饰上的特点大多是不同的，如京剧四大名旦的妆容各有各的特点，而服饰就带有强烈的中国特色，共分为四类，分别是大衣、二衣、三衣和云肩。那么，您知道越剧的妆容和服饰有什么特点吗？

早期的越剧，男角在演出的时候大多都是不化妆的，而男演女角的时候也只是简单地擦点胭脂水粉，甚至有的草班女角只是在脸颊上用红纸沾水擦腮红，连眉都不用画。到了后来，先后吸收绍剧、京剧的上妆方法，演出传统老戏时使用水粉化妆法，而演古装戏时则用大花面开脸，小丑则画白鼻梁。

越剧演员

1942年，《古庙冤魂》中袁雪芬的演出，开创了油彩妆的先河。几年之后，很多越剧名人在演出新编剧目的时候，都开始采用油彩妆的方式。1980年前后，在新编的现代题材剧目演出时，采用了美容、绘画化妆以及毛发粘贴法，成功地塑造了很多经典形象。

越剧初期，戏中角色的服饰大多都是生活中的衣物，其中包括衣衫、长袍、褂，后来借用绍兴大班的戏装，其中以袄、衫、蟒、靠、箭衣为主，与绍剧、京剧的传统样式类似。从1920年到1930年，越剧进入绍兴文戏时期，当时受到兄弟剧种的影响，主要演员和群众演员的服饰开始划分。其中，主要演员所穿服装被称为"私彩行头"，是由主要演员自己添置的；而群众演员的服装则被称为"堂中行头"，由班主负责租借。当时，因为观众的需求不仅是看演员，还要看服装，所以造成了很多著名演员在演出时炫耀"私彩行头"的行为，有的演员一晚上甚至可以连续换十几套服装。1943年后越剧服装设计开始兴起，剧目中的所有服装由设计师进行设计，力求艺术上的统一。这是越剧服装的一大改革，从此之后，越剧服装"杂乱无章"的时代过去了，逐渐走上了统一的道路。

现在，越剧服装经过长时间的探索和积累，逐渐形成轻柔、淡雅、清丽的独特风格，并且在不断的巩固和发展中，在国内外产生了极大的影响。

杭剧又被称为"武林调"吗

杭剧是杭州地方戏曲剧种，并且是杭州独有的地方戏，曾经流行于杭州以及邻近地区。杭剧源于杭州曲艺宣卷，从1923年正式搬上舞台演出到衰败只有50年的时间。当时，杭剧在杭州地区非常兴旺，它的经典剧目《银瓶》《李慧娘》很受人们的欢迎。中国戏剧家协会主席田汉曾经这样评论杭剧："与北昆相比，各有所长。"

杭州因为在古时候被称为"武林"，所以杭剧也被称之为"武林调"，戏班则被称为"武林班"。杭剧源于宣卷。明末民初时期，宣卷已经成为人们进行自我娱乐的一种说唱方式，在杭州非常流行。之后，

几个工人组成民乐社，把这种说唱的方式搬上舞台进行表演，他们在宣卷原有的曲调上添加了扬州清音中的"梳妆台"唱腔，再加上三弦、鼓坂等乐器的伴奏，逐渐受到老杭州人的喜爱，从此之后，就被称为"武林调"了。而当时的武林调便是杭剧的雏形。

杭剧表演

杭剧最初只有男演员，1926年才开始实行男女合演的形式。1932年杭剧春秋社诞生，他们开始采用"杭剧"的名称。新中国成立之后，武林调才被正式命名为"杭剧"。1968年，因为"文化大革命"，杭州杭剧团被撤销。杭州杭剧团的撤销，距离现在已经将近50年，而今既没有专业的杭剧剧团，也没有专业的杭剧演员，当初杭剧的老艺人也所剩无几，所以急需补救。

2005年5月30日，杭剧被列入浙江省第一批非物质文化遗产代表作名录。

睦剧为何又被称为"三脚戏"

睦剧，形成于清末民初，杭州市淳安地区剧种。睦剧的内容大多以反映家庭生活为主。它的曲调主要分为两种，即湖广调和三脚调，并且在演出的时候会伴上锣鼓之类的打击乐器。因为睦剧的主要角色以小生、小旦以及小丑为主，所以人们又把睦剧称为"三脚戏"。

睦剧主要流行于浙江以及周边地区，因为表演风格活泼风趣，极具乡土气息，所以深受人们的喜爱。睦剧和安徽黄梅戏、湖北花鼓戏以及赣东采茶戏有很深的渊源，清朝末年正是因为这些剧种的传入，才会有睦剧的"降生"。它的传统表演剧目共分为两类，分别是大戏中的折子戏和民间的小戏，相比较而言，它的表演形式以小戏为主。在这两类剧目中有很多戏为人们喜爱，如《马房逼女》《山伯访友》《南山种麦》《王婆骂鸡》《南山种麦》等。

睦剧为何被称为正宗的杭州戏剧

根据不完全统计，中国共有315个地方剧种，而睦剧便是其中之一。睦剧是杭州市淳安县人民经过一定时期创造的文化结晶，具有很高的文化价值。淳安是一个有着深厚文艺底蕴的地方，而睦剧正是在这样的环境下结合民间文学、民间说唱以及民间歌舞发展起来的。因为睦剧是淳安独有的戏剧，所以睦剧和杭剧一样，属于正宗的杭州戏剧。

清朝末年，睦剧开始在小片地区流行，如淳安、常山、开化地带。当时的淳安并不是隶属于杭州，而是睦州，由于这个原因，之后就被命名为"睦剧"了。因为睦剧的风格对农民的胃口，所以在农村非常流行，甚至到后来淳安县的每个农村几乎都有睦剧班。但是睦剧并非一帆风顺走了下去，而是到后来遭到禁演，从而导致睦剧艺人稀少，剧种濒临灭绝。中华人民共和国成立之后，睦剧业余团体纷纷成立。之后更是成立了专业的淳安睦剧团。在此之后的十几年，是睦剧最为兴盛的时期，有很多较为有名的传统剧目，很受人们的喜爱，如《牧牛》《雨过天晴》等。可惜的是，由于淳安地处山区，并且人口分散，剧团常常需要跋山涉水，而演出所得到的收入又太过微薄。由于这些客观因素，导致睦剧团于1986年解散。

睦剧表演

近些年，为了挽救睦剧这个剧种，淳安的有关部门组建了"睦剧艺社"，并且开办了与睦剧相关的学校。杭州市有关协会为了使睦剧继续

发扬下去，在淳安县千岛湖风景区安排了一处睦剧，名为《月圆曲》，获得了很高的评价。2004年，更是在第二届国际小戏节上获得剧目金奖以及优秀表演奖。

杭州评话为何又叫"说话"

杭州评话历史悠久，起源于南宋，距离现在已有八百年的历史，是最具杭州当地特色的曲艺之一。评话俗称为"大书"，南宋时被称为"说话"，通俗地说就是讲故事。

杭州评话拥有独特的艺术魅力。通过它在南宋时的称谓，就可以大致了解它的表演方式了，即"只说不唱"。它把扇子、手帕作为道具，用醒目拍桌子的方式来烘托气氛。它的表演方式有两个不同的侧重点，一是把"说"作为重点，主要是把历史故事详细地描述出来，惟妙惟肖；另一种则是把"演"作为重点，讲究的是口、眼、身、法、步，把这些点结合起来，活灵活现。杭州评话采用的是杭州的地方方言，贴近百姓，所以深受老杭州人的喜爱。

南宋时的杭州评话对现在很多艺术形式都有影响。到了清代，杭州评话的发展更是兴盛，乾隆年间有一位进士还为它作有一首诗，即"银字铁骑雄辩社，四家金鼓竞争雄。

杭州评话演出

要知古今兴亡恨，只在三声醒木中"。清道光年间，杭州评话社正式成立，汇聚了很多著名的评话艺人，如王春桥、谢万春、秦小云、胡文熊等，更是分为了两大派系，分别是以谢万春为代表的"谢派"和以王春乔为代表的"王派"。之后，有一位名为蔡永佳的评话艺人继承了"谢派"和"王派"的表演特长,青出于蓝,自成一家而誉满杭州城。民国初期,"评话温古社"成立,王椿镛为社长,社中的优秀杭州评话艺人们继承发展了蔡永佳的表演特长。

清代的杭州评话为何被艺人视为"木铎遗风"

据杭州评话艺人说,他曾看见过一块纪念评话社的石碑,上面写有"木铎遗风"四个大字,署名是清朝时期的"王派"代表王春乔。那么,您知道为什么王春乔要把"木铎遗风"刻在石碑之上吗?

"木铎",指的是宣传教化的人,所以在清代时期杭州评话被艺人们看做宣传教化人的崇高职业,所以像王春乔这样的读书人才会加入这个行当。由此,杭州评话被艺人们视为"木铎遗风"就很好理解了。当时,杭州评话的艺人们对自己的要求非常严格,必须为人师表,才能得到别人的尊重。据史料记载,当时的百姓在发生矛盾的时候,总是会把评话中的话用来判断是非,甚至会找"木铎老人"出来做公证。所以,当时的评话艺人有着很好的群众基础,深受老百姓的尊重。据说,清代时期的官府对评话艺人也是爱护有加,如果有人在评话现场闹事,就会被严格查办。由于种种原因,致使评话艺人敢于抨击黑暗势力,如解放前的评话艺人陈俊芳,曾经在说书的时候,针对当时物价飞涨、民不聊生的现实进行表演,令人拍案叫绝。就这样,杭州评话艺人把宣传教化作为宗旨,为社会带来了正能量,成功地塑造了人物,并得到了广大受众的喜爱。

杭州评话有哪些经典剧目

杭州评话从南宋流传至今,经过历代杭州评话艺人的传承,有了很多经典剧目。它的剧目内容主要是以历史故事、侠义公案为主,根据不

同的内容和篇幅的长短分为不同类型,如"长靠""短靠""剑侠书"等,其中长靠的意思便是长篇,如《封神演义》《三国》《东汉》《杨家将》《岳传》等;短靠指的是公案书,如《包公案》《彭公案》《施公案》等;而剑侠书有《七侠五义》《七剑十三侠》等著名剧目。

从南宋到现在,出现很多著名的杭州评话艺人,如王春乔、谢万春、蔡永佳等人。他们都有自己拿手的评话剧目,如谢万春的拿手剧目便是《东汉》。这些著名的艺人都有自己的传人,如谢万春的传人便是冯瑞华、任兆麟等人。而他们的传人们也把这些经典剧目继承了下来。

到了现在,杭州市有关部门组织了杭州评话艺人和有关专家,整理了历代流传下来的经典剧目,并出版了一部由十个经典剧目集成的书,名为《杭州评话》,这十个经典剧目分别是韩信传奇、刘伯温出山、双雄奇案录、太平门纪事、乾隆下江南、莫问奴归处、淞沪游击队、宋江、岳飞传、众安桥。

小热昏为何又被称为"卖梨膏糖的"

小热昏是一种民间曲艺,起源于清光绪年间,流行于杭州、上海等地。

小热昏有一个很有意思的别名,即"卖梨膏糖的"。这是因为小热昏还未形成时,是很多艺人养家糊口的利器。当时,艺人们自己熬制梨膏糖,来到街道间用说唱的方式吸引顾客。由于这个原因,小热昏才会有这样的别称。

小热昏

到了清末民初,以杜宝林为首的民间艺人采用卖梨膏糖的这种说唱形式来"说朝报",主要内容为时事新闻以及笑话故事,大多是用来讽刺当时的社会黑暗现象,为了避免灾祸的降临，就把这种曲艺形式命名为了"小热昏"，意思是说脑袋发昏，满口胡言，有关人员也就不必当真了。

小热昏以小锣或者三巧板为伴奏工具，常用的大多为流行小调，如"罗先锋""三巧赋""十叹"等。小热昏艺人没有固定的表演场所，大多选择的是闹市，并且演出时间自由，可以根据听众的多少来决定。艺人们在演唱前会选择一块空地，用白粉画个圈作为表演场地，通过打锣等方式吸引人们前来观看，等人多的时候，就可以表演了。小热昏一般由两个人搭档演出，一个打竹板，一个拉胡琴或者敲小锣。

小热昏因为在表演形式上接地气，贴近百姓生活，所以深受人们的喜爱，并且有很多知名的艺人，如陈长生、陈安国、徐和其等。到了20世纪50年代之后，很多艺人都转为了滑稽评弹演员。

小热昏在宋元时期就已经存在了吗

据史料记载，早在宋元时期，就已经存在和"小热昏"一样表演形式的艺术体系，名为"说浑话"。所以说，小热昏在中国的历史已有四五百年了。

到了民国时期，著名的小热昏艺人杜宝林应邀参加演出。他将其他戏剧中的剧目移植过来，又添加了其他表演技巧，进一步丰富了小热昏的表演方式。到了抗日战争期间，小热昏艺人处于激愤状态，用地方小调配上抗日宣传的语句在街头演唱，用以揭露日寇的暴行，常常使得在场的听众对于日本侵略部队愤恨不已。

小热昏不仅仅深受人们的喜爱，还影响了很多兄弟艺术的形成和发展。当年，杜宝林的传人进入上海进行小热昏表演，结果大受欢迎。之后，很多属于小热昏的节目被独角戏和在独角戏基础上发展起来的滑稽戏移植或改编，所以这些艺术戏剧和小热昏有很深的渊源。

"淳安竹马"的得名和朱元璋的战马有关吗

淳安竹马,起源于明末清初,距今已有几百年的历史了。根据史料记载,淳安竹马的得名便是和朱元璋的战马有关的。当时,朱元璋在淳安的谷雨岭屯兵,撤走之后,在这里丢下了一匹战马。战马因为思念主人,每天在山岗间嘶鸣。淳

淳安竹马

安的百姓于是来到这里寻找,但是没有找到,所以百姓开始害怕"神马作祟"。为了能够平安生活,这里的百姓就用纸糊在用竹子编制的竹马上,让儿童骑着它,挨家挨户地讨要"常例钱",然后用这些钱买来香纸,最后和竹马一起焚化。用这种方式来超度"神马"的亡魂。随着时间的流逝,这种祭祀的方式渐渐演变成了现在的"淳安竹马"。

元末明初的时候,淳安竹马还是以祭祀为主的。当时,谷雨岭的很多村落每年都会跳神马,一般是农历十二月二十四日制作竹马,正月初一开始跳神马的活动,到了正月十七的时候进行焚马。需要注意的是,当初焚马时需要有一个人扮成道士在祠堂门口念采词,念一段、跑一马,这被称为"收马"。然后,就开始焚马了。在焚马的同时需要跑马的演员来扮演各种人物以吊神,如吕洞宾、钟馗、关公等。

清朝时期,淳安竹马的发展可以分为三个阶段。第一个阶段便是清朝初期到康熙年间。最初,淳安竹马的表演形式非常单调,表演者既不念白,也不唱曲。到了康熙年间,才有了新的发展。这时候的淳安竹马,在跳跳舞舞的基础上加上了词白,这些词白主要是吉祥的语句,每到这个时候,围观的百姓们都会齐声喝彩。除此之外,还会点鞭炮、撒铜钱。跳完竹马之后,东家为了讨个好彩头,往往会给表演者塞上几个红包。第二个阶段是康熙到道光年间,这个时候的淳安竹马已经和二脚

戏融合起来，被称为"二脚戏竹马班"。这时的表演需要两个角色来演小戏，分别为一旦、一丑。这种情况的发生使得淳安竹马摆脱了以前以祭祀为主的表演形式，产生了质的改变。第三个阶段便是清朝末年，这个时候，随着二脚戏发展为三脚戏，"二脚戏竹马班"也随着发展为了"三脚戏竹马班"。它的主要演员也从之前的旦、丑两角变为了生、旦、丑三角同台演出。

中华人民共和国成立之后，淳安竹马得到了很大的创新和改革，到现在甚至形成了大型的广场竹马舞。在此期间，淳安竹马多次参加全国性的民间艺术表演活动，获得了极大的反响。

老杭州人曾经用余杭滚灯来"吓唬"海盗吗

滚灯，属于汉族民间舞蹈，流行于杭州市的余杭地区。根据史料记载，这种舞蹈已经有了800多年的历史。滚灯所用的灯为球状，用毛竹片制成，共分为三个级别，分别是大、中、小。在球的中心安置上一个小灯，把蜡烛放进去，其中，蜡烛也很有讲究，共分为两种，分别是黑蜡烛、红蜡烛，黑蜡烛被称为"武灯"，红蜡烛被称为"文灯"。滚灯流传到现在，已经产生了很多广为认知的滚灯动作了，如"金猴戏桃""旭日东升""荷花开放"等。因为滚灯是一种集体育、舞蹈为一体的艺术项目，所以深受人们的喜爱。

余杭滚灯

余杭滚灯，顾名思义，这个艺术项目便是源自余杭。南宋时期的余杭是京畿之地，庙会盛行，滚灯便是庙会上的必有节目。当时，余杭翁梅临近钱塘江北岸，而钱塘江上海盗横行，不断骚扰余杭翁梅的百姓。这里的百姓为了显示力量的强大，便用滚灯的方式进行竞技比武，就这样海盗被吓跑了，再也不敢侵犯。

从此之后，这里的百姓一直把滚灯看作一个吉祥物，每到庙会或者节日的时候都要表演，所以余杭滚灯才会一直流传到现在。

余杭滚灯在现代曾有过失传的危险，因为随着时代的发展，有很多传统庙会都已经消失，所以滚灯的表演机会也就越来越少。庆幸的是，经过几代民间艺人和群文工作者的努力，余杭滚灯得以延续，并且形成了自己独特的风格，之后更是在各个大型比赛中获得多次荣誉。而余杭滚灯的起源地，即余杭，也在2000年被命名为浙江省民间艺术之乡。2006年，"余杭滚灯"经国务院批准列入第一批国家级非物质文化遗产名录。

翻九楼的得名和孟姜女哭长城有关吗

翻九楼，又被称为吊九楼，是杭州市萧山地区的杂技。按照当地的风俗习惯，这种表演形式，只有人们死于非命的时候才会表演。那么，翻九楼是如何起源的呢？

据说，翻九楼的来历和一个民间传说有关。秦朝时期，秦始皇建造万里长城，孟姜女的丈夫很不幸就被抓去做苦力。后来，孟姜女为了寻找丈夫，历经千辛万苦来到长城，最后得知丈夫在修建长城的过程中已经死于非命。孟姜女伤痛欲绝，嚎啕大哭，之后更是搭建台子为丈夫喊冤、超度亡灵，最后连长城也为之感动而倒塌了。从此之后，孟姜女搭台超度亡魂的这个习俗就在江南流传了下来，也就是如今的翻九楼。

表演翻九楼所需要的行头非常简单，只需要四根杉木柱、两张叠桌以及用于固定的绳索，还有九张八仙桌。到了表演的地方之后，首先的任务就是搭台，把四根杉木柱两两相接，合并成两根十来米长的柱子，找一个地方固定住，需要注意的是所选位置必须平坦。然后，把事先准备好的九张八仙桌挨个叠上去，再用绳索固定住。最后，表演者要在最高的地方放上两张小叠桌，而这两张小叠桌也就是表演者的舞台了。这些准备工作做好之后，表演者会从下面的第二张八仙桌开始向上翻跟头，最后达到顶端的小叠桌上，然后表演各种动作，如"金鸡独立""倒挂金钟"等动作。值得一提的是，这些表演，因为没有任何保护措施，所以非常惊险。

据说，翻九楼在早些年还分为"大九楼"和"小九楼"，其中大九楼用四十九张八仙桌垒成，不过现在已经失传，只剩下了"小九楼"了。

跳仙鹤的得名和徐世楹有关吗

跳仙鹤，起源于清朝乾隆年间，流传于杭州富阳市场口镇一带，是一种民间舞蹈。跳仙鹤的创始人为徐世楹，是乾隆元年（1736年）的十一科进士。那么，您知道跳仙鹤有着怎样的传说吗？

相传徐世楹进京赴考，一举得中，之后被分到四川当政。在他乘船赶往四川的途中，遇到了暴雨的袭击，眼看船身颠簸，一船人都将命赴黄泉。忽然，有一只大鸟飞了过来，落在了船的桅顶上。就这样，大船不再颠簸，最终稳稳当当地到达了四川。徐世楹为了报答这只大鸟，就把它的样子画了下来，并且称为"仙鹤"，供奉堂上。每到过年过节的时候，都要在堂前拜上一拜。直到后来，慢慢演变成了跳仙鹤。

跳仙鹤的主要场地在各家住宅的堂前，一般在每年的正月十一到十八。它的舞蹈形式非常特别，主要以模仿飞禽的动作为主，如行进、展翅、洗毛等。跳仙鹤有几句口诀，如"若要脚步稳，腰力最要紧"，通过这句话也可以看出，跳仙鹤虽然名为"跳"，其实是"走"。表演跳仙鹤的时候，主要是以梅花锣鼓为伴奏工具，再加上单皮鼓、大锣、小锣等。跳仙鹤的服装、道具也很特别，在制作道具的时候，先要制作骨架，然后再做翅膀，而表演者的服装则以轻便为主，所以大多选择的都是运动服装。

跳仙鹤

杭州的方言俚语

为何杭州方言在吴语中具有特殊性

杭州方言，属于吴语体系中的一支，即吴语太湖片杭州小片，属于吴语的其他小片分别是毗陵、苏沪嘉、苕溪、临绍、甬江。虽然杭州是浙江省最大的城市之一，但是杭州方言却是浙江吴语体系中占有比重最小的方言点之一。杭州话的分布并不是很广泛，主要是在杭州市区及其近郊，并且不包括萧山、余杭、滨江三区。根据不完全统计，在中国以杭州方言为母语的人口大约为150万左右。那么，您知道杭州方言为什么在吴语中具有特殊性吗？

杭州方言说唱

杭州在地理位置上属于江南一带，所以受到北方官话的很大影响，尤其是在人称代词以及名词方面。由于这个原因，杭州方言又被称为江南官话。从语言方面来说，杭州方言具备吴语的一些特征，但是历史上的几次北方移民都使杭州的语言发生了很大改变。就这样，杭州方言在吴语中成为"另类"，逐渐呈现出其特殊性了。

南宋迁都临安对杭州话影响大吗

历史上的杭州经历了几次北方移民的涌入，分别是东晋永嘉南渡、南宋迁都临安、清代八旗入驻，随着这三次事件的发生，杭州的北方人口大大增加，所以杭州人和北方人语言进行了较长时间的磨合，最终的结果就是杭州话逐渐改变了。

春秋战国时期的杭州话属于古吴语，之后历经秦、汉、三国、西晋都没有发生较大的改变。东晋永嘉南渡之后，杭州话的第一次变化开始了。当时，经过永嘉之乱后，东晋皇室决定南迁。就这样，杭州迎来了大量的北方移民。由于当时的北方移民在人口数量上超过杭州当地居民，所以杭州话就被大大改造了。

自从东晋永嘉南渡之后，南北方的语言得到了一定的融合，之后的发展就比较平稳了，直到南宋时期迁都临安（即杭州）。当时，杭州又"接收"了大量的外来人口，其中以汴京（今河南开封）的人数最多。据史料记载，当时的杭州从乾道年间到咸淳年间，所属临安府的钱塘、仁和两县的人口和之前相比增加了三倍多。这就说明了南宋迁都临安带来的北方移民数量庞大，由于这个原因，再加上其他的因素作用，北方话对杭州话的影响是巨大的，最终的结果是杭州话变成了一种带有多种官话色彩的方言。到目前为止，南宋迁都临安被视为对杭州话影响最大的一个阶段。

到了元、明时期，杭州话和周边方言互相影响，既和周边的方言融合，也在改变周围的方言，就这样，逐渐形成了现在的北部吴语。直到清代八旗入驻杭州时，又有了第三次较大的语言融合。如今杭州话中较多的儿化音就是在清代初期受到的影响。

除了这三次北方移民的涌入影响了杭州话之外，绍兴话对杭州话也有着较大的影响。在杭州有这么一句谚语，即"杭州萝卜绍兴种"，意思是说很多杭州人的祖籍其实是绍兴地区，所以居住在杭州的绍兴人多了，杭州话当然也就受到影响。

如今，杭州话还在发生变化，除了向普通话靠拢之外，也在向周边的吴语靠拢，其中的缘由也不外乎外来人口增多的原因。

老杭州有哪些歇后语

　　歇后语是一种特殊语言形式，也被称为俏皮话，具有浓郁的生活气息和幽默风趣的特点，所以深受广大人民群众的喜爱。

　　杭州也有很多歇后语，其中有以杭州最具代表性的西湖为题创作的，如西湖里放酱油——无济于事；吃的麦稀饭游西湖——穷开心；西湖是没有盖儿的——要死自己去死；西湖边搭草棚——煞风景；做梦游西湖——想得美；西湖里挖月亮——枉费心机。还有关于西湖上美丽传说的歇后语，如白娘子遇许仙——两厢情愿；白娘子哭断桥——怀念旧情；梁山伯遇祝英台——前世一劫。除了西湖，还有关于别的景点的歇后语，如一脚跨过钱塘江——说大话；城隍山上看火烧——幸灾乐祸。

　　除了和杭州景点相关的歇后语之外，还有其他比较有意思的歇后语，比如谐音式的歇后语，如屁股里吃人参——后（候）补；大蒜叶儿打气——混葱（充）。还有和人物相关的歇后语，如外婆的鞋样儿——老花头；姜太公的坐骑——四不像；和尚拜丈母——没遇着过；老太婆坐花轿——浑沌沌；叫化子吃死蟹——只只鲜；还有和动物有关的，如黄牛钻狗洞——大小不符；床底下放鹞儿——一世不得高；石板上甩乌龟——硬碰硬；黄鼠狼跟了黄瓜宕——盲目追随；饭店里的臭虫——吃客。

　　诸如此类的歇后语在老杭州还有很多，充分体现了老杭州人幽默、诙谐的性格。

杭州的美食特产

什么是旅行的心境？或许是平和，或许是兴奋，或许是用心的感受。当我们置身在一个陌生的城市时，应怀着谦卑的态度去接受全新的事物，对于美食、特产也是如此。对于很多吃货来说，在旅行中，舌尖上的美味必然是极为重要的一大环节。但是，"吃"虽然重要，在吃的同时用心感受美食文化也同样重要，如东坡肉、叫花鸡、南宋定胜糕等美食的由来，和历史上哪位名人有关？当我们了解到它们的人文历史后，在品尝的时候是否会有不一样的感受？和美食相同，特产也是如此。在旅游时，我们会选择购买一些礼物送给亲朋好友，当地特产就是最佳的选择。假如我们了解有关特产的故事，在赠送给别人时说给他听，是不是代表了一份心意？如西湖绸伞的创始人是不是鲁班的妹妹？萧山杨梅和杨贵妃有何关系？

杭州的美食

你知道"东坡肉"的来历吗

"东坡肉"是杭州地区有名的小吃。顾名思义,这道菜跟苏东坡是有着必然联系的。

话说苏东坡当年任杭州太守的时候,勤政爱民。为了解决西湖的水患,他发动数万民工疏浚西湖,并用掏出来的泥筑了一道长堤,这就是有名的"苏堤"。这样一来,不仅解决了涝,也解决了旱,一举两得。杭州人民都很感激,纷纷称赞他。这年春节,人们知道东坡喜欢吃肉喝酒,就不约而同地给他送来了猪肉、黄酒。苏东坡收到人们这么多的猪肉,又没办法退回去,就决定跟数万民工一起分享。他吩咐家人,把肉烧好以后送给民工们。结果家人一时着急,听错了,误以为要把黄酒和肉一起炖。于是就把酒、肉一起烧了。不想烧出来的肉味道格外香醇,一时传为佳话。杭州百姓盛赞苏东坡的品格高尚,就纷纷仿效这种炖肉的方法,并取名为"东坡肉"。

东坡肉以黄酒加酱油、香葱、糖、姜作汤水,放在砂锅中用文火炖,烧出来的肉味道鲜美,香而不腻,酥而不烂。

东坡肉

叫花鸡有何来历

叫花鸡是杭州名菜,它的来历,跟叫花子不无关系。

话说很久以前,封建王朝苛捐杂税,横征暴敛,民不聊生,人们干了一年的农活,却无法糊口,很多人都不得不背井离乡,出去讨饭。这天,一个叫花子讨饭走在路上,因饥寒交迫,体力不支,一下子晕倒在地。周围的难友们为了救他,赶紧拾柴,点起篝火,给他取暖。但是仅仅暖和是不够的,因为他还很饿。于是一个叫花子就拿出自己讨来的一只鸡,想要大家弄熟了给他吃。可是,大家手里都没有炊具,而且也没有调料,因此虽然有火,却无法烤制。人们急得团团转,一个乞丐提议道,不如就用烂泥把鸡包起来,包成泥团,然后放到火里烧。烤了半天,终于烤好了。大家敲开外面的泥土,一股香味扑鼻而来,没想到竟然出奇地香,就连附近的村民都闻到了,纷纷赶了过来。后来,人们烤鸡就效仿这种做法,并称之为"叫花鸡"。

叫花鸡

榴莲酥的具体做法是怎样的

榴莲酥是以新鲜榴莲果肉配制而成的软滑馅心,外面包上一层油酥皮。色泽油亮,令人食指大动,吃完后淡淡的榴莲味让人"榴莲"忘返。榴莲酥以泰国的最为地道,近年来由于泰国旅游热的兴起,榴莲酥也逐渐传入中国,受到中国人的喜爱。杭式榴莲酥的一般的做法是将榴莲果肉包入油酥皮中,口向下放入烤盘烘烤。烤箱预热180度,将蛋黄液刷到蛋黄酥上,放烤箱中层30分钟。出烤箱的时候,在酥皮上刷上一层蜂蜜或者糖浆,味道就会更加可口。有的做法是用油炸,如果温度掌握

适宜，效果跟烤是一样的。

榴莲酥做完后要趁热吃，以免表皮松软的口感变差。做的过程中，酥皮要揉好，否则不脆就没有口感。包榴莲肉的时候要注意把果肉包紧，否则也会口感不佳。为了达到好的效果，最好用生的榴莲。刷蛋黄液也是一道很重要的程序，可以让烤出来的榴莲酥颜色亮丽，在色相上增强人的食欲。

麻球王怎么个吃法

麻球王是杭州地区著名的汉族小吃，做成的麻球王全身上下都是透着光泽的芝麻，色泽光亮，皮薄透光，香甜可口。麻球王吃法可有讲究，要先弄破一块表皮，让里面的热气先透一些出来，等热气散发一会儿再吃。如果心急，上来就吃，就会烫着嘴唇。最表皮薄薄的一层是极脆的，接下来就可以尝到糯米的温软，并能闻到淡淡的米香。

麻球王吃法有讲究，做起来就更见功力了。要选用精制的糯米粉和上好的糖粉，放进干净的容器里，再加入芝麻，再添加小料拌匀，然后放入小火的油锅中炸上三四分钟，然后再放入另一锅中不断挤压，在挤压的过程中，麻球中的气体受热膨胀，在文火的熏陶中，在器具的压力下，"文武双全"的麻球就在油锅中慢慢绽放了。

麻球王

木瓜酥怎么做的

木瓜酥是杭州地区汉族传统名点，由熟木瓜和面粉等烤制而成。造型美观，外脆内嫩，清香可口。

具体做法是将熟木瓜去掉果皮和籽，将果肉剁成木瓜果泥。然后在普通面粉中加入猪油、绵白糖、凉开水，揉成淡黄色面团，做成油皮。在低筋面粉中加入绿茶粉揉成淡绿色面团，为酥皮。将油皮与酥皮各分成同等大小的面团5个。将油皮压扁成面片，用一个油皮包住一个酥皮面团，制成双色面团。再将双色面团轻轻擀成椭圆形状的双色面皮，从中间切成两半，每一半摁一下，然后把面团擀成面皮，中间包上木瓜果泥，制成木瓜酥。

木瓜酥

将包好的木瓜酥移入烤箱中，将烤箱调至200度，烘烤20分钟，看到表面有小裂口即可。

片儿川面的名字是怎么得来的

片儿川面是杭州名点，也是杭州的汉族风味小吃。已有百余年历史，最早由杭州老店奎元馆首创，其特色在于倒笃菜和笋片的鲜美。

相传清朝某年，各地考生齐集杭城，来此乡试。店主为招徕这些读书人的生意，就以倒笃菜、笋片、猪肉片烧制成的大众化面专门供应外地书生。并且在早餐面中添加三只蛋，寓"连中三元"之意。当时有一书生因这家小店的面物美价廉，常来吃面，后一举高中乡试第一名"解元"，放榜之日，特到店里向店主致谢。因当时小店尚没有招牌，就当场题写"奎元馆"三字作为招牌。从此，奎元馆的片儿川面名声大噪，食客盈门。凡来杭州应考者，都前来吃面，以图吉利。

南宋以来，杭州话多带"儿"音，且"儿"音较之现在的北方音更为厚重，又因"氽"与"川"同音，本是菜料皆成"片儿状"，于是"片儿氽"就叫成了"片儿川"。另外还有一种说法：传说苏东坡在杭州当官时曾说过，"无竹令人俗，无肉令人瘦"。倒笃菜、冬笋、肉丝，就是竹和肉的搭配，将这三样材料切成片，然后在沸水中氽一下，据说这便是"片儿川"名字的由来。

南宋定胜糕有何来历

南宋定胜糕始于宋代,香糯可口,甜而不腻,物美价廉,深受杭州人民喜爱。它的由来据说是古时乌镇人民为迎接从战场上凯旋的将士而特制的一种点心,定胜糕颜色绯红,象征着胜利。后来,它不仅寓意着"武",还寓意了"文"。古时读书人赴京赶考,临行时,亲朋好友便都要做几笼定胜糕为他送行,预祝他金榜题名,魁元高中。

定胜糕的形状为荷花状,外层是精制的香米和糯米粉,里面是豆沙馅,中间掺有少量白糖和桂花,味道清香可口。

南宋定胜糕

油条的由来和秦桧有关吗

油条,汉族民间传统油炸食品,是人们再熟悉不过的一种食物。每天吃早餐时,几根油条,加上一碗豆浆,吃进肚子里,实在是一大美事。

对于太过熟悉的食物,人们往往就会把它忽略,油条也不例外。

油条,原名油炸桧,始源于南宋时的临安(今杭州)。那么它是如何诞生的呢?一个小故事为您揭晓。

南宋年间,精忠报国的抗金英雄岳飞被杀死在风波亭里,始作俑者便是史上著名奸臣秦桧以及他的老婆王氏。岳飞死后,南宋百姓无不伤心落泪,他们知道害死岳飞的就是秦桧夫妇,一时间,街头巷尾都是痛骂他们的声音。

当时，在众安桥河下，有两家卖吃食的，一家卖烧饼，一家卖油炸糯米糕。有一天清晨，天色尚早，两家小店还没有顾客上门，两个店家就坐在一起聊天。当时，南宋国内最大的谈资就是岳飞和秦桧，这二人也不例外。后来，二人越聊越生气，恨不得将秦桧夫妇千刀万剐。当然，也只能想想而已。

忽然，卖烧饼的店家脑中灵光一闪，想出了一种整治秦桧夫妇泄愤的办法。

只见他从面板上拿起两个面疙瘩，揉捏之下就成了两个面人，其中一个是吊眉大汉，另一个是歪嘴女人。然后，他又拿起刀在吊眉大汉的脖子上切了一刀，在歪嘴女人的身子上划了一刀。

卖油炸糯米糕的店家懂了。这大汉当然就是秦桧，而歪嘴女人则是秦桧的老婆。但是，他觉得这样还是太便宜了秦桧夫妇，难解他心头之恨。只见他把自己店铺中炸糯米糕的油锅端了过来，把两个切开的面人背对背粘好，丢到油锅里去炸。一边炸一边喊："油炸桧咯，油炸桧咯，大家都来看啊！"

这时，街上的人越来越多，当老百姓们听到"油炸桧"这几个字时，都感到很新奇，纷纷过来围观。当他们来到这里，看到油锅中的两个面人时，再联想到这个名字，就知道是怎么回事了。他们心里痛快，纷纷大喊道："油炸桧咯，大家快来看啊！"

当人越来越多时，忽然，一阵鼓锣声响起。原来，秦桧刚刚上完早朝，正坐着八抬大轿回府呢。当他路过此地，听到"油炸桧"的时候，就觉得事有蹊跷，便停下轿子，命人前去查看。当他的亲兵将那二位店家抓来，并把油锅端来时，秦桧看到里边两个炸得焦黑了的面人时，气得浑身发抖，怒斥道："你们好大的胆子，竟然乱用本官的名讳，想要造反吗？"

卖烧饼的店家说："我们哪里敢造反，只是做一些小生意而已，而且，大人，我这个食物名字中的'烩'是火字旁，而您的'桧'是木字旁，不是一个字哩。"

这时，旁边的老百姓都纷纷为这二位店家说话，秦桧无可奈何，只能将二人放掉了。

堂堂宰相竟然在老百姓手中吃瘪，这种事情可是头号新闻，人们纷纷赶到这里想要尝尝"油炸桧"是怎样的滋味。后来，油炸桧的美味得到了人们的认可，最终流传后世，演变成为了现在的油条。

西湖醋鱼为何又叫"叔嫂传珍"

杭州，一座美丽的城市，风景秀丽，令人心旷神怡。不仅如此，杭州还是一座"舌尖上"的城市，美味佳肴颇多，深受吃货们的喜爱。

西湖醋鱼，就是杭州诸多美味中的一种。

西湖醋鱼，顾名思义，此菜就是选择西湖特产的草鱼为主要原料烹制而成的，味道鲜嫩，酸中带香，还带有蟹肉的鲜味，当真是美味不可多得。不仅如此，成菜后，西湖醋鱼色泽光亮，鱼身完好，着刀处的鱼肉略向外翻，透露出一种鲜活之感。

据说，当年周恩来总理、陈毅将军等国家领导人都曾在杭州品尝过西湖醋鱼，

西湖醋鱼

使其更加美名远扬。不仅如此，关于西湖醋鱼，还一直流传着一个传说，给其增添了一种人文底蕴。

相传南宋时，在西湖边住着一户渔民，男主人姓宋，常年在西湖打渔，他的妻子（人称宋嫂）则专门烹饪鲜鱼，味道非常鲜美，远近闻名。有一天，杭州城有一位恶霸慕名而来，想要品尝宋嫂所做的鲜鱼。但没想到，他来到这里后，被宋嫂的美丽迷住了，想要霸占她为妾。宋嫂宁死不从，他就把她的丈夫害死。后来，宋嫂的小叔子从西湖中打渔

归来，看到大哥惨死，大嫂痛不欲生，就劝说大嫂和他一起去官府伸冤。但没想到的是，杭州知府竟然同那个恶霸蛇鼠一窝，对他们申诉的案件概不受理，还将他们赶出衙门。宋嫂深知那个恶霸的势力之广，此次报官，必定会引起他的嫉恨。为了避免小叔子遭到他们的打击报复，她就连夜让小叔子收拾行装外出逃生。在他临走前，宋嫂又做了一条鱼为他践行，并特意在做鱼的时候加上糖和醋。原来，她在鱼上加糖和醋，是为了让小叔子记得，如果以后过上了好日子，不要忘记家中的苦难和他大哥的被害之仇。后来，小叔子果然没有辜负宋嫂对他的期望，当上了大官，并且让害死哥哥的恶霸得到了应得的报应。大仇终于得报，但是，嫂子却不知身在何处，他派人四处查询，始终毫无音讯。直到有一天，他在一个地方绅士家做客，在餐桌上，有一道鱼，无论是味道还是色泽都和他离家时嫂嫂做给他的那道鱼相同。回忆如思潮般涌来，他放下筷子，让主人请出做这道鱼的厨子。在主人的再三追问下，他将事情的原委托出。最终，主人请出了做这道鱼的人，果然是宋嫂。相见之下，抱头痛哭。后来，他把宋嫂接回了家。

慢慢地，这件事就在杭州传开了，他们的事迹以及那道鱼被人称赞，烹鱼方法被人模仿，渐渐演变成了今天的杭州名菜"西湖醋鱼"。由于这个传说，所以西湖醋鱼又被称为"叔嫂传珍"。

乾隆鱼头的由来和乾隆有关吗

综观古代，喜欢游历江南的皇帝当属清康熙、乾隆二帝。而杭州，就是他们下江南时的必经之地。所以，这里留下了他们的很多足迹和传说。乾隆鱼头的由来便是如此。

据说，乾隆再一次下江南时来到杭州。有一日，他身穿微服来到吴山，如平民般尽情享受风景。但谁知天公不作美，当他爬到半山腰时，天降大雨，顿时就将他淋成了落汤鸡。风雨交加之际，他感到又饥又

冷，便来到了一家小吃店中。小吃店的老板名为王润兴，小名王小二。他见来人如此凄惨，心生怜悯下，就将仅剩下的鱼头和豆腐放进砂锅，并加入调料，炖好后让乾隆吃。乾隆原本对此道菜并无太大信心，权当是填饱肚子而已，但吃下肚后，才发觉这道菜的口感，甚至超过了宫中的山珍海味。后来，乾隆回到皇宫，非常怀念王小二所做的鱼头，就让御厨做这道菜，但是，无论御厨怎么做，都没有王小二做出的味道好。

乾隆鱼头

　　几年后，乾隆再次来到吴山，找到王小二，品尝了这道令他想念了数年的美味。吃完后，乾隆对王小二说："你的手艺这么好，为何店面如此破旧？你应该开一个大饭铺。"王小二说："我现在的收入能维持生计就不错了，哪来的钱开更大的店呢。"乾隆知道他的困境所在后，就表明了自己的身份，赏赐了他五百两银子，并亲自提笔写下"皇饭儿"三字。王小二这时才知道自己面前的是当今乾隆皇帝，连忙跪下谢恩。

　　后来，王小二用乾隆赏赐的钱开了一间大饭馆，并将乾隆亲笔写下的"皇饭儿"做成匾高悬店内。当这件事传开之后，老百姓便纷纷来到王小二的店里吃饭，专门点这道乾隆曾吃过的菜。后来，这道菜由于乾隆的缘故，便被命名为"乾隆鱼头"了。

　　时至今日，这道菜已经成为杭州的一道名菜。

杭州的特产

乾隆曾购买过张小泉剪刀吗

张小泉剪刀创始于明崇祯元年（1628年），是我国剪刀制作行业的著名品牌，至今已有三百多年的历史。顾名思义，张小泉便是张小泉剪刀的创始人。

张小泉，明末时期安徽人。他制作剪刀所选用的原料为"龙泉钢"，制成的剪刀因为做工精细、刀口锋利并且质量一流而闻名于世。近现代时期，张小泉剪刀曾在国内屡获殊荣。

相传，清朝乾隆皇帝就曾购买过张小泉剪刀。当时，乾隆皇帝第二次下江南。当他来到杭州之后，经过乔装打扮，混入人群之中，来到山上游玩。在他游览兴致正浓的时候，天空下起了雨，无奈之下只能下山避雨。幸运的是，他刚刚下山就看见一个作坊，上面挂着"祖传张小泉剪刀"的招牌，赶紧跑了进去。乾隆进去之后，出于好奇，

张小泉剪刀博物馆内景

拿起一把剪刀观看，只觉得寒光闪烁，经过试验之后果真锋利无比。他对这里的剪刀非常喜爱，于是就买了一把带回皇宫，作为宫中的御用剪刀。从这个时候开始，张小泉剪刀的名声大噪，闻名全国。据说，因为

这个原因，当时杭州城打出"张小泉"牌子的剪刀竟然多达86家，很是兴盛。

张小泉剪刀的由来与乌蛇有关吗

明末年间，灾难频繁，狼烟四起，张小泉和他的父亲二人便以制剪为业，后来更是打造出了闻名全国的张小泉剪刀。

在民间，关于张小泉的剪刀还流传着这么一种说法，即它的由来是与乌蛇有关的，您知道是怎么回事吗？

据说，张小泉在刚刚学会走路的时候，就已经帮助他的母亲拉风箱；到七八岁的时候，就已经开始学着打小锤；当长成一个强壮的小伙子时，就已经接过他爸手中的大锤。在他的成长过程中，因为机灵聪明又肯用心学习，所以他爸便将祖传的手艺全部传授给他。就这样，长大之后的张小泉青出于蓝而胜于蓝，不但把祖传的手艺学会了，并且在此基础上想出了更多的点子。到了后来，张小泉也结婚生子，有了三个儿子，其中，大儿子接过了他的大锤，二儿子打小锤，小儿子拉风箱，各有其职。

张小泉为人很好，而且喜欢打抱不平，但是后来得罪了当地的财主。不得已，父子四人只能离开家乡，来到杭州的大井巷。他们来到这里之后，找到了一处热闹的地方，重操旧业，开了一个铁匠铺。因为张小泉手艺精湛，且为人很好，生意便越发红火了。

大井巷里有一口井，附近的人家用的都是这口井里的水。有一天，人们来到这里挑水的时候，发现井中的水变得黑漆漆的，就好像烂泥浆一样，并且臭味熏天。人们非常奇怪，昨天井里的水还很清冽香甜，怎么一天的工夫不到就变成了这样。后来，有一个老人说：在他小的时候曾经听祖辈们说过，这口井和钱塘江是相连的，而钱塘江中有两条乌蛇，每隔几年就会来到这口井里交尾下蛋，而乌蛇嘴中含有有毒的液体，吐出来之后就会把井水弄得像烂泥汤一样。张小泉听说了这件事情之后，带着他的孩子来到这口井前，想了一会之后，让他的大儿子去买两坛老酒、二斤雄黄，让他的二儿子去取大锤。等他儿子回来之后，他把雄黄倒进酒中，提起一坛就喝干了，然后把另一坛倒到自己身上。人们看到之后，还没有弄明白他这是要干什么，他已经提起大锤跳进了井中。

张小泉跳到井中之后，只觉得身子往下沉了很久才到底，睁开眼睛一看，发现在井中的角落中有两条乌黑发亮的乌蛇盘在一起。他不等两条蛇分开，抡起大锤就砸，连续砸了七下，每次都砸在两条乌蛇的"七寸"之上，就这样，两条乌蛇被砸死了。于是张小泉抓着蛇尾，慢慢地浮出了水面。张小泉出来之后，把两条乌蛇摔在了地上，人们看到之后非常害怕，过了一会才发现乌蛇真的死了。从此之后，大井里的水又变得清澈了。

之后，张小泉把这两条乌蛇的尸体拖回了家。他们爷四个对着它们想了很长时间，终于在纸上画了一个图样，而这个图样便是剪刀的雏形。他们照着所画的图样，在蛇颈相交的地方钉上一个钉子，然后把蛇尾弯过来弄成把手，再将蛇颈上方的部位敲扁、磨光。一个巨大号的剪刀就被他们制作而成了。他们把这个由乌蛇尸体制成的剪刀挂到铁匠铺门前，当做招牌，再打造出很多剪刀来。就这样，因为剪刀对于裁衣剪线来说，比刀子之类的工具方便很多，所以百姓们纷纷来到这里购买剪刀，差点踏平了张小泉店铺的门槛。

张小泉剪刀的名气越来越大，渐渐成为了闻名全国的杭州特产了。

张小泉剪刀有何特点

张小泉曾经为"张小泉剪刀"立下家训，制造剪刀时必须"良钢精作"，这个现已成为张小泉企业文化的核心理念。张小泉剪刀发展到现在，已经成为剪刀制作业的骄傲，它以独特精湛的剪刀制作工艺而闻名。经过一代代先人的发展，一共总结出72道工序。

中国有句俗话，"北有王麻子，南有张小泉"。张小泉剪刀制作精湛，选用优质的材料，有着"钢铁分明、磨工精细、剪切锋利、手感轻松"的特点，非常受人们的欢迎。清朝乾隆年间，它更是作为御用剪刀为皇家所用。

到了现在，张小泉剪刀制剪工艺有两项被流传下来。第一，镶钢锻打技艺，即选用上好钢料镶嵌在熟铁之上，并且使用上好细泥精心磨制，经过长时间锤炼，制作成剪刀刀刃。第二，剪刀表面雕刻手艺，即在剪刀表面雕刻出各种图案。

杭州丝绸曾被白居易赞叹过吗

杭州丝绸，有着悠久的历史，拥有极佳的质感，有十几类品种，如绸、缎、绫、绢等。而杭州素来有着"丝绸之府"的称号，在中国的传统纺织业中占据着很重要的位置。唐朝时期大诗人就曾写诗对杭州丝绸表示赞叹，即"丝袖织绫夸柿蒂，青旗沽酒趁梨花"。

杭州丝绸博物馆

根据史料记载，杭州丝绸早在秦汉时期就已经非常兴盛了，在汉代更是通过"丝绸之路"销往国外，名声之大无与伦比。冰心老人曾经说过："在浙言商，首推丝绸。"而杭州市余杭区更是被国家定为"丝绸织造基地"，杭州成功举办了多次丝绸博展会，这些都充分说明杭州丝绸产业的发达。

杭州丝绸代表了杭州的部分历史，如春秋战国时期越王勾践的"奖励农桑"；五代吴国时期的"闭关而修蚕织"；明朝时期"丝绸之府"的美誉；清朝时期的"机杼之声，比户相闻"。

西泠印泥被誉为"艺林珍品"吗

西泠印泥,杭州特产之一。它研制于清光绪二十九年,距离现在已经有将近一百年的历史,创始人为丁甫之、王福奄、叶铭。西泠印泥从开始研制到现在,一直在不断发展,已经有了多种品牌。很多著名的书画家、收藏家以及鉴赏家都对其赞叹有加,把它称之为"艺林珍品"。

西泠印泥

西泠印泥的特点大致可以分为三个方面。第一,色泽沉着,经过较长时间也不会改变。第二,印文均匀,并且具有很强的遮盖力。第三,夏不渗油,冬不凝固,即使连续钤多次印,印文也会非常清晰。

西泠印泥选料严格,制法讲究,被中外画家奉为印林至宝。沙孟海、刘江、沈鹏、朱关田等知名书画界前辈都对它推崇备至,现已成为朋友之间赠送礼品的最佳选择之一。

西湖天竺筷被誉为"杭州四宝"之一吗

西湖天竺筷是杭州市土特产之一,又被称为天竺筷,以实心大叶箬竹为原料,精心加工而成。天竺筷表面刻有精美图案,如西湖山水、菩萨佛祖等。它拥有很多优点,如光洁轻便、物美价廉、实用,是亲朋好友之间相互赠送的佳品。因为西湖天竺筷极具杭州地方色彩,并且带有佛门色彩,所以也是一种极佳的旅游纪念品。西湖天竺筷是中国十大名筷之一,并且被誉为"杭州四宝"之一,其他三宝则为"张小泉剪

西湖天竺筷

刀""王星记扇子""西湖丝绸"。

相传清朝乾隆年间，当时西湖天竺山上有三座寺庙，分别为"法境寺""法净寺""法喜寺"，每天都有很多老百姓来这里烧香拜佛，香火十分鼎盛。因为百姓众多，所以寺庙中的筷子总是不够用。为了解决这个问题，寺里的和尚就地取材，以天竺山上的小竹子作为原材料，制成竹筷。给香客们使用之后，没想到大受欢迎。老百姓们认为竹筷制作精细，又带有竹子的香味，好似献给佛祖的两柱清香，所以带有佛性，为了带有对佛祖的虔诚，又为了给家人祈福，于是争相购买。就这样，竹筷渐渐闻名于世，被人们所喜爱。到现在已经成为流传百年的"西湖天竺筷"了。

青溪龙砚的传世与海瑞有关吗

清溪龙砚，杭州特产之一，是一种传统的石雕工艺，因为它拥有多种样式、雕刻细致，并且发墨细腻，所以很受人们的欢迎。它的得名是因为它取材于龙眼山，从而被人们称为"龙砚"，再加上龙眼山当初隶属于清溪县，所以人们就把它称为"清溪龙砚"了。

据说，清溪龙砚的传世是与海瑞有关的。相传明代嘉靖年间，当时的海瑞被任命为淳安知县。他在任期间，为了了解民间百姓疾苦，经常会微服私访到民间巡查。有一天，海瑞来到了洞源村龙眼山，看到山下的水潭中有很多黑石。这些黑石形状不一，平滑光亮，离得近点看的话还可以发现很多黑色小点，非常可爱。忽然间，海瑞想到："这里的百姓贫苦，缺少土地，常常连最基本的温饱问题都解决不了。而这里的石头如此漂亮，如果能够用来制造砚台，这何尝不是一条生财之路呢？"于是他就带回去几块这里的石头，命令属下去制砚作坊试着做一些砚台出来。试验过后，海瑞发现制造出来的砚台非常好。于是，他就在龙眼山附近找十几个年轻人，让他们带着龙眼石拜师学艺。当这些年轻人学成归来之后，就在龙眼山开起了制砚作坊，大规模地采集龙眼石，然后制造砚台。就这样，清溪龙砚这项制作技艺就流传到了现在。

到了现在，清溪龙砚已经闻名世界，不仅国内的游客喜欢，连东南亚和西欧的游人们也对它青睐有加。

鲁班的妹妹是西湖绸伞创始人吗

西湖绸伞，全称为"西湖竹骨绸伞"，是杭州市特有产品，汉族传统手工艺品。西湖绸伞以竹、绸作为原材料，其中竹作为骨架，绸作为伞面。西湖绸伞拥有很多品种，如日用绸伞、彩虹伞、舞蹈伞、杂技绸伞等。它具有两种性能，既能为人们遮挡阳光，又可以作为装饰品，由于它实用性和艺术性并存，所以人们把它誉为"西湖之花"。

西湖绸伞

相传，鲁班的妹妹便是第一个制作出西湖绸伞的人。有一天鲁班带着妹妹来到西湖游玩。不巧的是，当他们来到这里之后，天空中就下起了雨，二人觉得非常遗憾。这时，鲁班妹妹说道："哥，我们来玩一个比赛，看谁可以在天亮之前想到我们在下雨天也可以游西湖的办法。"鲁班听到之后，兴趣非常浓厚，就答应了。鲁班经过思考后，认为亭子可以为人们挡风遮雨，如果这里有亭子的话，下雨天的时候人们也可以观赏西湖美景了。于是，他决定在这里建造亭子。他找到了一些工具，分别是木头、锯子、刨子，不一会的工夫，就建好了一座亭子。他看了看天色，离天亮还有很长的时间，就继续建造，一口气建造了十座亭子。这个时候，鲁班的妹妹跑了过来，学了一声鸡叫，鲁班就停了下来。鲁班得意地对妹妹说了他一夜建造十座亭子的事，而他的妹妹给他看了一样东西，只见这个东西如同孔雀开屏一般，非常漂亮。鲁班从妹妹的手中接了过来,仔细研究。他发现这个东西是用竹子和绸子制作而成的,当他把这东西撑开的时候,就和他所造的亭子顶一样,这样就可以为人挡风遮雨。鲁班只好对妹妹说:"哥哥输了,你制作的亭子虽小,但是可以移动,并且可以为人们挡风遮雨。"后来,鲁班妹妹所制造的这个"小亭子"就流传了下来。

王星记扇子曾是杭州进贡朝廷的主要贡品吗

唐朝时,朝廷把扇子作为礼品赠送给邻国,以促进两国文化交流。宋朝时期,扇子的生产已经有了很大的规模,不同的地区制造出不同类型的扇子,也形成了不同风格。当时,比较著名的有川扇、苏扇、金陵扇、杭扇等,其中以杭扇最为盛名。

历史上,杭州一直都是全国的制扇中心。根据史料记载,南宋时期的杭扇,是杭州城内一项重要行业,在城内有一条巷子都是制扇作坊和店铺,能工巧匠云集于此,非常兴旺、发达。到了清朝光绪年间,制扇名匠王星斋创建了王星记扇庄,他和他的妻子创制了独特的黑纸扇,工艺精湛,深受人们的喜爱,更成为当时杭州进贡朝廷的主要贡品。

现在,王星记扇子已经历经近140年,在发展的过程中,既继承了传统工艺,又在此基础上丰富了扇子的种类。现在,王星记扇子的重要产品分为很多种类,如黑纸扇、香木扇、装饰扇、舞扇等。

王星记扇子

"王星记"现已成为全国唯一一家老字号扇子厂家。改革开放以来,王星记扇子得到了各项殊荣,如全国工艺美术百花奖金杯奖、银杯奖、全国优质产品奖等。王星记扇子不仅在国内闻名,更是走上了"国际道路",它曾经被国家元首作为"国礼"送给国际友人,也曾被国外商客称为"东方瑰宝"。1995年,王星记扇子被评为消费者满意产品,得到了消费者的肯定。1997年,王星记扇子被评为"浙江省著名商标"。

西湖藕粉产自西湖吗

西湖藕粉,杭州市汉族名产之一,与龙井茶叶、杭白菊齐名,在历史上曾被当做"贡粉"为皇家御用。它的得名是因为杭州西湖盛产荷花、莲藕,所以人们把它命名为西湖藕粉。但是,西湖藕粉并不是产自西湖,而是生产于杭州市艮山门外至余杭县塘栖一带。因为在这片区域内以余杭县的三家村所产的藕粉最为有名,所以西湖藕粉又被称为"三家村藕粉"。

西湖藕粉

藕粉是把藕作为原材料,经过特别加工制造而成的,是一种薄片状物体,质地细滑。服用藕粉时分为两个步骤,首先用少量冷水调和,之后再用热水冲调至糊状就可以了。冲好之后的藕粉呈现出的颜色呈透明略红色,质地细腻。它有很多种功效,如生津清热、开胃补肺、滋阴养血,非常适合老人、婴幼儿等群体。

20世纪80年代中期,杭州藕粉有了较快的发展。到了90年代中期,由于速溶藕粉在市场上的出现,西湖藕粉更是得到了高速发展。现在,西湖藕粉已经成为老杭州人招待宾客、赠送好友的珍品,并且在全国畅销,甚至出口到东南亚各国。

"望梅止渴"这个成语出自超山吗

超山,素来被人们称为十里梅海,是杭州市的著名旅游景点。顾名思义，超山梅子便是产自超山，由于它十分美味且品种繁多，所以深受人们的喜爱。超山梅子有很高的营养价值，可以促进新陈代谢，还具有抗老化、助消化的作用，甚至还有晕车止吐、除口臭的妙用。随着人们生活水平的提高，国内以及国外对梅制品的需求越来越大，超山梅子经过加工之后，被制成各类蜜饯，如奶油话梅、陈皮梅、盐津梅等，畅销国内外。那么，您知道"望梅止渴"这个成语是出自哪里吗？和超山梅子有关吗？

相传三国时期，曹操带领部队去攻打张绣。因为当时正值夏天，所以天气非常炎热。到了中午的时候，士兵们很热，连衣服都被汗水弄湿了，行军速度也随着慢了下来。曹操眼看着这种情况发生，心里非常着急，害怕耽误了最好的作战时机。后来，他看见前方有一片树林，灵机一动，想到了一个办法。他赶到军队的最前方，对着士兵们说，绕过前面的山丘，有一处梅林，那里的梅子又大又好吃，我们加快速度，尽快赶到那边，吃上梅子。士兵们听了之后，就好像已经把梅子吃到了嘴里一样，精神为之大振，纷纷加快了行军的步伐。这就是"望梅止渴"的典故。

这个典故虽然并没有涉及超山梅子，但是曹操可以用梅子勾起士兵们的欲望，除了天气因素之外，何不是说明了梅子的美味呢！

小林黄姜濒临绝种了吗

根据史料记载，在距今2000年前的西汉时期，我国就开始种植生姜了。而关于杭州市的小林黄姜，在北宋时期就已经开始大面积种植。小林黄姜有很多优点，如姜块较大、肉质黄、辣汁浓，由于这些优点，小林黄姜才会闻名于世，被人们所喜爱。

根据李时珍所著《本草纲目》记载，姜有很多功效，分别是祛除风邪、清热、驱寒、止咳、化痰等，而且在民间也有"冬吃生姜，不怕风霜"的说法。姜也可以作为炒菜时的作料用，大多数的人们都习惯在做各种美食的时候使用它。而小林黄姜便是老杭州人最喜欢使用的种类。

当初，小林黄姜的种植地区只有杭州市余杭区的乾元、小林一带，到了现在，因为城市化的发展，小林一带的农村已经搬迁，乾元一带的农村也部分搬迁，所以小林黄姜现在面临的是即将绝种的处境。小林黄姜作为杭州市的一大特产，如果绝种的话，实在是我国的损失，解决小林黄姜的保护问题已经迫在眉睫。

乾隆每到杭州都必点"西湖莼菜"吗

西湖莼菜，又被称为马蹄草，顾名思义，主要生产地便是西湖，是我国的一种珍贵水生食品。

根据资料记载，杭州西湖附近的渔民在很早以前就已经种植西湖莼菜了，全年除了大伏天和结冰期，大部分时期都可种植。而种植西湖莼菜的时候，一般选择的是水深一米左右、水质肥沃的池塘或者内湖。因为西湖莼菜种植时发芽率很低，所以一般会采用扦插繁殖的方式来种植。

西湖莼菜

西湖莼菜富含营养、味道清香。根据有关部门测定，西湖莼菜含有极大成分的蛋白质、糖分、维生素C和少量的铁元素。所以人们可以用它来制作美味佳肴，除了味道鲜美之外，还有很多养生的作用。

据说，清朝乾隆皇帝六下江南，每次来到杭州的时候一定会点西湖莼菜。而关于西湖莼菜还有一个"莼鲈之思"的故事：据说，晋朝时有一个名为张晋的人，在洛阳做官，有一年的秋天，他因为思念家乡的美味"莼羹鲈脍"，就放弃官位回到了家乡，从而也就留下了"莼鲈之思"这个典故。

萧山萝卜干原料为何被称为"一刀种"

萧山萝卜干，产于杭州市萧山区。因为它具有色泽黄亮、味道适中、香脆可口的特色，所以被人们喜爱。它的主要原料为"一刀种"萝卜，因为它的长度和菜刀差不多，在加工的时候一刀就可以把它分为两半，因此而得名。

萧山萝卜干起源于1890年，当时勤劳的人们在收剥完络麻之后，接着就种植萝卜，导致很多新鲜的萝卜吃不完。有些聪明的人们想到了一个好办法，他们把萝卜腌制起来，然后放到芦帘上晒干，晒干之后再放到一个坛子里，进行密封。过上一年之后，人们发现它色泽黄亮、香味浓郁，好吃极了。就这样，这种腌制方法在萧山地区慢慢流传开来，技术也逐渐完善，最终演变成了闻名全国的"萧山萝卜干"。据说，1920年左右，萧山萝卜干就已经在国内畅销了，更是有过高达2万多吨的年产量。

根据《中国土特产大全》记载，萧山萝卜干有很大的功效，主要为消炎、防暑、开胃等，是早餐之佳品。

萧山杨梅是因杨贵妃而得名的吗

萧山杨梅，顾名思义，产自杭州市萧山地区。它具有颗粒大、核小、肉柱圆、味鲜甜的特点，拥有悠久的栽种历史，到现在已经有超过四十多类品种，如白杨梅、草梅、早色、迟色等。它的成熟期在夏至前后，所以在萧山还流传着这么一句谚语，即"夏至杨梅满山红，南山数过是湘湖"。

萧山杨梅

据说，萧山杨梅是因为杨贵妃而得名的。当时，朝廷中有一位姓王的官员。有一年的夏至前后，他回到了家乡——萧山，有一位亲戚给他送了一筐红梅，吃起来非常鲜美，看着也非常可爱。他心里想到为什么不带回朝廷，上贡给皇上和娘娘呢？当天，王大人亲自进入山中，采集了大量的上好红梅。之后，他日夜不停地赶回了都城。当他回到都城之后，皇上李隆基和娘娘杨贵妃正在下棋，当杨梅被端到桌上之后，只见此果饱满红嫩，十分好看，品尝之后，李隆基和杨贵妃对其更是赞不绝口。吃到了兴头上，便命人传王大人进殿，问他这种果子的名称是什么？王大人向来头脑灵活，脑袋一转就回道："此果盛产于萧山县，但是还没有名字，请陛下赐名。"李隆基听完非常高兴，说道："这个果子看起来漂亮，吃起来美味，并且贵妃吃起来更美，那就把它命名为杨梅吧！"从此之后，每年的这个时候，萧山都会向朝廷进贡杨梅。所以，杨贵妃不仅仅喜欢吃鲜荔枝，还有鲜杨梅呢。从此之后，萧山杨梅誉满天下，现在已经成为历史悠久的萧山特产了。

关于萧山杨梅，当地人把它称为摇钱树。因为它是萧山地区种植面积最大的水果品种，自然是当地百姓的主要经济来源。据说，在2006年的杨梅节期间，大量游客的光顾，为当地的农民创造了1500万元的收入呢。

西湖龙井因何而得名

西湖龙井，产于杭州西湖周围的群山之中，中国十大名茶之一。西湖龙井的历史悠久，明朝时期被列为上品，清朝时期更是被列为贡品。清乾隆皇帝下江南来到杭州西湖之时，对它赞誉有加。据说，乾隆皇帝把龙井茶带回皇宫献给了太后，太后喝了之后，肝火全消，所以乾隆皇帝就把狮峰山下胡公庙前的十八棵茶树封为"御茶"，专供太后享用。西湖龙井是绿茶，按照外形以及内质的优劣，一共可以分为8个等级，其中狮峰所产的龙井，因为色泽黄嫩、高香持久，而被誉为"龙井之巅"。那您知道西湖龙井是因何而得名的吗？

关于西湖龙井一直流传着一个传说，相传古代时在西子湖附近有一个名为"龙井"的村子，村里有一个老太太，她依靠卖茶来维持自己的生活。有一年，不知是何种原因，茶叶的质量不是很好，几乎没有人前来购买。这把老太太给急坏了，茶叶卖不出去，生活的基本保障也无法维持。有一天，一个老头走了进来，在老太太的宅院里转了一圈，对老太太说要买她堆放在墙角的破石臼，给她五两银子。老太太正在为钱发愁呢，听说他要买那个破石臼，就赶紧答应他。老头身上没带那么多钱，就告诉老太太回家拿钱，一会就过来把它抬走。老头走了之后，老太太看到石臼上有很多尘土和腐叶。心里想到，拿了人家五两银子，总不能让人家抬走这么脏的石臼啊。于是她就把石臼的东西扫掉，堆上一堆，埋到了她所种植的茶树下了。过了一会，老头带着几个强壮的年轻人来到这里，看到干干净净的石臼后，连忙问道原本石臼上的杂物都跑到哪里去了。老太太告诉他之后，哪想到老头竟然急得直跺脚，说道："我花五两银子，原本就是打算买石臼上的杂物啊！"说完就走了。而老太太最终也没有得到五两银子，非常苦恼。过了几天之后，神奇的事情发生了，老太太所种植的十八棵茶树竟然长出了又细又润的茶叶，沏的茶更是幽香怡人。这件事情逐渐传遍了西子湖畔。很多种植茶树的同乡都来到这里采集茶籽，慢慢地，龙井茶便被大范围地种植在了西子湖畔，而"西湖龙井"也因此得名。

关于龙井还有一个说法，在北宋时期，有一位高僧居住在西湖凤篁岭，当时有很多香客来这里拜访他。而每当有客人来的时候，他都会奉上一杯他自己种植的茶以待客，就这样，龙井茶渐渐有了名气。到了明

西湖龙井茶

清时期，龙井茶更是盛名全国。到了现在，这里每年都会举行开茶会，借此来发扬传统茶文化，打造更好的杭州。

猕猴桃是因猕猴喜食而得名的吗

猕猴桃历史悠久，最早见于《尔雅》一书，距今已有2000多年历史。之后，在每个朝代，都有与之相关的记载，如宋朝时期的《本草衍义》、明朝时期的《本草纲目》以及清朝时期的《植物名实图考》等。据说，猕猴桃就是因为猕猴喜欢吃而得名的，以前都是处于野生状态，直到改革开放以后，才得到重视，从而被广泛种植培育。

淳安猕猴桃便是猕猴桃的一种，产自杭州淳安，主要分布在铜山、安阳、上坊等乡，因为汁多味美而被人们所喜爱。它按照肉色可以分为三类，分别是黄肉型、绿肉型以及黄绿中间型，其中黄肉型最得人们的喜爱。它具有很高的营养价值，含有十多种氨基酸以及丰富的矿物质。

淳安猕猴桃现已成为我国的一种时尚水果，不仅味道鲜美，还具有很多功效，如美容、防病、治病等。

塘栖枇杷为何被历代文人称为"枇杷晓翠"

塘栖枇杷，产自杭州市余杭区塘栖镇，在杭州市乃至全国都享有盛名，深受消费者喜爱，被人们称为"果中珍品"。塘栖枇杷主要产区是在塘栖镇的塘南、沾驾桥等乡，是中国三大枇杷生产地之一。

塘栖枇杷

塘栖枇杷在冬天开花，到了来年的五月果子就熟了。寒冬时节刚刚开花的时候，花儿非常清香，每一个花束由很多小花组成。因为是在冬天，正是处于百花凋零的时期，而枇杷

花却在这个时候冒着寒冬开放,洁白如玉,所以历代文人都对它深爱无比,亲切地把它称为"枇杷晓翠"。

塘栖枇杷具有很多特点,像果形美观、酸甜可口、果大肉厚等,具有很高的营养价值。它具有非常丰富的元素,对人体新陈代谢很是有益,如胡萝卜素,维生素B、C,钠,铁等。它有很多用法,比如可以把枇杷叶用来煮汤,也可以用来敷在伤口之处,甚至可以用大量的枇杷叶子来洗枇杷澡。而干燥的枇杷可以加工制造成果酱、罐头、果汁、果膏等,也可以拿来制药,具有润肺、止咳化痰的效果。

根据史料记载,塘栖枇杷的历史悠久,从隋朝时期就已经开始种植,距离现在已经有了将近1400年的历史。到了唐朝时期,塘栖枇杷被作为贡品每年都会上供朝廷。到了明清时期,塘栖镇更是因为塘栖枇杷名列江南十大名镇之首,非常有名,从而被人们誉为"江南佳丽地"。

雪水云绿是被卢心寄先生命名的吗

雪水云绿,产自杭州市桐庐山区,属于绿茶类针形名茶。它的形状与莲心相似,玉质透翠,"色、香、味、形"俱全,所以深受消费者的喜爱。那么,您知道雪水云绿这个极具意境的名字是谁命名的吗?

卢心寄,浙江黄岩人,生于1933年,高级农艺师。雪水云绿便是由它命名的。他毕业于浙江农学院,之后被分配到杭州市桐庐县农业局工作,1985年的时候创制出了"雪水云绿"。之后,雪水云绿连续三届被评为浙江省第一类名茶。

"雪水云绿"这个名字,在符合茶者秉性的基础上,更是融入了中国茶文化的精髓。而桐庐作为"雪水云绿"的产地,也被称为"山山皆有茶,村村摘新芽"。如果查看历史资料的话,人们可以发现,桐庐这个不大的地方,竟然汇聚过颇多历史上的著名文人,如李白、白居易、杜牧、苏轼、王安石、杨万里等。茶香与文墨联系在一起,总是令人惊叹！

到了现在，桐庐的人们为了确保可持续发展，发出了"打造潇洒桐庐"的口号，并且效果显著。而雪水云绿作为桐庐的特产，是这片土地在可持续发展道路上的重要指向灯。

建德苞茶曾有几个称谓

建德苞茶，产自杭州市建德市梅城以及三都一带的山岭之中。根据《茶经》中所说，建德市在唐朝时期就已经被列为全国八大茶区之一了。而建德苞茶就是因为外形独特，香气清幽，所以才会闻名于世。那么，您知道建德苞茶曾经有几个称谓吗？

明清时期，严州（今建德市）是一处商贾云集的地方。当时，皖南的黄山毛峰在这里非常有名，虽然价格很贵，但依然畅销，甚至常常出现供不应求的情况。精明的茶商在这个时候寻找到商机，他们在三都小里埠对黄山毛峰进行仿制。仿制出来的茶竟然也极有特色，茶叶就好似含苞待放的兰花，但是和黄山毛峰的外形是有差别的，人们一眼就可以看出来，因为是在"小里"仿制而成，所以就把它命名为"小里苞茶"。而"小里苞茶"便是建德苞茶的第一个称谓。

建德苞茶

小里苞茶一经问世就取得了较好的反响，渐渐地，销量倍增，而生产规模也随之扩大。过了一段时间之后，商人们认为"小里"太过小气了，就用"严州"代替了"小里"，从而更名为了"严州苞茶"。而"严州苞茶"就是建德苞茶的第二个称谓。"严州苞茶"在清末民初时期，取得很好的成绩，年产量高达20吨。

在抗战时期到20世纪70年代左右，"严州苞茶"经过了几次更迭，几乎绝种。20世纪80年代，杭州市有关部门对"严州苞茶"进行恢复创新，并且把"严州苞茶"更名为"建德苞茶"。

到目前为止，建德苞茶先后采用了"小里苞茶""严州苞茶"和"建德苞茶"三个称谓，其中"建德苞茶"一直沿用到了现在。自从被更名为"建德苞茶"之后，它获得了很多殊荣，如1991年5月，在中国杭州国际茶文化节评比中，获得了"中国文化名茶"最高奖和荣誉证书。到了2006年的时候，它的产量更是达到了20万公斤，畅销国内外。

杭州的人文景观和民间趣闻

有句话说，一个人从旅行中所得到的乐趣，不在于他去过多少美丽的地方，而在于他在一个地方发现了多少美丽的故事。杭州就是一个能让人发现很多美丽故事的城市，她的人文气息，她的民间趣闻，必定会在游客的心中留下美好的印象。如杭州历史博物馆，当您来到这里，就可一窥杭州的历史全貌；如江南水乡文化博物馆，当您来到这里，就会深刻地了解到良渚文化；如净慈寺，这座寺庙与济颠和尚有何关系，这里又有何有趣的传说；如钱塘江潮，曾经是没有声音的吗；如秋瑾，她曾经又是怎样一位传奇女侠，发生过怎样的传奇故事；如葛云飞，这个鲜有人知道的名字，在他身上发生怎样壮烈的故事。诸如此类，我们将旅行中发现的故事，在此献给大家。

杭州的博物馆

浙江省博物馆藏有《富春山居图》吗

浙江省博物馆，位于杭州市孤山南麓，西湖风景区的中心，始建于1929年，曾经有过两个称谓，分别是"西湖博物馆"和"浙江省立西湖博物馆"，中华人民共和国成立之后，才被正式更名为浙江省博物馆。浙江省博物馆是一座人文科学博物馆，一共分为十个展馆，分别是历史文物馆、吕霞光艺术馆、常书鸿美术馆、明清家具馆、青瓷馆、书画馆、钱币馆、工艺馆、礼品馆、精品馆。这些展馆的建筑格局被称为"园中馆，馆中园"，带有浓厚的江南地域特色。它拥有丰富的馆藏文物，其丰富程度在浙江省是首屈一指的。而元朝时期黄公望的《富春山居图》卷的一半，便被收藏在浙江省博物馆里。

浙江省博物馆内

《富春山居图》被陈列于博物馆武林馆区地面三层，共分为五个单元，分别是"黄公望""《富春山居图》的故事""《富春山居图》分析与解读""历代临仿《富春山居图》"以及"元以后的明清文人山水画"。其中前四个都是与《富春山居图》有关的，分别介绍了《富春山居图》的作者黄公望的人生以及创作，再介绍《富春山居图》。除此之外，在第五个单元还介绍了明清时期的山水画，在此基础上又划分了五个小单元，通过观看这五个小单元，人们可以从中了解到元代时期的山水画对明清以及现在绘画的重要影响。除了《富春山居图》和明清山水画之外，在武林馆区还分别陈列了"越地长歌——浙江历史文化陈列""非凡的心声——世界非物质文化遗产中的中国古琴""钱江潮——浙江现代革命历史陈列""意匠生辉——浙江民间造型艺术"以及"十里红妆"。

浙江省博物馆基于十个场馆，从多角度展示了浙江七千年的历史文化。根据数据统计，浙江省博物馆藏有文物多达十万多件，最古老的文物可以追溯至河姆渡时期，有当时的陶器、木器、骨器等，还有先秦时期越国的青铜器、明清时期的书画作品等，都是中华民族珍贵的文化瑰宝。

杭州西湖博物馆是中国第一座湖泊类专题博物馆吗

杭州西湖博物馆，位于杭州南山路西侧，西部与西湖相邻。西湖博物馆四分之三都位于地下，总建筑面积有7920平方米，而地上面积仅仅占到1980平方米。西湖博物馆把自己定位为西湖展示中心，并且是中国第一座湖泊类专题博物馆。

西湖博物馆分为地上层和地下层。其中，地上层拥有展厅、西湖文化研究中心、旅游服务部、休闲茶座等，而地下层主要分为五个部分，分别是主展厅、游客服务中心、文献资料中心、设备用房以及文物库房。在地下层的主展厅中又被分为序厅和四个主展区。而这四个主展区则运用西湖模型沙盘的方式，分别展示了杭州的山水、

西湖博物馆内模型

西湖的人文、西湖的浚治以及西湖的影响,把西湖的全景立体展示给人们。

西湖博物馆和传统博物馆的陈展方式是有所差异的,除了通过运用陈展展品、文字、模型等传统手法之外,还将各种高科技融合到了里面,如模拟场景中的西湖景象,带给人们的是视觉上的盛宴以及艺术上的熏陶。现在,杭州西湖博物馆已经成为中小学生正式课业之外的第二课堂。

浙江自然博物馆曾是浙江博物馆的一部分吗

浙江自然博物馆,位于杭州市西湖文化广场,是浙江省"五大百亿"工程之一。它始建于1927年,在我国的博物馆中属于比较"年长"的场馆。2009年7月新馆开放以前,主要陈展的内容共分为8个专题,如恐龙、海洋动物、古生物等,其中《恐龙与海洋动物陈列》更是获得极大的殊荣,即"98中国十大陈列展览"精品奖。

根据资料记载,当年的西湖博览会被分为"八馆二所",其中博物馆陈展了丰富的展品。因为展品的丰富,并且得来不易,省政府应博览会的请求即设立了西湖博物馆。而"西湖博物馆"便是浙江自然博物馆的前身,也是浙江博物馆的第一个称谓。

西湖博物馆建立早期,自然类陈列还未形成体系。西湖博物馆的馆长董聿茂先生看到这种情况之后,就带领团队在各个地区采集动植物标本,并且在世界范围内开展标本交流会,通过一系列的活动之后,西湖博物馆的自然类藏品逐渐变得丰富起来。到了抗战期间,西湖博物馆因为环境的影响只能辗转迁移,所幸的是,博物馆中的藏品被董聿茂和他的同事们保护下来。中华人民共和国成立之后,西湖博物馆被重新组织起来,之后被更名为"浙江博物馆",1984年7月,浙江博物馆把自然类这一部分分离出来,作为一个单独的建制,成立了浙江自然博物馆。所以，浙江自然博物馆曾经是浙江博物馆的一部分。

　　浙江博物馆建馆初期，由于经费以及馆舍的问题，馆内的运作经常受到制约，甚至藏品没有固定的陈列场所。但是，浙江自然博物馆的同事并没有停止博物馆的建设和发展的研究探索，付出终究会得到回报，后来库房业务楼、陈列馆先后建成，藏品也得到了极大的丰富，珍品荟萃，学术方面更是取得了极大的成果，获得多次奖项。现在，浙江自然博物馆已经成为浙江省、杭州市科普工作先进集体，还被评为中国未成年人生态道德教育先进单位。

杭州历史博物馆是杭州市唯一一座反映杭州历史的博物馆吗

　　杭州历史博物馆，位于杭州市吴山中麓粮道山18号，是一座综合性博物馆，其中，陈展内容以反映杭州城市历史为主。至目前为止，它也是杭州市唯一一座反映杭州历史的城市综合性博物馆。

杭州历史博物馆拥有丰富的藏品，馆内设施极为先进。馆内共有三层展厅，其中一层有三个展厅，分别是原始社会——南北朝时期展厅、隋唐五代时期展厅和运河厅；二层分为四个展厅，分别是两宋时期展厅、元明清时期展厅、百年老店以及临时展厅；三层则由邮票展厅和书画厅组成。陈展的物品主要是历年来杭州出土的珍贵文物，其中不乏国宝级文物的存在，如战国水晶杯、越窑褐彩青瓷油灯，还有200多件国家二级以及一级文物，如玉石器、吴越石刻星象图等。通过这些物品的陈列，让人们更加深入地了解杭州的历史面貌，并通过运用声、光、电等技术，营造出更为直观的游览氛围。

杭州历史博物馆

自从2001年开馆以来，杭州历史博物馆荣获了很多名誉，先后被评为市级爱国主义教育基地先进管理单位、省级爱国主义教育基地，现已成为中小学生丰富历史文化知识、开展第二课堂的理想场所。

南宋官窑博物馆是中国第一座陶瓷专题博物馆吗

杭州南宋官窑博物馆，位于杭州市复兴路闸口五桂山西麓，建造于1990年。它的建筑结构采用的是宋朝时期的短屋脊、斜坡顶，风格独特。根据资料记载，南宋官窑博物馆是中国第一座陶瓷专题博物馆。它以南宋官窑遗址为基础，富有浓郁的历史文化底蕴。

南宋官窑遗址，主要分为两部分，分别是龙窑以及制瓷作坊，是南宋时期制作官窑瓷器的场地，在近些年被考古人员发现，之后得到很好的保护，到目前为止，它的面积大约为1500平方米。在遗址中，人们可以直观领略到南宋时期瓷器的生产过程，参观者甚至可以亲自进行尝试，感受一下其中的乐趣。

博物馆主要分为三个展厅，分别是第一展厅、第二展厅以及第三展厅，这三个展厅把南宋官窑作为主要线路，以官窑遗址和在遗址中所挖掘出的重要文物作为主要陈展物品，让人们对南宋官窑进行了解。其中，第一展厅的展示目的是让人们了解中国古代陶瓷的发展过程，所以展示的都是中国每个朝代的陶瓷文物，并且必须是具有代表性的。第二展厅主要展示的是南宋官窑的历史、制作工艺以及所制器物的种类等方面。第三展厅则为临时展厅，不定时地会进行一些优秀的国内外展览。

除此之外，博物馆还有作坊遗址保护大厅、龙窑遗址保护展厅等。通过陈展大量的出土文物以及标本，通过其他的辅助资料，系统地描述了南宋官窑所制作瓷器的特点以及造型风格，让人们了解南宋官窑制作工艺的高超之处。杭州南宋官窑博物馆拥有大量的出土文物，藏品高达8000余件，其中也不乏精品，如篪式炉、八卦纹薰炉盖、花口壶等。

中国茶叶博物馆为何不设围墙

中国茶叶博物馆，位于杭州市西湖西南龙井路旁的双峰村。双峰一带是盛产西湖龙井的地方，而中国茶叶博物馆则是以茶文化为主要专题的博物馆，可谓相得益彰。博物馆共有六个展示空间，分别是茶史、茶萃、茶事、茶缘、茶具、茶俗，通过这六个方面的陈展，全方位地对茶文化进行了诠释。中国茶叶博物馆共有四号楼。其中一号楼是陈列大楼，通过各方面的展示，让参观者充分了解到中国丰富多彩的茶文化。二号楼是接待外宾以及进行学术交流时所用。三号楼是供参观者饮茶时所用的茶室，一共有六种风格，参观者选择不同风格的茶室就可以品尝到不同风味的茶。四号楼是供参观者欣赏茶艺以及茶道表演的地方。那么，您知道为什么中国茶叶博物馆不设围墙吗？

中国茶叶博物馆

中国茶叶博物馆自1990年10月起对外开放，人们乍一走进这里，首先发现的第一个疑问就是：它为何不设围墙？通常情况下，博物馆带给人们的是庄严肃穆的感觉，而中国茶叶博物馆却打破了常规，把围栏和围墙全部打通，只是在必须阻隔的地方种植上带刺的植物，打造出的是"馆在茶间，茶在馆内"的无围墙博物馆，寓意欢迎每一个参观者的到来。中国茶叶博物馆正是因为没有围墙，所以才会带给人们一种没有阻碍的欢迎感。就是这个地方，充满了浓郁的茶文化韵味，也由此吸引了四面八方的茶文化爱好者前来参观。

乔石曾为中国京杭大运河博物馆题名吗

中国京杭大运河博物馆，位于杭州市拱墅区运河文化广场。顾名思义，这是一座以京杭大运河为主题的博物馆，在中国的博物馆中，是第二个以千年运河为主题的。博物馆的展览面积大约为5000平方米，共分为序厅以及四个展厅，其中四个展厅分别陈展的主题为"大运河的开凿与变迁""大运河的利用""运河畔的城市"和"运河文化"。到目前为止，一共展出的文物以及史料达到上千件。通过对文物以及史料的陈列，充分展示出了京杭大运河对于中国历史发展的重要性。中国京杭大运河博物馆的主要景观可以分为"一馆二带二场三园六埠十五桥"。在2006年开馆时，中共中央前领导人乔石曾为博物馆题写馆名。

京杭大运河的开凿是在春秋战国时期，无论里程之长还是历史之久，在全世界的运河中都是首屈一指的。两千年来，多少城市因为它而兴盛，积淀了深厚的文化底蕴。在中华大地上，大运河就好比一首"大地史诗"，和万里长城交相辉映，从而形成了一个巨大的"人"字，同时也凝聚了中华民族伟大先人的智慧和结晶。

在中国京杭大运河博物馆的各个展厅中，分别陈展了不同的文物，其中不乏珍品，如第一展厅有一把春秋时期的青铜戈，距离现在已经有长达2400多年的历史，还有第二展厅中清朝时期苏州府的官斛，极具历史价值。

都锦生织锦博物馆中藏有斯大林的丝织像吗

都锦生织锦博物馆，位于杭州市凤起路都锦生丝织厂内，是我国第一座以织锦为主题的博物馆。都锦生织锦博物馆共分为四大展区，分别为陈列室、原料准备工场、织锦织造工场以及产品展示展卖厅，在展厅中陈列了近千件实物和图片,对我国传统织锦业进行了详细的介绍。除了展厅之外,还有专门介绍蚕桑知识的名桑园,其中种有中国五大名桑。都锦生织锦博物馆作为一家织锦专题博物馆,现在已经成为杭州丝绸的标志之一。

都锦生织锦博物馆

都锦生织锦博物馆共设立六大展厅。第一厅为织锦历史厅,展示了从战国时期开始到现在有关织锦发展的各种实物图片,还向参观者介绍了都锦生织锦厂创建人都锦生先生的生平以及创业历史。第二厅为工艺流程厅,顾名思义,讲述的就是制作织锦的工艺流程。第三厅和第四厅展示的主要是都锦生织锦中的精品,其中陈列的《春苑凝晖》几乎可以代表当代织锦的最高水平。第五厅主要展示的是都锦生织锦设计的全过程,参观者也可以亲自参与其中。第六厅则陈列出了古代人们多用的专用织机等设备。

都锦生织锦博物馆,有很多用丝制作的精美艺术品,除了上述提到的《春苑凝晖》之外,还有梵高的《太阳花》、巨幅《布达拉宫》等,馆内甚至还有都锦生为克林顿夫妇以及斯大林等人制作的丝织像,具有非常高的观赏价值。

良渚文化在江南水乡文化博物馆中体现出来了吗

江南水乡文化博物馆,位于杭州市余杭区临平南苑街道人民广场北侧。博物馆以反映余杭历史、江南水乡文化及其民俗习惯为宗旨,其中更是以良渚文化作为切入点,为人们提供了了解良渚文化以及江南水乡的重要场所。

江南水乡文化博物馆内设立了7个展厅和4个单元展览。其中第一个单元向人们展示了余杭的历史文化，并且通过多种方式陈列，如图表、器物、人物雕像以及场景等，人们在这里可以了解余杭从七千年前开始的马家浜文化直到现代的历史事件；第二单元则是著名的良渚文化精品陈列，展示了很多有关良渚文化的文物，这些文物都非常珍贵，甚至还有独一无二的孤品，人们在这里可以更加深入地了解良渚文化；第三个单元是江南水乡文化陈列，通过这个单元，人们就可以了解江南水乡是如何形成的，并且可以了解到江南这块地方从贫瘠到繁荣的发展过程，这里共有三大部分，分别为"吴越春秋""江南市镇""水乡风情"。这三个部分是博物馆的亮点，人们走在其间，就好似在千百年间来回穿越，能够充分感受历史与现实的纵横交错；第四个单元被称之为专题陈列厅，也可以称之为临时展厅，博物馆根据需要会在此举办各种展览，到现在为止已经有了多次成功的案例。

中华文化源远流长，由不同地区的文化单元组成，而从古至今的江南水乡文化便是它不可缺少的一部分。江南水乡文化博物馆正是在此基础上建设而成的，这也是它的价值所在。

中国印学博物馆是由西泠印社筹建的吗

中国印学博物馆位于杭州市西湖区孤山后山路10号，是一座两层楼建筑，呈现的是中西式的建筑风格，重檐翘角。在博物馆大门的西侧，有一尊汉白玉龙钮巨印，高达4.2米，上面所写边款为"中国印学博物馆"，是已故西泠印社社长赵朴初先生所题

中国印学博物馆内的印章石

写。而中国印学博物馆就是由西泠印社筹建而成的，现已成为一座国家级的园林式博物馆。

中国印学博物馆有很多展厅，如历代玺印厅、流派印章厅、印材厅、印学厅、西泠印社社史厅等。当人们从正门走进去之后，首先看到的便是历代玺印厅。在这里，一方方精美的印章展示在人们的眼前，雕刻精美、古朴雄劲。让人们了解到印章的演变过程，从商殷时代开始，直到现代。

走到二楼，便是流派印章厅。这里汇聚了各路名家印章流派，如"西泠八家""皖派""晚清六家"等。从明清时期开始，就已经有了不同的印学流派，因为风格不同，所以各有千秋，而印章艺术也得到了长足的发展，并且逐渐形成了一种得力的艺术样式，即印学。在这个过程中，以丁敬为代表的"西泠八家"和以邓石为代表的"皖派"都极具盛名。到了晚清时期，"晚清六家"以其独特的印风把印学推到了一个新的高度。

当你从楼房中走出后，依山而上，就可以看到两处别致的古建筑，而它们便是"印材厅"以及"印学厅"。印材厅中拥有上百种材质的制印材料，一共分为五大类，分别是金属、矿石、陶瓷、动物以及植物。在明清之前，制印的材料主要以金属为主。到了明朝初期，便是以矿石为主了，如寿山石、昌化石、青山石、巴林石等，色彩瑰丽，很是漂亮。之后，更是接触到牙、角、木等材质。而在印学厅中，则是以展示印学论著为主，如《集古印谱》《石钟山房印谱》《飞鸿堂印谱》等。而在西泠印社社史厅中有着大量的文史资料，书写了近代印学史的辉煌。

除了这五个展厅之外，还有很多景观，如"印廊""印人书廊""吴昌硕纪念室"等，通过这些景观，人们可以了解到我国传统文化的博大精深，也可以了解悠久的印学文化。

杭州革命烈士纪念馆曾是为蔡永祥专门建立的吗

杭州革命烈士纪念馆，位于钱塘大桥北边西侧的月轮山上，建造于1968年，而当时的纪念馆名字为蔡永祥事迹陈列馆，顾名思义，当时便是为了纪念蔡永祥而专门建立的。

蔡永祥，安徽肥东人，他出生于一个贫寒的农民家庭。读书的时候，学习用功，并且乐于助人，是一名优秀的学生。长大之后，参加中国人民解放军，成为了浙江省军区三支队三连的一名战士。在此期间，他立志要做一个像董存瑞、雷锋那样的人，为祖国奉献出自己的力量。因此，在连队中，他经常帮助战友，把困难的事情留给自己，把方便让予他人。平时，像做卫生、站岗放哨这类的事情，他总会抢在战友的前面，除此之外，他还经常帮助炊事班的战友们洗菜、做饭，战友们都亲切地称他为"半个炊事员"。1966年10月10日凌晨，蔡永祥正在钱塘江大桥上守卫。当一趟列车向大桥飞驰而来的时候，蔡永祥忽然发现在铁轨之上竟然横卧着一根大木头，为了保证列车以及乘客的安全，蔡永祥毫不犹豫地冲上前去扛起了那根木头。最终，列车安全地停在了大桥上，而蔡永祥却永远离开了我们。

就这样，为了纪念蔡永祥同志，杭州有关单位决定建立永久性纪念馆，到了1968年11月，纪念馆正式对外开放。如今，杭州市委决定把蔡永祥纪念馆改为杭州革命烈士纪念馆，除了纪念蔡永祥的英勇事迹之外，还陈列了2500多位烈士的光辉事迹。

潘天寿纪念馆中留有弘一法师的赠言吗

潘天寿纪念馆，位于杭州市上城区南山路景云村，这里原本是潘天寿的故居所在地，到了1991年，为了纪念潘天寿先生，就在故居的基础上扩建成了纪念馆。现在，在园内有两座楼房，分别是潘天寿故居楼和精品陈列楼，而在潘天寿故居楼中的书房内就有着一副对联，上面写道："戒是无上菩提本，佛为一切智慧等"，而这便是弘一法师李叔同送给潘天寿先生的赠言。

潘天寿先生是中国现代著名的画家和美术教育家，对于写意花鸟山林非常擅长，并且在诗、书、画、印等方面都有极深的造诣，形成了独特的风格。而潘天寿纪念馆便是潘天寿先生的晚年居住地。走进潘天寿纪念馆，人们就可以看到潘天寿故居楼和新建的精品陈列楼，为了达到风格上的统一，精品陈列楼也和故居楼一样，以青砖为外墙，外观质朴、厚重。在大门左侧围墙上，更是有著名书法家沙孟海亲笔书写的"潘天寿纪念馆"六个金色大字。

故居楼中有潘天寿先生的画室、起居室、卧室、陈列室等，其中画室中安置着一张特大的画桌，上边整齐地摆放了齐全的绘画用具，其中还有潘天寿先生生前常用的毛笔。这些物品不禁让人想象到当年先生绘画时的美好情景。而起居室和卧室中所摆放的家具极为简朴。故居楼中的陈列室并不大，只是一小间，陈列了潘天寿先生生前照片以及实物资料，供世人研究。

潘天寿纪念馆

陈列楼的二楼是陈列厅和陈列廊，人们可以在这里感受到浓郁的艺术气息。这里采用的是高雅的落地式展柜，运用的是电脑自动控制技术，在当时，这种新型设施在国内还是很少见的。展柜有5米多高，潘天寿先生的作品在这里展示观赏的效果特别好。

据说，曾经还有一位国外的博物馆馆长来到这里参观，对潘天寿先生的绘画以及陈列楼的现代化设计赞誉有加。

杭州为何会有一座苏东坡纪念馆

苏东坡纪念馆，位于杭州市西湖苏堤南端的映波桥旁，周围有很多著名的景点，如雷峰塔、花港观鱼、章太炎纪念馆、太子湾公园等。在纪念馆的庭院正中有一尊苏东坡的全身雕像，由花岗岩雕刻而成。纪念馆共分为两层，在楼下主要展示的是苏东坡在杭州任职时所作出的杰出贡献，如救济灾民、疏通六井、开凿运河等。而楼上则主要展示的是苏东坡在文学上的成就，其中以苏东坡在杭州时所作的诗文为主。整座展厅采用的陈列方式是极其新颖的，如配乐诗歌朗诵、水墨动画等。

苏东坡在杭州任职期间，不只是为后人留下了大量的诗篇佳作，也留下了勤政爱民的好名声，西湖的很多景物和苏轼都有直接的联系，如苏堤、龙井过溪亭、大麦岭题名刻石

杭州苏东坡纪念馆

等。除此之外，每当人们来到西湖游玩的时候，总是会想起苏东坡的那首脍炙人口的诗句，即"水光潋滟晴方好，山色空蒙雨亦奇，欲把西湖比西子，淡妆浓抹总相宜"。

根据统计，目前中国共有三座苏东坡纪念馆，分别是杭州西湖苏东坡纪念馆、惠州西湖苏东坡纪念馆以及黄冈苏东坡纪念馆，这三座纪念馆各具特色，吸引着人们前去游览参观。

良渚博物馆为何被称为"收藏珍宝的盒子"

良渚博物馆，位于杭州市余杭区良渚镇美丽洲公园，它的前身是良渚文化博物馆。良渚博物馆，顾名思义，这是一座以良渚文化为主题的考古文化博物馆。博物馆从2005年开始建造，建筑设计师由英国设计师戴卫·奇普菲尔德担任。他以"一把玉锥散落地面"为设计理念，把良渚博物馆的建筑风格定位于简约、厚重、大气，就这样，博物馆建造完成。人们来到这里之后，可以看到良渚博物馆是由四个不完全平行的长条形建筑组成的，由此，良渚博物馆又被称为"收藏珍宝的盒子"。

良渚博物馆有前厅、第一展厅、第二展厅、第三展厅以及尾厅。陈

展的主要内容可分为三个方面,分别是"发现求真""良渚古国""良渚文明"。陈展的内容围绕着良渚文化开展,总主题为"良渚文化实证中华五千年文明",突出了良渚文化在历史中所占据的重要地位。

在博物馆中,前厅采用的主要展览形式是立体接平面,展现出了良渚古城和现代杭州的时空关系。第一展厅为人们展现的是自1936年发现良渚遗址到2007年确定良渚文明过程中的研究成果,让人们站在考古学家的角度来正确认识良渚文明。第二展厅则是运用现代化的手段来展现当年良渚先民们生活劳作的场景,让人们了解五千年前良渚古国的辉煌历史。在第二展厅中有一幅大型油画,是以良渚古国建造莫角山宫殿为主题的,它的面积高达200平方米,把良渚先民们营造莫角山宫殿的宏伟场景描绘得淋漓尽致。第三展厅是良渚博物馆的精华所在,陈列了良渚时期的珍贵器物和遗迹,其中器物以珍品玉器为核心,这说明玉在良渚文化中占据十分重要的地位。在尾厅中有一项互动项目,这个项目,可以让人们充分领略5000年前良渚古国的韵味。

毛主席曾到小营巷视察过吗

1957年,中共八届三中全会结束之后,毛主席来到杭州指导下一阶段的工作。1958年1月5日,毛主席来到小营巷视察卫生情况,并且在视察的过程中和群众亲切交谈。他先后察看了几个墙门,表扬他们的卫生工作做得好。毛主席的视察和表扬对小营巷的居民起到了很大的鼓舞作用,这么多年以来,小营巷的卫生工作在全国范围内都是名列前茅的,多次被评为"卫生先进单位"。

毛主席视察小营巷纪念馆

1972年,小营巷的人们为了永远纪念这件事情,把当年毛主席视

察过的56号墙门开辟为陈列馆，命名为"毛主席视察小营巷纪念馆"。馆内陈列了毛主席来此视察时的照片、用过的物品，还陈列了小营巷历年的卫生工作图片资料。1993年，小营巷将陈列馆重新装修，2001年，更是把它重新建造。重新建造后的纪念馆正厅正面，悬挂着毛主席当年视察小营巷时的巨幅照片，左侧墙上贴有毛主席提倡搞好卫生工作的题词。走入左厅，人们可以看到11幅毛主席和小营巷群众的合影，除此之外，还陈列了毛主席曾坐过的藤椅、看过的报纸以及用过的各种实物。而右厅则以展示小营巷近60年来的卫生工作情况为主。

这些年来，世界卫生组织曾多次来到小营巷进行考察访问，对这里的卫生工作给予了很高的评价。2001年，毛主席视察小营巷纪念馆被列为杭州市爱国主义教育基地。

胡庆余堂为何被称为"江南药王"

胡庆余堂创立于1874年，创始人为清朝末年著名红顶商人胡雪岩。胡庆余堂因为广纳良医及药方，所以制作出的药品的药效非常显著，被人们称为"江南药王"。

博物馆的建筑属于典型的清代风格，在此基础上结合了江南的住宅园林特色，并且选用上好的木材营造而成。在博物馆的四周，有高达12米的封火墙，墙上写有七个大字，即"胡庆余堂国药号"。

杭州胡庆余堂中药博物馆便是在胡庆余堂建厂115年时建立的，位于杭州市大井巷。博物馆共分为五个部分，分别是陈列展厅、中药手工作坊厅、中医保健门诊室、药膳厅以及营业厅。其中在陈列展厅中，介绍了中国医药的起源发展以及历代中国名医。在中药手工作坊厅中，有老药工为参观者展示制药流程，参观者观看之后也可以自己动手尝试，非常有趣。

杭州的民间趣闻

状元楼的名字有何来历

状元楼原是清河坊一家没有店名的小面馆,创设于清同治十年,店主是宁波人王尚荣,专做宁式汤面生意。说到状元楼,还有一个很温馨的故事。

话说清朝同治年间的一天傍晚,王尚荣正要打烊,恰走进来一位衣着破旧的秀才,要了一碗汤面。王尚荣一听口音是自己的同乡,便与秀才攀谈起来。交谈中得知,秀才是来省城赶考的,因为盘缠不够,尚未找到住处。王尚荣是个热心肠人,就对秀才说,如不嫌弃,就住到我小店里来吧。秀才见这位同乡如此诚恳,也就答应下来。第二天进场会考前,王尚荣特地为秀才烧了碗"双元面"。所谓双元面,就是鸡蛋肉元面,寓意省考、京考双中。考完当天,王尚荣还烧了大汤黄鱼、宁式鳝丝等几样宁波家乡菜与秀才对酌,在等待放榜的日子中,秀才就在店里帮忙打杂。不久放榜,秀才中了举人,准备进京会考,可是身边又没有足够的盘缠,王尚荣于是又主动为秀才凑齐了盘缠。临行前,王尚荣又为秀才烧了一碗黄鱼面,寓意此次赴京会考能成功地"跃龙门"。果然,秀才一举中了进士,就任江西。在赴任途中,秀才特意转路到杭州,面谢王尚荣,并写下了"状元楼"三字作别。从此,王尚荣的面店便有了这个高雅的名称。

净慈寺曾被"火神"烧过吗

净慈寺,由于济公曾在此修行,所以后世流传了很多传说。其中有一则便是"火烧净慈寺"。

古代民间把农历六月二十三当做火神的生日。相传,有一年的六月二十三,天气非常炎热,即便如此,来到南屏山净慈寺烧香拜佛的老百姓还是非常多。到了中午时,这里来了一个年轻漂亮的姑娘。这姑娘一身红色的衣服,手上撑着一把小阳伞,一副机灵的模样。这个时候,济颠和尚正在寺中吃饭呢。当这位姑娘要进入寺中的时候,不早不晚,他从寺中冲了出来,也不说话,只是张开双臂拦住山门,不让那姑娘进来。过了好一会,这位姑娘面红耳赤,满脸都是汗珠儿,还是没能进入净慈寺。

这个时候,因为烧香拜佛的人很多,他们见济颠竟然在大庭广众之下调戏这位姑娘,纷纷起哄。老方丈听到外面如此吵闹,便从寺中赶了出来,眼看济颠如此胡闹,就大声地对他说:"济颠,你还是个出家人吗?速速躲开。"济颠回过头来,笑嘻嘻地对老方丈说:"方丈,你说是有寺好还是没寺好?"因为"寺"跟"事"的发音很像,所以老方丈就生气地骂道:"多嘴,我们作为出家人,当然是多一事不如少一事了,赶紧躲开。"济颠叹口气道:"好吧,等到'没有寺'了,您老人家可不要后悔啊!"说完,济颠就离开了。

红衣姑娘没有了阻碍,顺利进入了大雄宝殿。忽然,殿内刮起一阵大风,只见一只红蜘蛛从梁上掉了下来,正好落在点着的烛火上,"哄"地一声,火花四溅。就这样,风助火势,火借风威,净慈寺内烧

净慈寺内景

成了一片火海。

这个时候，眼看大火烧起，烧香的和寺中的和尚都找不到适合的地方藏身。最后发现殿后有一间柴房并没有烧着，大家就赶紧往那边赶。当他们来到这间柴房门前，推开门一看，只见济颠正躺在草堆上睡得正香呢。大家心想都出这么大的事了，你竟然还在睡觉，于是七手八脚地去推他。济颠迷迷瞪瞪地坐了起来了，说道："都吵吵啥？"于是，大家便把事情告诉了他。济颠听了之后并没有多大的反应，只是嘻嘻地对着大伙儿笑。老方丈看到济颠的样子非常火大，说道："寺院都被烧掉了，你竟然还笑得出来？"济颠说："哈哈！这件事情的发生只能问您老人家了。"老方丈听了之后，搞不明白是怎么一回事，便让济颠说明。济颠这才说道："刚才那个红衣姑娘的真实身份乃是火神，她今天来净慈寺的目的便是烧寺，我不放她进来的原因就是要等到午时三刻过去之后，这火便烧不成了。"老方丈听了之后更是着急，说道："你什么都知道，为什么不早说？" 济颠说道："这能怨我吗？当时的情况你也看到了，百姓们向着火神说话，记得当时我还问您，有寺好还是没寺好，您不是说'没寺好'吗？"老方丈这个时候才明白，原来自己把"寺"听成"事"了，真是又心疼又后悔！

慧开禅师曾在黄龙洞后凿石成像吗

黄龙洞，又被称为无门洞、飞来洞，位于西湖北山栖霞岭北麓。它虽然以"洞"命名，但却是以道观园林胜景而闻名于世。

相传南宋乾祐年间，慧开禅师来到杭州西湖，居住在栖霞岭北麓的一处小庵中。据说，有一天雷声阵阵，狂风暴雨来临，忽然，小庵后山上的一块石头裂开一条大缝，裂口就好像一张龙嘴，随后便有一股清泉从中流出。一时之间，百姓们说法众多，有人认为是有一条黄龙跟随慧开禅师来到了这里。从这个时候开始，人们便把慧开禅师所住的小庵命名为了"黄龙"。不久之后，杭州遭遇百年难见的大旱，当朝皇帝命令慧开禅师求雨，以挽救百姓于水火之中。慧开接旨，回到了庵中静坐。皇帝对他的这种行为感到费解，便派手下的太监去请教，询问过后，禅师答道："寂然不动，感而后通。"果然，过了一会之后，倾盆大雨骤降，就这样，慧开禅师解救了黎民百姓。之后，慧开告诉朝廷，这次能够求雨成功，黄龙起到了很大的作用。朝廷于是封"黄龙"为"灵济侯"，赐慧开禅师法号"佛眼"。

慧开是一个淡泊名利的人，对于皇上的赏赐并不重视，之后仍然回到黄龙洞修行。随着慧开的名声越来越响，来到这里聆听佛法的人也越来越多。慧开的身材矮小，每当他讲述佛法的时候，都要把所坐的座位垫高，所以很多前来听他说法的僧徒会因此而笑话慧开，虽然慧开精通佛法，但还是有点忍受不了。之后，他在寺后的山坡上，凿石成像。凿出的石像很高，一丈有余。他常常会来到这里，对着石像自言自语，希望自己来世可以和这尊石像一样高大魁梧。到了后来，人们为了纪念慧开禅师，便以这尊石像为胎，雕刻成慧开禅师的全身像。可惜，这尊极其珍贵的石像在"文革"时期被毁了。

石人岭有着怎样的传说

石人岭，位于杭州市淳安县。那么，您知道关于石人岭有着怎样的传说吗？

相传当时杭州还只是一片干涸的海滩，方圆几十里内没有一条河流。这里的老百姓所用的水都是从很远的地方挑来的，所以他们的生活极为不便。当时，这里的老人都知道有股清泉在灵隐后山，但是有一道非常厚的石壁把它挡住了，所以不能为人

石人岭的石人亭

们所用。这么多年，也有很多年轻人尝试上山，想把那道石壁凿穿，但都没有做到。

这里有个叫做水儿的小伙子，自幼父母双亡，由他的老爷爷把他抚养成人。从六岁开始，他就和老爷爷一起到很远的地方挑水，眨眼间便是十五年。这一年，水儿二十岁了。到了晚上，吃过饭之后，老爷爷把灵隐后山那股清泉的事告诉了他。水儿知道这个事后，非常高兴，决定上山凿壁，将水引过来。之后，他把自己要好的九个朋友叫到一起，把这件事告诉他们。最后，大家一致同意上山凿壁，誓要将先辈们没有完成的事情完成，把这股清泉凿出来。

到了第二天，水儿和他的伙伴们带着凿壁所需的锤子、凿子，准备上山。临走的时候，老爷爷告诉他们："这块石壁非常奇特，必须一口气凿下去，如果在半截放弃的话，之前所做的就白费了，因为它还会恢复到原来的模样。还有，到了最后，你们一定要注意，里面会有一股石浆喷出来，如果喷在身上的话后果非常严重，会把人凝成石头，所以到了最后关头一定要小心。"就这样，他们上山了。

到了山上之后，他们开始动手凿壁，中间没有停歇，一直凿了两个月。这个时候，凿子和之前相比短了一截，而他们的双手也被磨得全是血泡，但石壁还是没被凿通。水儿的四个小伙伴受不了了，对他说："也许这里并没有什么泉水，可能是老爷爷记错了，还是不要在这里浪费力气了。"于是他们就先行下山去了。之后，就剩下了水儿他们六个人了，又连续地凿了三个月，这个时候，凿子又短了一截，手上的血泡已经消失，取而代之的是厚厚的茧子。可惜，石壁还是没有凿通。这个时候，又有两个伙伴说："我们已经很长时间没有回家，也不知道什么时候可以凿通，我们还是下山吧。"就这样，他们二人默默地下山了。

时间流逝，转眼间一年的时间就过去了，此时，石壁已经被凿了很深很深。忽然，水儿听到在石壁的那头有汨汨的水流声，他们高兴地大喊大叫，终于成功了。水儿这个时候让他的伙伴们快点走开，因为泉水喷出之前会先喷出致命的石浆。眼看危险越来越近，而他的伙伴们谁都不走，水儿急得大叫道："你们如果再不走的话，我就不凿了，咱们也就前功尽弃了。"就这样，他们才四散跑开。这时水儿把最后一锤重重地砸在石壁之上，只听得一声巨响，瞬间便喷出一大股石浆，水儿根本没有躲避的机会，真的如老爷爷所说，凝成一个三丈多高的石人！紧接着，一股清清的泉水，从石壁口流了出来。从此之后，这里的人们再也不用为水而发愁了。而水儿凿石壁的那座山，就被人们称为"石人岭"了。

曲院风荷的得名是否与马远有关

曲院风荷，位于杭州西湖西侧，岳飞庙前面。曲院前有一口大池塘，种植了很多名贵的荷花，如红莲、白莲等。每年到了夏天初期，红、白荷花盛开，美不胜收。那么，您知道曲院风荷是如何得名的吗？

据说，南宋年间，宋高宗赵构将都城建于杭州。建都之后，赵构荒淫无度，每日沉醉在花天酒地之中。为了更好地享受，他设立了一所曲院，专门用来酿制美酒，而这便是曲院风荷的前身。有一年的夏天，正是荷花盛开的日子，荷叶与荷花交相辉映，很是好看。此时，

曲院风荷美景

酿酒老人们正在忙碌地为高宗皇帝"工作"呢，忽然，从院门外走进来一位书生打扮的人。他一边欣赏满池荷花，一边来到酿酒老人面前，问道："老大爷，我能到院中稍作休息吗？"酿酒老人看他气度不凡，不敢怠慢，便把他领到池塘边上的荷香亭里，并为他准备了这里酿制的美酒。酿酒老人为他满上一大碗，说道："先生，请用。"这个时候，正好一阵南风吹过，将一片荷花飘落在酒碗之中，酒香配上荷花香，很是诱人。酿酒老人正要把荷花瓣取出来的时候，读书人抬手阻止了他，随后

便端起酒碗，满碗饮了下去。读书人喝完之后，大呼好酒，说道："酒中带有荷花香，真是好酒！"酿酒老人听他称赞自己酿制的酒，非常高兴，又为他满上一大碗，说道："不瞒您说，我们这里酿制美酒，因为临近荷花，经常会有荷花粉落在酒中，所以酿出来的酒也会带有一点荷花的香味。"随后，读书人又喝了几碗，兴奋之下让酿酒老人去取笔墨纸砚。取来之后，读书人把宣纸往桌上一铺，看着满池的荷花，只见"唰唰"几笔，一幅水墨荷花已经完成。那读书人想了想，又在纸上画了曲院小屋，并且题字"曲院风荷"，最后署上自己的名字。读书人把这幅画送给了酿酒老人，作为款待这顿酒的答谢，告别而去。酿酒老人虽然并不认识字，但是对于这幅画也是非常喜爱的，于是就把它挂在曲院里。后来，这幅画被识字的人看到，老人才知道，这幅画的作者原来是南宋四大画家之一的马远。

从此之后，曲院风荷便因为马远的缘故闻名于世，并成为"西湖十景"之一。

平湖秋月的得名与徐文长有关吗

平湖秋月是西湖十景之一，是西湖各个景点中赏月最佳的地方之一。据说，这里原本并不被称为平湖秋月，而是孤山望湖亭，直到某年的中秋节徐文长来到这里。

徐文长，也被称为徐渭，中国明代的书画家、文学家，与解缙、杨慎并称为明朝三代才子。

相传，那一年的中秋节时，徐文长正在杭州。当时，他独自一人在屋中喝酒赏月，几杯酒下肚之后，有些醉眼朦胧。忽然，他想起

平湖秋月美景

朋友们曾经对他说过西湖孤山望湖亭是个赏月的极佳之地。于是他就趁

着酒劲，出门走向孤山望湖亭。他一边欣赏西湖的月夜景色，一边随性吟诗，不知不觉间已经来到望湖亭前。

他来到望湖亭之后，只见一轮皓月当空，与西湖的远山、近水结合起来，如临仙境，面对如此美景，徐文长不禁诗兴勃发，画意盎然。这时，望湖亭中传出一阵喧哗的声音。徐文长走近一看，亭子里坐满了人，桌子上不仅摆满了苹果、香蕉、月饼、美酒等各种时鲜果品酒肴，还有一整套文人四宝。徐文长心里想到："原来是一群文人雅士，趁着中秋之时，在这里饮酒赏月，赋诗作画，我也进去凑个热闹。"于是就走了进去。

望湖亭中的文人雅士正在兴头之上，忽然看见有个陌生人走了进来，顿时静了下来。主持人见徐文长虽然衣着简朴，但颇有气度，便起身问道："今日中秋佳节，我们趁此之机在此饮酒赏月，作画吟诗，兄台如不嫌弃，请指点一二。"说罢，让徐文长观看挂在墙壁的诗画。徐文长观看之后，并没有发现优秀的作品。主持人见他不发表看法，但也没有离开的意思，就想着刁难他一下，说道："兄台气度不凡，诗画定是不在话下，今日请作画题诗，让我等也开开眼界。"说完之后，嘿嘿一笑，就等着看笑话呢。

徐文长原本只是想稍停一会就走，但是见他们不安好心，存心看自己笑话，便心想趁此机会凑凑热闹，逗趣他们一下。于是，他来到桌子前，拿起笔，饱蘸浓墨，"唰唰"几笔，便完成一幅"平湖秋月"画。只见，天上、水中各有圆月一轮，配合远处山色、近处湖亭，很是不凡。这群文士看过之后都十分惊讶，主持人认为徐文长虽然画得不错，但是文才并不一定出众，于是就请他在画上题诗一首。徐文长也不多说，略微思考之后便写了两句："天上一轮圆圆月，水中圆圆一轮月。"这可把这群人笑坏了，这也叫诗吗？正在他们议论的时候，徐文长又写下了后两句："一色湖光万顷秋，天堂人间共圆月。"这又让他们大吃一惊，因为把这四句连起来读，非常精妙。他们忍不住齐声叫好："好诗，好诗，兄台真是奇人，我等失敬！"徐文长笑而不语，拿起笔又写了一首诗:"平湖一色万顷秋,湖光渺渺水长流。秋月圆圆世间少,月好四时最宜秋。"

文士们一看,这首诗相比第一首诗更是精妙,仔细一读,更是诧异,原来这是一首藏头诗,每句诗的头一字连起来便是"平湖秋月"。大家都对徐文长敬佩不已,希望他留下姓名。但是徐文长并不回答,只是一笑,便潇洒而去了。

西湖岳坟前跪有秦桧的铁铸人像吗

西湖边上有座岳坟,著名抗金名将岳飞便是葬在这里的。人们来到这里之后可以发现,岳坟前跪有四个铁铸的人像,而其中一个便是恶名昭彰的秦桧。

传说明朝时期,有一个姓秦的抚台在杭州上任,是秦桧的后代。上任不久,有一天,他和手下的官员来到西湖岳坟前,发现自己的祖宗人像跪在别人面前,心中非常不痛快。回到衙门之后,秦抚台坐立不安。忽然间,他的脑中灵光一闪,想到一个办法。这个办法就是命人在半夜三更之时把秦桧的人像丢到西湖里去,这么大的西湖,别人想找也找不到了。

谁知道到了第二天,西湖里的水竟然变得臭气冲天,老百姓闻了之后,纷纷呕吐。后来,老百姓发现岳坟前的秦桧铁像竟然不见了,就认定有人把秦桧铁像丢到了西湖之中,所以西湖水才变得如此恶臭。于是,老百姓们一齐来到衙门告状,要求找到丢掉铁像的坏蛋。而这个时候,秦抚台正睡大觉呢,手下人前来禀告,他才从睡梦中醒来。因为做贼心虚,秦抚台便称病往后拖延。但是老百姓可不是好惹的,人数不仅没有减少,而且越聚越多。秦抚台看情况不太好,只好出来辟谣,安抚百姓。但是,事实摆在眼前,老百姓也不是好糊弄的,抚台也没有办法,只好跟着百姓来到西湖。

到了之后,西湖水中的臭味便迎面扑来,所幸那天他没能顾上吃饭，所以只是干呕几下。到了现在，他还是故作镇定，说这跟铁像毫无瓜葛。这个时候，老百姓中有人喊道："你不会是秦桧的后人吧？居然这么袒护他！"抚台也不知该怎么回答，权当没听见。他想到："铁像已经沉到湖底，谁还能找到呢？"想到这里，他的底气足了很多，便说道："你们不要再无理取闹，如果你们可以从湖中捞出铁像，本官脑袋上的顶戴便由你们摘了去！"他的话刚说出口，湖中心便浮起秦桧铁像，缓缓地朝抚台飘来。这可把抚台吓坏了，带着手下迅速跑掉了。之后，他就连夜逃出了杭州城，而老百姓最后把铁像重新放到岳坟前跪着。

钱塘江潮曾经是没有声音的吗

钱塘江潮向来是杭州的一大景观，也是世界上三大涌潮之一。每年农历八月十八是钱塘江涌潮最大的时候，八方游客蜂拥而至。

传说，很久很久以前钱塘江涌潮之时，是没有声音的，直到一个巨人的到来，这个巨人非常高大，甚至一步就可以跨越钱塘江。当时，他居住在萧山县境内，平常没事的时候就到蜀山引火烧盐。人们并不知道他的名字，由于他所居住的地方离钱塘江很近，所以人们就把他称为钱大王。钱大王不仅长得高，而且有一把很大的力气。他经常挑着自己所打的那条铁扁担，放些大石头在里边，然后放到钱塘江边。没过多久，这里就堆起了一座一座的山。

有一天，他准备挑走自己在蜀山上烧了很长时间的盐，但是，这些盐的分量不是很足，只够他装在扁担的一头，所以他只好在扁担的另一头放上一块大石头。感觉合适之后，他便挑着扁担，跨越钱塘江来到北岸。这时正是酷夏，天气非常炎热，钱大王感觉有些累了，便把担子放到江边，就此休息，可能是太累的缘故，他竟打起瞌睡来。而这个时候，东海龙王来此巡江，所以潮水便随之涨了起来，最后竟涨到岸上来，把钱大王的盐全部溶化了。东海龙王慢慢感受到钱塘江水变咸了，最后咸得他都受不了了，就返身回到了海洋之中。而钱大王睡醒之后，发现扁担一头的石头还在，而另一头的盐却消失不见了。钱大王百思不得其解，最后洗脸的时候发现江水竟变咸了，心里想到原来是被东海龙王偷去了。于是他举起铁扁担就打海水，用了三扁担就把东海龙王打了出来。

东海龙王出来之后询问钱大王为什么要发这么大的脾气。钱大王说："你不偷我的盐我能这么生气吗？"东海龙王思来想去，才明白事情的来龙去脉，然后连忙赔罪，把事情的原委告诉了他。钱大王心中火冒三丈，真想把东海龙王砸个稀烂。东海龙王连忙叩头请罪，并且答应了钱大王两个条件，第一个是以后海水晒干之后的盐会交给他，第二个是为了避免钱大王以后睡着了听不见，以后涨潮的时候会发出声音。钱大王觉得这两个条件还是不错的，就原谅了东海龙王。之后，他把扁担往杭州湾口一放，说道："以后涨潮的时候就从这里喊我！"东海龙王哪敢反驳，连忙应承下来。从此之后，潮水只要进入杭州湾，就会发出"哗哗哗"的声音，等涨到钱大王当时睡觉的地方时，声音更是响亮。如今，这个地方就是大名鼎鼎的海宁。

呼猿洞中真的有猿猴吗

呼猿洞，位于杭州市飞来峰之麓，至今留有遗迹，但难以进入。

相传，有一年的初夏，阳光明媚、花红柳绿，正是观赏西湖风景的绝好时光。当时，前往灵隐寺烧香拜佛的香客也有很多。那天，杭州知府闲来无事，便带领手下来到灵隐寺。忽然，他看见飞来峰脚下聚集了很多人，好奇之下就前去凑个热闹。到了之后才知

呼猿洞

道，原来是个老和尚正在走围棋，搞笑的是老和尚的对手竟然是一只金毛猴子。杭州知府在这方面也算同道中人，并且周围有很多溜须拍马的人都称他是天下无敌的国手，所以当他看见了这种情况的时候不免手痒。于是，他把猴子一脚踢开，坐到了老和尚对面，想当着老百姓的面露上一手，让他们知道自己的本事。

老和尚深谙人心，知道当官的人都要面子，所以就有意输给了他。知府赢了棋之后得意忘形，仰头大笑，之后竟然把老和尚奚落一番。老和尚见他不知好歹，给脸不要脸，便笑嘻嘻地说道："大人呀，你虽然厉害，但是肯定不是我师父的对手。"知府忙问："你还有师父呢？让他出来，跟我比上一比？"老和尚说道："喏，那就是我的师父。"知府顺着和尚所指的方向看去，只见一只金毛猴子正在对着他做鬼脸呢。知府说道："我说你的棋艺为何如此之烂，原来师傅竟是只毛猴子！你且唤它下来，我与它来上一盘，便知高低。"

老和尚朝猴子一拍手掌，它便纵身跳到了老和尚身边。之后，老和尚做了个手势，它便明白了他的意思，坐在了知府的对面，对弈起来。老和尚知道让人，猴子却不知道，知府还没走几个子儿呢，便输了。知府面红耳赤，觉得十分没面子，再向周围望去，围观的百姓们竟然都捂着嘴巴笑话他呢。这可把知府急坏了，气急败坏之下把棋盘摔在地上，大吼道："把这猴子抓起来，狠狠地打！"

差役们听到命令之后便要上前抓猴，老和尚看情况不妙，便对着猴子喝道："去罢！"猴子也灵活，几下便蹿到飞来峰上了。到了山上之后，差役们更不是猴子的对手，只见猴子在树间跳来跳去，甚是灵活。而差役们追了半天，累得上气不接下气，连根猴毛都没挨着，更别说抓住了。到了最后，猴子从树上跳了下来，嗖地便钻进一个石洞去了。差役们见它下树非常高兴，随即追进洞中，只见四面石壁，而猴子却已经消失不见了。差役把这个消息禀告给知府，知府不信，便亲自察看。进入洞中之后，他好像看见那猴子紧贴石壁躲在洞里，便直扑过去。没有想到太过激动，竟然把自己的鼻子碰得鼻血直流。最后只好捂住鼻子，灰溜溜地下山去了。

据说，从此之后人们再也没有见到这只金毛猴子，但只要老和尚在洞口呼唤一声，它还是会出来。老和尚死了之后，金毛猴子便再也没有出来过。由于老和尚曾经在洞口呼唤过猴子，所以人们便把这个洞称为"呼猿洞"了。

月宫中的桂子曾落到月桂峰吗

相传唐朝时期，又是一年中秋，灵隐寺的香客比平常更多。到了晚上，圆圆的月亮挂在天上，给大地带来皓白的光辉，煞是好看。半夜时分，一个法号为德明的和尚，来到厨房烧粥。忽然，他听见一阵滴滴答答的声音，好像是下雨的声音，可是窗外月光明亮，哪来的雨呢？于是他就走了出来，仰头观望，只见月亮上有无数珍珠般的小颗粒往下掉落，最后掉在寺边的山峰上。过一会儿之后，小颗粒儿不再掉落，他便带着希冀来到这座山峰寻找。很快，他就找到了一兜，只见这些小颗粒儿五彩斑斓，非常好看。

到了第二天，德明和尚找到方丈，把这些小颗粒儿拿给他看，向他请教这些颗粒的由来。老方丈看了之后，说道："这应该是月宫中桂树之上的桂子，相传月宫中有个叫吴刚的人，他永不停歇地砍月宫中的桂树，有的时候会因为用劲过大，导致桂子被震落凡间。"德明和尚听完之后才知道这竟然是月宫中的神物，心里非常高兴，就跟老方丈商量把这些桂子种起来，让人们也见识见识月宫中的桂树。就这样，这些五彩斑斓的小颗粒儿便被他们种了下来。神奇的是，这些小颗粒从发芽到长成树苗只用了不到一个月的时间，到第二年中秋的时候就已经长得又高又大了，而且树上的花也非常好看，什么颜色的都有，寺中的和尚纷纷感叹月宫中桂树的神奇。之后，老百姓们也纷纷来到灵隐寺观赏这些神奇的桂树，随后，德明和尚就按照桂花的不同色彩，给它们分为不同的种类，如金桂、银桂、丹桂等。也就是从那个时候开始，各种各样的桂花便在西湖流行了。

到了现在，传说中当年月宫桂子掉落的山峰便被人们称为"月桂峰"了。

西湖为何还被叫做金牛湖

据说，很久以前的西湖还是一片白茫茫的大水域，四周的美景还没有形成，都是老百姓们耕种的庄稼。当庄稼地干旱的时候，人们便用湖水来灌溉，农闲的时候，人们便在湖边打渔捞虾，就这样过着安乐的日子。当时，民间流传着一个说法，说是湖底有着一头金牛，只要湖水变浅，金牛便会出现。据说这头金牛全身金黄，很是威武雄壮，从它的嘴里吐出一口大水，湖水便立刻回升。

有一年的夏天格外炎热，而老天爷好像也和百姓们开起了玩笑，整整八十一天都没有下雨。这时的湖水早已干涸，而四周的田地也因为没有水的灌溉而十分干旱，连嫩绿的秧苗都枯黄了，老百姓就这样生活在水深火热之中。一天早晨，正当老百姓快要绝望的时候，金牛突然从湖底破土而出，口吐大水，湖水立刻又被涨满。老百姓高兴地流出了泪水，集体在湖边向金牛跪拜，用来表达对金牛的感激之情。金牛抬起头，望了百姓们一眼，"哞"地叫了一声，又消失在了湖中。

这件事很快在民间传开，后来传到了钱塘县官的耳中。县官听说之后，动了歪脑筋，想着如果能够把这头金牛献给皇上，必定会升官发财。于是，他就命令手下把金牛捉来。他的手下们来到湖边，抬头望去，除了湖水还是湖水，哪里有金牛的半点影子？他们询问附近的百姓，百姓一看是官府的人，都说没有看见。到最后，他们也没有办法，只好就这样回去复命。县官没有达到自己的目的怎会罢休？想啊想，终于想到一个办法。而这个办法便是让老百姓把湖水用干，如果谁不听从命令就治谁的罪。就这样，居住在西湖周围的老百姓们在官府的威逼之下，只能含着眼泪去车湖水了。

　　一直车了九九八十一天，终于把湖水车干了。果然，金牛此时便卧在湖底，再一次出现在了人们的面前。县官看金牛全身金黄，威武不凡，心中大喜之下命令手下赶快下湖去抢金牛。神奇的是，无论他们怎么用力，都无法移动一分一毫。老百姓看在眼里，喜在心中，都暗暗地为金牛高兴。县官看这件事情不太好办，便对百姓说："谁可以把金牛搬起来，赏金百两！"可惜的是，老百姓都不理他。县官顿时觉得脸上无光，气急败坏之下就大声吼道："如果今天不能把金牛搬起，就把你们定为死罪。"县官的话刚说出口，那金牛便立了起来，大叫了一声，声音之响，撼天动地。之后，冲着县官吐出一股白花花的大水，直接把他淹没在大水之中，湖水也慢慢回升起来。从此以后，金牛再也没有出现过，而湖水再也没有干过。人们为了纪念金牛，便把这座湖称为金牛湖了。

飞来峰是从四川峨眉山上飞来的吗

　　飞来峰，位于杭州市灵隐寺一带，风景绝异，深受人们的青睐，连苏东坡都对它赞叹有加，作出了"溪山处处皆可庐，最爱灵隐飞来峰"的诗句。

　　在民间一直流传着一段有关飞来峰的传说。相传，飞来峰是从四川峨眉山上飞来的。当时，灵隐寺里有一个和尚，整天疯疯癫癫，不守佛门的清规，他便是济颠和尚。有一天，济颠掐指一算，得知中午时分将会有一座飞山来到灵隐寺前的村庄，而飞山的降落肯定会压死很多无辜的百姓。为了避免这种情况发生，济颠五更便动身来到村庄，挨家挨户地告诉他们这种情况，让他们马上离开。可是，济颠转遍全村，

飞来峰

竟然没有一个人相信他所说的话,更没有人离开。

眼看太阳越升越高,中午马上就要到了,可还是没有人离开,这可把济颠急坏了。这个时候,他听到外边有吹唢呐的声音,出去一看,原来是有人要结婚了,并且全村的人现在都聚集到了这里。济颠脑中忽然灵光一闪,想到了一个绝妙的办法。当时,新郎新娘正在拜天地,他推开众人,来到堂前,突然把新娘子往肩上一扛,撒腿就往村外跑。

抢新娘,还是个疯和尚,这还了得?村里的百姓全都带上家伙,在后面追了上来。就这样,疯和尚背着新娘子在前,村民们在后,直到太阳当头,出了村庄之后,济颠才站住脚,把新娘子放下来,坐到地上不跑了。人们追上来之后,刚准备打他,忽然间天昏地暗,只见天空中飞来一座大山越过他们,直到他们所居住的村庄时才停了下来,"轰隆"一声,落了下去。人们都被震得东倒西歪,等大家站稳之后,才发现自己的村庄已经被这座山峰毁掉了。这个时候他们才明白过来,原来疯和尚抢新娘子,都是为了解救大家。

人们逃过一劫,非常感激济颠和尚,正当他们要离去的时候,济颠和尚说道:"大家先别走,听我说,这座山峰是从四川峨眉山上飞来的,说不定以后还会飞到别的地方去,为了防止再发生今天这种情况,我们一起在山上凿五百尊罗汉,用来镇压它,不让它再去害人,你们觉得怎么样?"村民们听了之后一致赞同,并且马上开始行动,一天一夜之后,五百尊罗汉终于凿成。从此之后,这座小山峰就永久地坐落在这里,再也不能飞到别的地方去了。因为它是从别的地方飞来的,所以人们就把它称为"飞来峰"。

苏东坡曾用画扇判案吗

根据史料记载,苏东坡一生中曾两度到杭州任职,他在任职期间,为杭州百姓做出了许多的贡献,其中最大的贡献便是整治西湖,著名的苏堤便是凭证。那么,除此之外,您知道苏东坡在杭任职期间还有什么故事吗?

据说,苏东坡来杭州任职的消息被百姓知道之后,人们每天都在衙门前面等候,翘首以待。老百姓们等啊等,可是过了很多天,苏东坡还是没有来到。有一天,衙门前来了两个人,又打又闹,把堂鼓敲得震耳欲聋。衙役出来之后说道:"新老爷还没有上任呢,现在还不能为你们伸冤呢,你们过两天再来吧。"两个人火气正盛,哪里还管那么多,就是要闯进衙门里去。这时候,衙门前出现了一头小毛驴,上面骑着一个大汉。只听大汉口中说道:"请乡亲们让开,不好意思,我来迟啦!"就这样,一人、一驴缓缓地穿过人群,进入了衙门。

大汉进入衙门之后,把毛驴拴住,直接走进大堂,在正中的椅子上坐下。这个情景让衙门差役看到了,连忙跑了过去喊道:"你知道这是谁坐的位置吗?随便坐上去要杀头的。"大汉哈哈笑道:"哦,竟然如此厉害。"差役说:"那是当然,你还是快快下来吧,我只当没有看见,这里只有带金印子的人才能坐啊。"大汉回道:"哦,知道了,好像你说的东西我也有一个。"说着,大汉就拿出一枚金印往桌上一放。差役见了,才明白他就是新上任的刺史苏东坡。

就这样,苏东坡什么仪式都没有准备就已经先坐堂了。他吩咐衙役把想要告状的那两个人宣上堂,之后就开始了解他们的情况。原来,这两个人一个叫做李小乙,一个叫做洪阿毛,两个人原先是比较要好的朋友,两个月前洪阿毛向李小乙借了十两银子用来做生意,而现在李小乙要娶媳妇需要用银子,所以管洪阿毛要,但不巧的是洪阿毛因为生意失败,手中并没有那么多的银两,就这样,二人有了矛盾,一言不合就打了起来。后来,苏东坡又了解到洪阿毛借了十两银子之后全部买了扇子,准备到了夏天卖出去,可谁知道这段时间都是阴雨天气,扇子放在箱子里都发霉了,最终导致了现在这种局面。

就这样,苏东坡经过思考之后,说道:"李小乙娶亲的事情比较重要,洪阿毛应该还钱。"洪阿毛一听,叫苦道:"可是我现在没有银子,拿什么还啊?"苏东坡不慌不忙地说道:"洪阿毛做生意亏了本,也很艰难，只能另想办法解决娶亲之事了。"李小乙一听，急忙说道："我这十两银子攒起来也不容易啊，我还得拿来娶媳妇呢。"苏东坡笑了笑，说道："你们都别着急，本官自有办法。"说完，就让洪阿毛回家把发霉的二十把扇子取了过来，然后苏东坡把这些扇子一把一把的打开，拿来笔墨，利用扇子上的霉点分别画成了假山盆景、松竹梅等物。画完之后，将二十把扇子分为两份，一人十把，让他们拿到衙门口去卖，就说是苏东坡所画，一把一两，这样就可以解决你们的问题了。

就这样，李小乙和洪阿毛在半信半疑间来到衙门口，喊道："苏东坡的亲笔画，一两银子一把。"没想到，刚喊两声，这些扇子便被抢购一空了。就这样，李小乙拿着卖扇子所得的十两娶媳妇，洪阿毛拿着卖扇子所得的十两银子做生意，真可谓一举两得。

从此之后，苏东坡"画扇判案"的故事便在民间流传了下来。

六和塔是为镇钱塘江潮而建造的吗

六和塔，位于西湖之南，钱塘江畔月轮山上。此塔始建于北宋开宝三年（970年），是智元禅师为了镇钱塘江潮而建造的，取佛教"六和敬"之义，所以被命名为六和塔。六和塔自建造以来，便一直是观赏钱塘江秋潮的最佳地点之一，到了现在，登古塔，观大潮，已经成为月轮山的主要游览内容。

在民间，关于六和塔一直流传着一则传说。在很久以前，东海龙王居住在钱塘江里。他的性格暴躁，经常用潮水把沿江两岸的田地淹没，百姓们每天提心吊胆，苦不堪言。那时，有一对夫妇便居住在江边。有一年，夫妻二年生下一个儿子，取名为六和。后来在六和五岁的时候，有一次他父亲出去之后便再也没有回来，是被潮水淹死了。从此之后，六和家中变得非常拮据。母亲为了生活，只能每次在涨潮的时候，跑到潮头前面捞潮头鱼，而这是非常危险的，但是为了生活，也只能这么

六和塔

做。有一天，六和的母亲在捞鱼的时候，潮水竟汹涌而来，特别快、特别凶。六河母亲来不及躲闪，一个浪头便被卷进漩涡里了。

母亲死后，六和非常伤心，也非常愤怒。他发誓要把害死父母的钱塘江填满，不再让潮水到处害人。于是，他每天到江边，将大大小小的石块使劲丢进江里。就这样，钱塘江中的水晶宫被六和丢的石块砸得到处都是窟窿，虾兵蟹将死伤无数，连老龙王的一只龙角都被砸歪了。

六和就这样整整丢了九九八十一天，直到农历八月十八那一天，钱塘江潮水汹涌而来，潮头之上站满了怒气冲冲的虾兵蟹将，在他们前面所站立的便是声名赫赫的东海龙王。但意外的是，龙王并没有对六和怎么样，而是十分客气地说："小孩，只要你不再往江中投石头，我可以赏赐给你无尽的荣华富贵。"六和说道："龙王，我不要荣华富贵，你只要答应我两件事，我便不再往江中投石头。如果你不答应我的要求，我就用石头填没这条钱塘江！"龙王说道："哪两件事？你先说说看。"六和回道："第一件事情，我要你还我的父母；第二件事情，从今天起，你再也不能乱涨大潮，并且潮水只能涨到小山这里为止。"龙王虽然不愿意，但是又害怕自己的老窝不保，最后只能答应了。就这样，六和的父母又重新回到了六和的身边，过上了快乐的生活。

从那时起，钱塘江再也没有像以前一样乱涨潮，两岸的百姓也不再担惊受怕，过上了安宁的生活。不过，每年农历八月十八的那天，潮水会比平常大一些，原来龙王害怕他的部下再闯祸，惹得六和填江，出来巡江来了。后来，人们为了感谢六和的功绩，便为他修建了一座宝塔，这座宝塔便是著名的"六和塔"。

西湖女神的传说

很久很久以前,在西湖南山脚下,住着两户人家,以打渔为生。其中,一家为父子俩,儿子名为藕儿,忠厚老实,有情有义,整天帮扶着老父亲在农田里干活。一家为父女俩,女儿名为红莲,长相俊美,如同鲜艳的红花。平日里,两家互相帮助,老渔翁如同知己,藕儿与红莲青梅竹马,对彼此互相倾慕。两位老渔翁对此心知肚明,便首肯了他们二人的婚事。

但是,天有不测风云,人有旦夕祸福。藕儿和红莲的婚事还未办好,两个老渔翁却得了急病,先后去世了。二位老人临死前,叮嘱他们说:"你们一定要记住,我们作为渔民,一生都在西湖上操劳,都要靠西湖女神的保佑。"

湖心亭

就这样,藕儿和红莲结成了夫妻,婚后的生活幸福、美满。但好景不长,藕儿因过度劳累,生了一场大病,连日里卧床不起,无法劳作,家里事务只能靠红莲一人操劳。过了好久,藕儿的病还没好转,家中生活拮据,红莲就决定自己下西湖捕鱼。藕儿怜惜红莲,怕她一人下湖会出意外,就不同意她的决定。

直到有一天早上,藕儿一觉醒来后没有看见红莲的身影,等了两个时辰后还是如此,他很着急,因为他知道红莲肯定是瞒着自己偷偷下湖捕鱼去了。但他的身子很虚弱,就只能平复自己的情绪坐在门口,望着湖面,等着红莲回来,直到黑夜来临。藕儿真的着急了,他有一种很不好的预感，于是全然不顾虚弱的身体，拿起双桨，乘着渔船，向西湖划去，寻找自己还未回来的妻子。

天色越来越晚了，藕儿仍旧没有找到红莲，直到他来到湖心亭。只见亭子内灯火通明，吆五喝六，传来阵阵嗲嗲的卖唱声。在这里，藕儿得知了红莲的消息，脑袋一黑，竟晕了过去。

原来，红莲下午的时候来到湖心亭，遭到一个纨绔子弟的调戏，反抗之下打了那个无赖一个耳光，最后跳进了西湖。

夜深人静之时，藕儿悠悠转醒，湖心亭内仍旧欢声笑语不断。忽然间，藕儿看到四周出现了无数的红莲花，花丛中有一座白玉雕刻而成的小船，船上有一位仙女，手中拿着一颗璀璨的明珠，西湖在明珠的照耀下闪闪发光。这位仙女就是西湖女神。只见西湖女神将明珠投进西湖，刹那间，西湖上就翻起了巨浪，将湖心亭内害死红莲的纨绔子弟卷进了西湖，为红莲报了仇。

大仇已报，但想起红莲，藕儿还是忍不住放声大哭。

西湖女神安慰他道："藕儿，不必伤心，红莲正在三塔那边等你，找到红莲后，你们可为我管理荷荡。"

西湖女神说完，便消失不见了。

后来，藕儿找到了红莲，二人抱头痛哭，最后决定帮助西湖女神管理荷荡，从此之后，西湖里的藕长得越来越好，荷花丛中还长出了一种红莲，格外好看。

太平军曾在馒头山蒸馒头吗

杭州馒头山，位于南宋皇城遗址凤凰山脚路，东临凤山南靠浙赣线，西至凤凰山，北上万松岭，现为杭州国家基准气候站所在地。

据说，太平军第二次攻打杭州时，将城池包围了整整两个月。两个月的时间，清兵早就把粮草吃完了。

没有粮食吃，怎么办？

当他们饥饿难忍时,就将目光转到了咸瓜、腐乳、酱油、米醋上,甚至连药铺中的甘草、山药、当归都吃进了肚子里。到最后,连中药都没得吃,只能饿得肚皮贴背脊,爬在城墙上苟延残喘。

相比之下,城外太平军过的就是如同神仙般的生活,粮草堆积如山,怎么吃都吃不完。有一天,李秀成带领一万人马,驻扎在凤山门外的一座小山头上,中午的时候做了蒸葱花肉馒头。当香喷喷的葱花肉味道,传到杭州城墙上苟延残喘的清军鼻子中时,他们内心的防线有所松动了。

下午,李秀成命令太平军一人留下两个馒头,缚在已经去掉箭头的箭杆上,射进杭州城去。当漫天的馒头落在了城墙上时,已经饿了很长时间的清兵便你争我夺地吃了起来。有个清兵忽然发现箭杆上没有箭头,就大声喊道:"大家来看呀,太平军不仅让我们吃馒头,还拔去箭头,这是怕伤着我们哩,我们投降吧!"

就这样,一传十,十传百,百传万,城上的清军纷纷投降了。于是李秀成用两万个肉馒头,就轻松拿下了这座美丽的城市。

岁月悠悠而逝,直到今天,太平军曾在此蒸过许多馒头的小山头,就一直被人们称呼为"馒头山"。

九溪十八涧的乌龙传说

在杭州市西湖之西的群山中,有一个著名景点,名字为九溪十八涧。它发源于杨梅坞,途中汇合了青湾、宏法、方家等八个溪流,合称为"九溪"。但不仅如此,在溪水的潺潺流水途中,还汇集了无数细流,所以称"九溪十八涧"。

对于这个景点,还流传着一个古老的传说。

很久很久以前,在杨梅坞上住着一户人家,家中有一对夫妻,还有一个儿子,一家三口,其乐融融。他们夫妻二人很喜欢这个儿子,所以给他取名为喜儿。喜儿很乖巧,经常帮助父母下田干活。全村人都夸他是能干的好孩子。

转眼间，喜儿十二岁了，开始去村中的私塾读书。

有一天，学堂放学，喜儿回到家中看到水缸空了，就放下书包，拿起水桶来到溪边提水。这时，他看到了一个有趣的现象：水中有两条泥鳅在穿梭，抢夺一颗珠子。喜儿很喜欢那颗珠子，就拨开泥鳅，将珠子捞了起来。

后来，当喜儿提着水，拿着珠子，蹦蹦跳跳地往家里走

九溪十八涧美景

的时候，村中的小伙伴们看他拿着这么漂亮的珠子，就围了过来，想要观赏一下。喜儿很怕别人抢他的珠子，就把它举得高高的。小伙伴们想看又看不着，就纷纷来抢。喜儿一个人，哪对付得了这么多小伙伴啊，灵机一动，就将珠子含在了嘴里。哪曾想，小伙伴们纷纷挠他的痒痒，慌乱中，他就把珠子吞进肚子了。

喜儿回到家，过了一会，母亲就把饭做好了。当她看到儿子的样子时，不禁吓了一跳：喜儿眼睛如铜铃般突出，头上生两角，嘴巴裂到耳朵边上，喉咙里还发出如打雷般的声音，身子也越变越长。原来，喜儿吞进肚子的是一颗龙珠。几分钟之后，喜儿变成了一条乌龙，腾空而起，飞出了家中，飞出了杨梅坞，越飞越远。

喜儿是夫妻二人的心头肉，怎会舍得他离开自己的身边？

夫妻二人一边追一边喊："喜儿，快回来！喜儿，快回来！"

他们的叫声传到了化为乌龙的喜儿耳中，爹喊一声，他停一下，回一次头；娘喊一声，他停一下，回一次头。二人各喊九次，共十八次。在这个过程中，他尾巴上的几个瓣，在杨梅岭上拖过，刮出九道沟沟，随着时间的流逝，蓄满了水，变成了九条溪；他十八次回头的地方积起了十八个沙滩。

227

这就是"九溪十八涧"的由来。

风波亭是岳飞的冤死之地吗

风波亭，南宋时杭州大理寺狱中的亭名，抗金英雄岳飞便死在这里，原因是一个可笑的罪名：莫须有。

时光飞逝，转眼间距岳飞去世已近九百年。原本的风波亭早已化为历史的尘埃，但为了纪念岳飞，杭州市政府经过研究，最终决定重建风波亭和风波桥，以此表达对岳飞的敬仰之情。

现风波亭、风波桥早已建设完成，位于杭州市钱塘门附近。不仅如此，在风波亭附近还修建了一口孝女井，用来纪念岳飞之女岳银瓶——那个父亲死后悲愤投井的孝义女子。

绍兴十年（1140年）五月，金兀术发兵攻宋，连下数城。岳飞奉命出师迎击。很快，岳飞率领岳家军与金兀术一万五千精骑相遇了，发生激战。最终，岳飞大破金军"铁浮图"和"拐子马"，取得胜利。之后，岳飞一鼓作气，接连收复了颍昌、蔡州、陈州、郑州、郾城、朱仙镇，消灭了金军有生力量。

金兀术害怕了，准备连夜逃跑。但谁能想得到，这时已经胜利在望的岳飞却收到了朝廷发来的十二道金牌，急诏岳飞班师回朝。在那个以皇帝为尊的年代，岳飞虽知班师不可为，但也只能听从圣命，班师回朝了。

十年之功，废于一旦，所得州郡，一朝全休。社稷江山，难以中兴，乾坤世界，无由再复！

回到临安之后，岳飞遭到奸臣秦桧、张俊等人陷害，最终被关进了临安大理寺，以"莫须有"的罪名被杀。

莫须有，何等可笑。

临死前，岳飞在供状上写下"天日昭昭，天日昭昭"八个大字，其中的悲愤可想而知。

杭州的陵墓

章太炎是被国民政府国葬的吗

　　章太炎墓，位于杭州南屏山荔枝峰下。章太炎生前敬慕张煌言，表示"生不同辰，死当邻穴"。1936年章太炎病故后，灵柩暂厝苏州。1956年政府将灵柩迁至杭州南屏山荔枝峰公祭安葬。墓为青石圆形，上堆封土，以水泥封顶呈券形，四周植龙柏。墓前树着"章太炎之墓"碑，碑文系1915年章太炎自撰。

　　章太炎，名炳麟，字枚叔，号太炎，浙江余杭人。中国民主革命家、思想家、学者。1904年与蔡元培等发起并成立光复会。曾被捕入狱。1906年出狱后，在日本参加同盟会，主编《民报》，跟随孙中山干革命。1911年回国，任孙中山总统府枢密顾问。1917年参加护法军政府，任秘书长。后来以讲学为业，著述甚丰，后人编有《章太炎全集》。1936年6月去世，留有遗嘱："设有异族入主中夏，世世子孙毋食其官禄。"据说章太炎弥留之际，有一团祥光自头顶朝窗外飞去。章太炎去世后，朝野惊悼。国民政府为其举行国葬，国葬令全文如下：

章太炎墓

宿儒章炳麟，性行耿介，学问渊通。早岁以文字提倡民族革命，身遭幽系，义无屈挠。嗣后抗拒帝制，奔走拥法，备尝艰险，弥著坚贞。居恒研精经术，抉奥钩玄，究其诣极，有逾往哲，所至以讲学为重。兹闻溘逝，轸惜实深，应即依照国葬法，特予国葬。生平事迹存备付史馆，用示国家崇礼耆宿之至意。此令。

在北京，其门下诸弟子马裕藻、许寿裳、朱希祖、钱玄同、吴承仕、周作人、刘文典、沈兼士、马宗芗、黄子通等人为老师举行了追悼会。并发《通启》："先师章太炎发生不幸于本年六月十四日卒于江苏吴县，先生为革命元勋，国学泰斗，一旦辞世，薄海同悲。"

在上海，病入膏肓的弟子鲁迅在病榻上先后写成《关于太炎先生二三事》《因太炎先生而想起的二三事》纪念先师，第二篇文章成后仅两天，鲁迅逝世。

秋瑾是怎样一位传奇女侠

秋瑾烈士墓位于杭州西湖西泠桥南端，墓用花岗岩砌成，呈方形，高1.7米，正面嵌孙中山题字"巾帼英雄"石刻，背面为徐自华、吴芝瑛题书《鉴湖女侠秋瑾墓表》，两块碑石均为原墓被毁时收藏的原物。墓穴内秋瑾烈士遗骨置于坛中，有一方石砚，上刻"秋瑾墓一九八一年九月自鸡笼山迁西泠桥畔"。墓座上端为汉白玉雕秋瑾全身塑像，高2.7米。头梳髻，上穿大襟唐装，下着百褶散裙，左手按腰，右手按剑，眼望西湖，英姿飒爽。

秋瑾生于1875年，卒于1907年，是我国近代女民主革命家。字睿卿，号竞雄，别署鉴湖女侠，浙江绍兴人，辛亥革命时期同盟会浙江分会会长。她一生积极投身于救国救民的革命运动

秋瑾雕塑

中。1907年7月13日在绍兴大通学堂被捕，15日在轩亭口就义，牺牲时32岁。因其生前有"埋骨西泠"的愿望，因此死后经再三辗转，由好友吴芝瑛与徐自华将其遗体安葬在西泠桥畔。秋瑾不仅是一位寻求真理的革命先驱，还是一位杰出的女诗人，"秋风秋雨愁煞人"这句诗，便是她的绝笔。西泠桥畔，面临外西湖，有一座由十二根朱红柱子组成的四角亭，就是专为纪念她而建的风雨亭。

秋瑾墓共迁了十次，始葬是1907年7月15日，在绍兴府城卧龙山西北麓。首迁是1907年10月，迁往绍兴常禧门外严家潭。二迁是1908年2月，迁葬于杭州西泠桥西侧。三迁是1908年12月1日，因御史常徽"告发"，被迫迁葬回绍兴城外严家潭。四迁是1909年秋，远迁湖南湘潭昭山，与其夫王子芳合葬。五迁是1912年夏，迁葬湖南长沙岳麓山。六迁是1913年秋，还葬杭州西湖西泠桥西侧原葬处。七迁是1964年，迁葬杭州西湖鸡笼山。八迁是1965年年初，由杭州鸡笼山迁回西泠桥原葬处，改为圆丘墓，墓表石刻冯玉祥题联："丹心已结平权果；碧血常开革命花"。九迁是1966年"文革"动乱中，墓被拆除，遗骸再葬于杭州鸡笼山。十迁是1981年10月，还葬于西湖孤山西北麓，西泠桥南（即今墓）。

苏曼殊跟国民革命有何关系

苏曼殊墓位于杭州西湖西泠桥畔孤山北麓。1918年5月2日，苏曼殊因肠胃病在上海广慈医院逝世。六年后，他的好友陈去病、徐自华、柳亚子等人将其葬于西湖孤山北麓。墓区依次有墓丘、纪念塔、供桌等，纪念塔自下而上为塔基、须弥、覆莲托、塔身、仰莲和葫芦顶，通高约2.5米。塔身正面镌刻楷书"曼殊大师之塔"六字，塔身侧面是陈巢南《为曼殊建塔院疏》。

苏曼殊，字子谷，小名三郎，更名玄瑛，号曼殊，广东香山人。民国时期著名文学家，能诗文，善绘画，通晓日文、梵文、英文等诸多文

字。父亲是旅日华侨，母亲是日本人。苏曼殊曾在日本横滨大学预科、振武学校学习。1903年，他在广东惠州削发为僧，法名博经，此后结交了很多革命志士。早在1902年，他就参加了留日学生的第一个反清革命团体青年会。1903年，他又参加了拒俄义勇队。他与孙中山先生也有密切关系。1904年春，他愤于保皇派猖獗，决心暗杀康有为，因陈少白极力劝阻，才未实行。后来苏曼殊还参加了辛亥革命的宣传鼓动工作。陈独秀、章士钊所办的《国民日报》、同盟会的《民报》、刘师培夫妇所办的《天义报》等，都曾得到苏曼殊的赞助。他曾为秋瑾的遗诗写序，为冯自由的《三次革命军》题辞。1906年夏，革命党人、著名汉学家刘光汉邀请他到芜湖皖江中学、安徽公学执教，与旧友陈独秀相遇。苏曼殊一生"身世飘零，佯狂玩世，嗜酒暴食"，以诗人致力于革命，诗歌清新雅丽，自成一派，影响很大，去世后留有《曼殊全集》5卷传世。

冯小青有何悲惨的人生经历

冯小青墓位于西湖西泠桥畔，跟苏小小墓邻近。长埋在孤山脚下的梅花丛中。

冯小青，据清初《女才子书》中记载，本名玄玄，生于明万历晚期，生平事迹记于张岱《西湖梦寻》之《小青佛舍》一篇。冯小青的祖上跟随朱元璋平定天下，功劳很大，历代都是朝中高官。到了他父亲这一代，受封广陵太守。冯小青从小就在广陵的太守府度过，可谓是锦衣玉食，呼奴唤婢，享尽人间富贵。她生得秀丽端庄，聪明伶俐，很招人喜欢。父母都把她视作掌上明珠，教她琴棋书画，望女成凤之心非常热切。冯小青也相当聪慧，很多东西一点即通。冯小青十岁那年，太守府来了一个老尼姑，她看冯小青聪明，就想考考她，念了一段佛经，没想到冯小青听了一遍当即就能背诵。老尼姑大吃一惊，说，此女早慧，如果不舍入佛家，恐怕会夭折。即便不入佛门，也千万不要教她识字，否则性命难保。冯小青的父母不以为然,以为自己身居高位,富贵之家,怎么可能保护不了自己的爱女。

不久之后,燕王朱棣发生叛乱,成功登上皇位。冯小青的父亲作为建文帝的重臣,曾经率兵抵抗过,因此自然免不了被全家抄斩。冯小青当时恰好随着一个远方亲戚外出,幸免于难,最后逃到了杭州,寄居在一个曾经与自己父亲有过交情的冯员外家。从千金明珠一下子跌落成寄人篱下的孤女,冯小青每日悲从中来,常常以泪洗面,一副凄楚哀怜的模样。冯氏的长子冯通,见她面容不俗,而且写出的诗气势不俗,就渐渐地产生了爱慕之心,后来两人相爱,因为冯通是有正室的,他便将冯小青娶回去作妾。冯通的正室是个妒妇,她见冯小青与丈夫白般恩爱,便千方百计折磨冯小青。最终,体弱多病的冯小青经不住她的折磨,一病而亡了。其年,刚好十八岁,正应了老尼姑的谶言。

冯小青墓

冯小青死后,冯通大哭"我负卿,我负卿",将她生前所做的诗稿搜集到一起,藏了起来,但不久之后被其正室发现,就一把火烧了。冯通抢救不及,只剩下一些零散的诗歌,后来经人整理成《焚余稿》传世。

史量才是报业大王吗

史量才墓,位于西湖区双峰村积庆山马婆岭上。史量才,名家修,原籍江苏江宁,生于淞江。杰出的商人、教育家和报业巨子,20世纪初中国最出色的报业经营者,作为上海的报业大王,史量才曾经说过一句很著名的话:"国有国格,报有报格,人有人格。"

1913 年史量才同张謇等购买《申报》产权,并出任总经理。

"九·一八"事变后,他发文抨击蒋介石"攘外必先安内"的政策,主张团结抗日,"一·二八"抗战爆发后任地方维持会会长,积极支持十九路军抗日,同时在《申报》上发表宋庆龄、鲁迅、巴金、老舍等进步人士的文章,反对蒋介石的独裁政治。《申报》对"中国民权保障同盟"进行了全方位的跟踪报道,扩大了"中国民权保障同盟"的社会影响。1932年1月,史量才在上海哈同路寓所中成立了"壬申俱乐部",成员主要是爱国民族资本家及思想进步的知识分子。在壬申俱乐部的基础上,他还发起组织了上海市民地方维持会,在成立大会上,史量才指日为誓,"但愿生前不做亡国奴,死后不做亡国鬼",呼吁国人"如果畏缩退避,恐仍未能保得身家财产,不如一起奋勇向前,抗战救国"。

1934年11月13日,因胃病复发,史量才前往杭州秋水山庄疗养,11月13日,在回程途中被国民党特务枪杀。章太炎先生在为史量才写的墓志铭中赞道:"史氏之直,肇自子鱼。子承其流,奋笔不纡""唯夫白刃交胸,而神气自如。"墓碑上"史量才之墓"五字,也是章太炎手笔。

卫匡国是意大利人吗

卫匡国墓位于杭州市郊留下镇老东岳校源岭大方井。

卫匡国,字济泰,原名马尔蒂诺·马尔蒂尼,意大利人。欧洲早期著名汉学家、地理学家、历史学家和神学家。明崇祯十六年,他来到中国,先后辗转于浙江兰溪、杭州、绍兴、分水、宁波、上海、南京、福建、广东、山西、北京等地传教。清顺治七年,奉命返回罗马,向教皇和红衣主教报告在华教务情况。顺治十五年,离开罗马,再度来华。同时,卫匡国也把欧洲的先进科学知识传播给中国,并组织了第一批中国学生赴欧留学。他还建造了当时中国最宏伟的天主教

卫匡国墓园

堂，为中西方科学文化的交流作出了重要贡献。在中国传播欧洲文化，并把中国文化介绍到欧洲各国，极大地促进了中西方科学文化交流。是继马可·波罗和利玛窦之后，对中国和意大利两国之间的友好关系和科学文化交流做出杰出贡献的一位重要历史人物。他在历史学和地理学研究方面也取得了卓越的成绩，有《中国历史》十卷、《中国历史地理学》《鞑靼战史》《中国新地图册》《世界新地图》等著作传世，被誉为"中国地理学之父"。

1661年，卫匡国在杭州因感染霍乱病逝，葬于大方井天主教司铎公墓内。

丁鹤年是"鹤年堂"的创始人吗

丁鹤年墓亭，位于浙江省杭州市境内。其墓亭为明代重建遗构，古树遮天，色调灰黄，显现出久远的历史沧桑。

丁鹤年字永庚，号友鹤山人。生于元惠宗元统三年，卒于明太宗永乐二十二年，终年90岁。元末明初的著名诗人，养生家，京城老字号"鹤年堂"的创始人。同时也是著名的大孝子，以73岁高龄为母亲守墓17载，直至90岁去世。他从小研习儒家经典，曾就读南湖书院，17岁就精通《诗》《书》。曾在名儒周怀孝门下学习，周怀孝门下弟子众多，却只器重他一个，还准备把自己女儿许配给他，但丁鹤年却推辞了，原因是自己兄弟在外，家有老母要赡养。

丁鹤年不喜当官而好学术，幼年时他父亲想让他荫袭他叔父的官职，丁鹤年说，家族里当官的显贵人士很多，但以文学知名的很少，我此生只想奋力做一个儒生，怎么能荫袭先人的职位，庸碌过此一生呢？

丁鹤年墓亭

他父亲见他志不在此，也就不勉强了。

少年壮志的丁鹤年最终学有所成，留有著作《丁鹤年集》传世。被收入《四库全书》中。其中有一首《保国寺度夏寄甬东椿上人》，甚是有味：一径野云深，僧房阒绿阴。雨腥龙出涧，风劲虎过林。淡泊资禅味，清凉养道心。三生如不昧，石上一来寻。

葛云飞有何英勇事迹

葛云飞墓位于石板山南麓，用石块砌筑围墙，石板压顶，并雕出筒板瓦。明间立碑，上刻"诰授振威将军追赠太子少保葛壮节公之墓"，正脊刻"忠荩可风"。旁边是葛云飞故居，由宫保第和葛氏宗祠组成。宫保第，是葛云飞的诞生之地；葛氏宗祠，是葛云飞的读书地。两处建筑均建于清代，为典型的江南民居和宗祠建筑。

葛云飞，字鹏起，凌台，号雨田，浙江山阴天乐乡人。嘉庆二十四年考中武举人。道光年间中武进士。道光十八年署浙江定海镇总兵。不久，鸦片战争爆发。1840年7月英舰进犯舟山，侵占定海，抢劫财物，残杀百姓。在此危难关头，葛云飞出任定海镇总兵，提出《灭夷十二策》，积极布置防御。1841年9月26日，英将璞鼎查率舰二十九艘，兵二万余再犯定海。葛云飞同寿春镇总兵王锡朋，处州镇总兵郑国鸿奋力迎敌。葛云飞部驻守前沿阵地，担任正面防御，身先士卒，日夜坚守前沿阵地，亲手点燃大炮，击断英军大船船桅，打响了定海保卫战的第一炮。定海三总兵率兵激战六昼夜，打退了英军多次进攻，终因孤悬海外，失去外援，而致失败。葛云飞腹背受敌，面对步步逼近的敌人，他率领二百名士兵转战竹山门，与敌人展开肉搏战，连毙数敌，身受四十处创伤，坠崖身亡。

定海保卫战是鸦片战争期间最悲壮、最激烈的战斗之一。定海三总兵及全体将士们表现出崇高的民族气节和爱国热忱。人们怀着崇敬之心，在敌寇入城的当天冒死寻找烈士遗体，连夜运出定海，后移葬于烈士故乡。

吴昌硕是何许人也

吴昌硕墓，位于杭州市余杭区超山大明堂外西侧山坡上。

吴昌硕，名俊卿，字昌硕，别号缶庐。中国篆刻家、书画家。为海上画派代表人物，杭州西泠印社首任社长。著有《缶庐集》。其墓高2米、直径3米，墓碑刻"安吉吴昌硕先生墓"八字。系诸乐三补书。墓右前侧亭内立墓表一通，记述其生平事迹。于右任书丹，章炳麟篆额。墓台下塑着吴昌硕全身像。

吴昌硕是晚清民国时期著名国画家、书法家、篆刻家，与任伯年、赵之谦、虚谷并称为"清末海派四大家"，也是我国近、现代书画艺术发展过渡时期的关键人物，"诗、书、画、印"四绝的一代宗师。他的绘画题材独辟蹊径、贵于创新，最擅长写意花卉，他以书法入画，以篆笔写梅兰，狂草作葡萄，形成富有金石味的独特画风。

吴昌硕出自书香世家，早年家道中落，便求功名。曾任县令，不到一月便辞官而去。晚年多画梅花，诗文画作均绝妙无比。曾画《梅石图》，并题诗曰：梅溪水平桥，乌山睡初醒。月明乱峰西，有客泛孤艇。除却数卷书，尽载梅花影。诗画珠联璧合，相映生

超山吴昌硕墓

辉。为《梅花》题曰：寒香风吹下东碧，山虚水深人绝迹。石壁矗天回千尺，梅花一枝和雪白。和羹调鼎非救饥，置身高处犹待时。冰心铁骨

绝世姿，世间桃李安得知？他为《梅花图》题曰：人遗纸数幅，光厚如茧，云得之东瀛。或曰：此苔纸也。醉后为梅花写照。梅之状不一：秀丽如美人，孤冷如老衲，屈强如诤臣，离奇如侠，清逸如仙，寒瘦枯寂如不求闻达之匹士。笔端欲具此众相亦大难事，唯任天机外行，似兴酣落笔，物我两忘，工拙不暇计及也。不知大梅山民挥之门外否？引为同调否？安得起而问之。

"武松打虎"故事的原型是什么

武松墓位于西湖西泠桥畔，修于1924年，于1964年被毁，现在的墓园是根据老照片依原样重建的。《西湖新志》编纂时已明确西泠桥边有宋义士武松墓。

按照四大名著之一《水浒传》里面的描述，武松是清河县人氏，排行第二，他有一个哥哥叫武大郎。从小父母双亡，由兄长武大郎抚养成人。这两兄弟虽是一母所生，但武松身长八尺，仪表堂堂，武大郎却身长不到五尺，短矮可笑，因此人们给武大起个诨名"三寸丁枯树皮"，而给武二取名"灌口二郎神"。为什么要称他为"灌口二郎神"呢？因为镇守灌江口的二郎神，神通广大，排行也是第二，而武松自小习武，武艺高强，性格急侠好义，所以就给武松起了这个美名。后来武大郎被妻子潘金莲所害，武松杀嫂报仇，由此一步步上了梁山，成了农民起义军。

武松墓

以上是小说家之言。而据《临安县志》《西湖大观》《杭州府志》

《浙江通志》等史籍记载，北宋时杭州知府中的确有提辖武松，是个义士，他嫉恶如仇，勇于为民除恶。据说武松原系浪迹江湖的卖艺人，"貌奇伟，尝使技于涌金门外"，"非盗也"。杭州知府高权见武松武艺高强，人才出众，于是邀请入府，让他充当都头。不久，因功被提为提辖，成为知府的心腹。后来高权因得罪权贵，被奸人诬陷罢官。武松也受到牵连，被赶出衙门。继任的新知府是太师蔡京的儿子蔡鋆，他倚仗其父的权势，虐政殃民，为非作歹。百姓怨声载道，都称之为"蔡虎"。武松对他恨之入骨，决心为民除害。一日，他身藏利刃，打探好蔡虎的行踪，隐匿在蔡府之前，等蔡鋆前呼后拥而来之际，箭一般冲上去，向蔡鋆猛刺数刀，当即结果了他的性命。官兵见状，蜂拥而来围攻武松，武松寡不敌众，被官兵捕获，后惨死在狱中。"当地百姓深感其德，葬于杭州西泠桥畔"，后人为之立碑，题曰"宋义士武松之墓"。

附 录

名胜古迹 TOP 10:

良渚博物馆

　　良渚博物馆是一座以良渚文化为主题的考古文化博物馆,总主题为"良渚文化实证中华五千年文明",突出良渚文化在中华历史中占据的重要地位。博物馆的建造设计由英国设计师戴卫·奇普菲尔德担任,建筑风格简约、厚重、大气,被赞誉为"收藏珍宝的盒子"。

苏东坡纪念馆

　　苏东坡曾在杭州两度为官,勤政爱民,深得百姓的喜爱。他不仅为后人留下了大量的诗篇佳作,也为杭州西湖的疏浚做出了很大的贡献。苏东坡纪念馆便是一座陈展苏东坡在杭任职期间所做贡献以及文学成就的纪念馆。

中国京杭大运河博物馆

　　众所周知,京杭大运河的开凿历史十分悠久,且里程之长在世界范围内也十分罕见。两千年来,很多城市因为它的存在而兴盛起来,而杭州更是如此。可以见得京杭大运河对于杭州,对于中国的重大意义。中国京杭大运河博物馆便是一座以京杭大运河为主题的博物馆,通过各种资料的陈列，向人们展示了京杭大运河在中国历史发展过程中的重要性。

杭州历史博物馆

杭州的历史悠久，是中华文明的重要组成部分。杭州市历史博物馆是一座以反映杭州历史为主题的综合性博物馆。到现在为止，也是杭州市内唯一一座反映杭州历史的城市综合性博物馆。博物馆贯穿了从原始社会到现在的各个朝代，拥有丰富的藏品，可以使人们更加深入地了解杭州的历史面貌。

于谦祠堂

于谦是杭州历史上的一位民族英雄，和岳飞、张苍水并称为"西湖三雄"。于谦年少时所作的《石灰吟》更是名传千古，"粉身碎骨全不怕，要留清白在人间"，这也成为于谦一生刚正不阿、两袖清风的真实写照。于谦祠便是人们为纪念他建造的，祠中所挂匾额"百世一人"便是对他一生功绩的高度概括。

洪氏宗祠

洪氏宗祠是纪念南宋时期钱塘望族洪家的祠堂。南宋时期，洪皓为朝廷立功，朝廷便将西溪封赏给他。而洪皓的三个儿子便是历史上著名的"三洪"，他们在不同的领域都取得了非凡的成就。长子洪适，与欧阳修、赵明诚并称为宋代金石学三大家。次子洪昇是戏剧《长生殿》的作者。三子洪迈著有《容斋随笔》和《夷坚志》，在文学、史学以及考据学上占有重要的地位。

张苍水祠

张苍水是明末清初的抗清民族英雄。当年，清兵入关之后，大肆屠杀汉人，遭到了强烈的反抗，而张苍水便在东南沿海地区抗击清军，到了后来遭到小人背叛，被清军俘获。张苍水铁骨铮铮，面对高官厚禄，不为所动，最后慷慨就义。后来，人们为了纪念张苍水，便在西湖南屏山荔枝峰下修建了张苍水祠。

胡雪岩故居

　　胡雪岩是清末时期一代商业巨头，利用其高超的商业手腕，在纷乱的世事中，创建出一番事业。如今的胡雪岩故居便是明证。作为当时中国巨富第一宅，其豪华程度，值得一观。

灵隐寺

　　灵隐寺建造于杭州西湖灵隐山麓，是中国佛教著名寺院，江南名刹之一。灵隐寺建造于东晋咸和元年，历史悠久，距今已有1700多年的历史。关于灵隐寺有着很多趣闻传说，其中"康熙赐匾"的故事至今仍被人们津津乐道。电视剧《活佛济公》曾在此拍摄。

净慈寺

　　济公其名，在中国可谓妇孺皆知。据说，济公诙谐幽默，富有才学，常常帮助别人，因此深受人们的喜爱。至今，民间还流传了他的各种传说，如抢新娘飞来峰下救众生。而净慈寺便是济公的出家之地，在寺内的济祖殿中便供奉了济公像。

名山胜水 TOP 10:

湘湖

　　湘湖，风景秀丽，和西湖、钱塘江并称为杭州旅游风景的金三角，也被称为西湖的"姐妹湖"。湘湖不仅仅以风景闻名于世，它也见证了浙江文明的发源史，跨湖桥文化和越王城遗址便是在这里发掘的。自古以来，湘湖便吸引了大量的游客，其中不乏名人，如李白、陆游、文天祥等。

钱塘观潮

　　钱塘江潮被誉为"天下第一潮"，是世界一大自然奇观。来到杭州，观钱塘江潮是极好的选择。观潮的最佳时间是每年的农历八月十八。苏东坡曾经写道："八月十八潮，壮观天下无。"可见八月十八时钱塘江潮的壮观景象。

天目山

　　天目山山体的形成时间距今相当久远，已有1.5亿年。它地貌独特，地形复杂，被称为"华东地区古冰川遗址之典型"。这里有很多典型的森林植被，以"古、大、高、稀、多、美"六绝而闻名于世，如野生银杏、冲天树、香果树等。这里四季如画、峰峦叠翠，更有流泉飞瀑之胜，无限好风光，尽在天目山。

葛岭

葛岭位于杭州宝石山西侧，是一座仅有三百多米的小山岭。据说，东晋时期高士葛洪曾在此修道炼丹。葛岭的最高处有初阳台，是观赏日出最佳的地方之一，也是俯视西湖的极佳之地。

三潭印月

三潭印月，是西湖十景之一，有着"西湖第一胜景"的称号。我国一元人民币背后的图案便取自三潭印月，这也说明了三潭印月在我国各个景点中所占据的重要地位。到了晚上，空中月、水中月、塔中月交相辉映，煞是好看。

将台山

位于西湖景区中的将台山，有一座"千佛龛"，就好似缩小版的龙门石窟和云冈石窟，具有独特的文物价值，据说，在中国的北方，像这样的雕像是十分常见的，但是在南方却十分罕见，所以它才具有很大的参观价值。

苏堤春晓

苏堤春晓为西湖十景之首，是一条长约三公里的林荫大堤。苏堤两旁种植了很多花木，如垂柳、碧桃、海棠、紫藤等。寒冬过去之后，苏堤两旁杨柳遍布、艳桃灼灼，别有一番意境。置身堤上，春风迎面，湖光胜景如诗如画，风情万种，任人领略。

断桥残雪

断桥残雪，西湖十景之一。在民间有句有关西湖的俗话，即"西湖之胜，晴湖不如雨湖，雨湖不如月湖，月湖不如雪湖。"而断桥边是欣赏西湖雪景的最佳地点之一。"断桥不断"，每当大雪过后，红日初照，从远处观桥，便好似玉带一般。

雷峰夕照

　　位于西湖之南夕照山上的雷峰夕照，因晚霞镀塔时的美丽景色而闻名于世。《白蛇传》可谓是家喻户晓，其中法海将白娘子镇压在雷峰塔的故事更是人人皆知，这也为雷峰塔抹上了一层神话的色彩。

曲院风荷

　　曲院风荷，顾名思义，便是以夏日观荷为主题的。每当夏日来临，曲院的风荷景区湖面上，各种荷花争先盛开，人们在造型各异的小桥上边走边看，真是赏心悦目。在历史上，有很多名人来此观赏，如清朝康熙皇帝、南宋画家马远等。

美食特产 TOP 10：

西湖绸伞

　　西湖绸伞是杭州市特有的产品，汉族传统手工艺品。在民间，关于西湖绸伞有一个传说，说鲁班妹妹乃是西湖绸伞的创始人。它是以竹、绸作为原材料制作而成的，拥有很多品种，如日用绸伞、彩虹伞、舞蹈伞、杂技绸伞等。它具有两种性能，既能为人们遮挡阳光，又可以作为装饰品，素有"西湖之花"的称号。

西泠印泥

　　西泠印泥为杭州特产之一，得到很多著名书画家、收藏家以及鉴赏家的推崇，被誉为"艺林珍品"。西泠印泥选料严格，制法讲究，从开始研制到现在已有一百多年的历史，现已成为朋友间互送礼品的最好选择之一。

杭州丝绸

　　杭州丝绸有着悠久的历史，据说在秦汉时期就已经极具盛名，不仅在国内，汉代丝绸之路的开始，杭州丝绸便已被销往国外。现在，杭州丝绸已经拥有十几个品种，并且质感极佳，深受人们的喜爱。

王星记扇子

宋朝时期，扇子的生产已经有了很大的规模，不同的地区制造出不同类型的扇子，也形成了不同风格。当时，比较著名的有很多种，如川扇、苏扇、金陵扇、杭扇等，其中以杭扇最为盛名。

历史上，朝廷一直把扇子作为促进两国文化交流的礼品，而杭州一直都是全国的制扇中心。王星记扇子创立在140年前，继承了传统的制扇工艺，也丰富了扇子的种类。现在，王星记扇子已经成为全国范围内唯一的一家老字号扇子品牌，获得了很多殊荣。

西湖龙井

西湖龙井是最为有名的杭州特产之一，产自西湖周围的群山之中，是中国十大名茶之一。西湖龙井从明朝开始就已经非常有名，清朝时更是被朝廷列为贡品。据说，清乾隆年间，西湖龙井还祛除了太后的肝火。西湖龙井根据优劣共分为八个等级，其中狮峰所产的龙井被称为"龙井之巅"。

东坡肉

东坡肉是杭州地区有名的小吃，顾名思义，它的得名便和苏东坡有关。据说，它的具体做法是因为一个意外得来，以黄酒加酱油、香葱、糖、姜作汤水，把肉放在砂锅中用文火炖，烧出来的肉味道鲜美，香而不腻，酥而不烂。

片儿川面

片儿川面是杭州的一道著名美食，也是杭州的汉族风味小吃。它历史悠久，距今已有百余年历史；始创于杭州老店奎元馆，其特色在于倒笃菜和笋片的鲜美。据说，当时奎元馆便是以这道美食来供应到此考试的外地考生。

西湖莼菜汤

西湖莼菜汤是杭州的传统名菜，选用西湖莼菜作为原料，极具西湖特色。莼菜营养丰富，富含维生素，很早便有"莼羹鲈脍""莼鲈之思"的典故。据说，清朝乾隆皇帝每次下江南时，都必点西湖莼菜汤。

南宋定胜糕

南宋定胜糕，顾名思义，便是始于南宋。据说这是为那些从战场上凯旋归来的将士特制的一道点心，颜色绯红，象征着胜利。它味道可口，甜而不腻，并且物美价廉，深受老杭州人的喜爱。

麻球王

麻球王是杭州市的一道著名小吃，色泽明亮，表面布满了极具光泽的芝麻，常常会勾起人们的食欲。吃麻球王要讲究方法，太过着急很容易被烫伤。人们必须谨记刚弄好的麻球王，在吃之前要先把表皮弄破一点，让里面的热气散发出来后，就可以品尝到麻球王的美味了。